C로 배우는 기초 프로그래밍

오세종 · 강현선 · 정영애 지음

C언어 학습을 위한 신개념 활용서!!

프로그램 개발 환경을 설치하고 사용하는 방법
C 프로그램의 기본 구조 이해
기초부터 활용까지 짜임새 있는 구성
프로그램에서 흐름을 제어하기 위한 제어문을 이해

도서출판 그린

PREFACE

프로그래밍 교육의 장점은 컴퓨터 관련 과목을 처음 접하는 학생들에게 폭넓은 컴퓨터 소양을 심어준다는 것이다. 학생들은 프로그래밍 경험을 통하여 컴퓨터의 처리 과정에 대하여 이해하게 되고, 컴퓨터 하드웨어에 대한 추상적인 개념을 확립할 수 있게 된다. 학생들은 주어진 프로그래밍 언어를 사용하여 자신이 원하는 문제를 컴퓨터를 활용하여 해결하는 법을 배우게 된다[1]. 또한 연구에 의하면 프로그래밍 교육은 문제를 구조적으로 보는 능력, 상하식 디자인 개념, 형식적 사고력 등을 길러준다[2]. 따라서 **프로그래밍에 대한 교육은 단순히 특정 프로그래밍 언어에 대한 문법을 배우는 차원을 넘어 컴퓨터 관련 전공을 공부하기 위한 기초적인 지식과 자질을 훈련하는 매우 중요한 과정**이다.

이러한 중요성에도 불구하고 수년간 공대 신입생들을 상담하면서 공통적으로 느끼는 것은 학생들이 수학, 물리, 화학과 같은 과목과 더불어서 컴퓨터 프로그래밍 과목을 매우 어렵다고 생각 한다는 것이다. 컴퓨터에 친숙한 세대임에 틀림이 없는데도 불구하고 컴퓨터 프로그래밍을 어려워하는 이유가 무엇일까를 조사해 보았는데, 그 결과 중고등학교의 교육과정에 문제가 있음을 발견하였다. 현행 교육과정에는 컴퓨터 교육이 포함되어 있지만 대부분 도구 사용 위주(예: 워드 사용법, 인터넷 사용법)의 내용으로 구성되어 있어서 컴퓨터 프로그래밍에 필요한 '문제 해결을 위한 논리적 절차'에 대한 교육을 학생들이 받지 못했음을 알 수 있었다. 따라서 학생들에게는 컴퓨터 프로그래밍이 생소하고 어렵다고 느낄 수밖에 없을 것이다.

또한 기존 프로그래밍 교육은 주로 문법위주의 이론 강의와 간단한 예제풀이로 강의가 진행되어 왔다. 문법위주의 강의의 문제점은 문법을 이해하는데 급급하여 실제로 문제해결을 해야 하는 환경에서 적절한 방법으로 학습한 프로그래밍 기법을 적용시키지 못한다는 것이다. 이는 어떤 문제를 해결함에 있어 적절한 방법으로 문제에 접근하여 창의적이고 타당성 있는 논리적 단계를 정의하는 능력의 부재 때문이다. 따라서 기본적으로 컴퓨터를 이해하고 논리적인 해법을 스스로 검증할 수 있는 능력이 프로그래밍 언어를 이용하기 전 단계에서 충분히 학습되는 과정이 필요하다. 그리고 이를 뒷받침할 수 있는 적절한 교재가 필요하다고 할 수 있다.

1) 박원길, 이재무, "아동과 초보자를 위한 프로그래밍 학습 시스템의 설계", 한국정보교육학회 하계 학술발표 논문집 제5권 제2호, 2000.

2) VanLengen, Craig A, "Does Instruction in Computer Programming improve problem solving ability?", Journal of Information System Education, Vol.12, No.90, 1990.

본 교재는 프로그래밍 수업에서 학생들이 어려워하는 부분을 도와주고 효과적인 프로그래밍 교육이 이루어지도록 지원하기 위하여 저술되었다. 본 교재에서는 각 단원별로 대표 예제를 제시하고 일단 따라서 실행해 보도록 함으로써, 학습 에 앞서 결과를 확인하고 어떻게 그러한 결과가 나오게 되었는지를 미리 생각해 볼 수 있도록 하였다. 그리고 이어지는 본문 내용에서 예제 프로그램에 포함된 문법적 요소를 상세히 설명하고 학습하도록 함으로써 학생들의 이해도를 높였다. 또한 단원 후미에는 연습문제와 더불어 하나의 완결된 프로그램과 그에 대한 해설을 제시함으로써 단원에서 배운 내용을 확인할 수 있도록 하였다.

외국어를 배우는데 지름길은 없는 것처럼 프로그래밍 학습에 있어서도 조금 효과적인 방법은 있을지 몰라도 쉽게 가는 지름길은 없다. 많이 연습해보고 실수를 고쳐가면서 고생해본 사람이 잘하게 될 것이다. 이 교재가 프로그래밍 학습에 조금이나마 도움이 되기를 기대해 본다.

2011. 1

대표저자 오세종

CONTENTS

제5장 연산자

제6장 제어문

제7장 배열

제8장 포인터

제9장 함수

제10장 문자열과 파일 입출력

제11장 구조체

부록

제 1 장

프로그래밍 학습의 중요성

1.1 컴퓨터 하드웨어와 소프트웨어

1.2 소프트웨어의 종류

1.3 컴퓨터 학습에서 프로그래밍의 중요성

1.4 프로그래밍을 잘하기 위한 방법

제1장

프로그래밍 학습의 중요성

[단원목표]
- 컴퓨터 하드웨어와 소프트웨어의 차이를 이해한다.
- 여러 종류의 소프트웨어에 대해 이해한다.
- 컴퓨터 학습에서 프로그래밍의 역할에 대해 이해한다.

1.1 컴퓨터 하드웨어와 소프트웨어

컴퓨터 시스템은 하드웨어(hardware)와 소프트웨어(software)로 구성되어 있다. 하드웨어는 모니터, 키보드, 본체, 그리고 본체 내부에 있는 각종 보드(board) 등 눈에 보이는 물리적인 장치들로 구성된다. 반면 소프트웨어는 눈에 보이지는 않으나 '하드웨어를 움직이도록 하는 컴퓨터 프로그램들의 집합'으로 정의된다. 소프트웨어는 서로 관련이 있는 일련의 프로그램들로 구성되어 있으며, 각 프로그램은 다시 특정한 목적의 업무를 수행하기 위해 필요한 명령어(instruction)들의 집합으로 이루어져 있다[1]. 컴퓨터에 전원을 넣으면 부팅(booting) 과정이 진행되고 윈도우 초기 화면이 모니터에 보여지는데, 이는 하드웨어를 움직이기 위한 소프트웨어가 실행중에 있음을 의미하는 것이다.

일반적으로 하드웨어와 소프트웨어의 관계를 자동차와 운전자에 비유한다. 즉, 하드웨어는 자동차에 해당하고 운전자는 소프트웨어에 해당한다는 것이다. 차가 잘 달리기 위해서는 자동차의 성능이 좋아야 할 것이다. 그러나 아무리 자동차의 성능이 좋아도 자동차를 운전하는 운전자의 실력이 형편없다면 아무리 비싼 자동차라 할지라도 제 기능을 발휘하지 못할 것이다. 반대로 유능한 운전자는 성능이 다소 떨어지는 자동차라도 효과적으로 운전할 수 있을 것이다.

1) 2009 소프트웨어 산업 백서, 한국소프트웨어진흥원, p95

하드웨어

소프트웨어

하드웨어와 소프트웨어중 어느 것이 더 중요한지는 쉽게 말할 수 없다. 본 교재는 소프트웨어를 만드는 방법을 배우는데 초점을 둔다. 그렇다면 눈에 보이지 않는 소프트웨어는 어떻게 만드는 것일까. 소프트웨어는 다음과 같은 과정을 거쳐서 만들어지고 실행할 수 있다.

① 프로그램을 작성한다.

프로그램은 하드웨어를 움직이기 위한 정해진 명령어들의 집합이다. 프로그램은 정해진 언어에 의해서 작성이 되어야 하는데 이것을 프로그래밍 언어라고 한다. 대표적인 프로그래밍 언어에는 C/C++와 Java가 있다. 본 교재에서는 C 언어를 사용해서 프로그래밍에 대한 학습을 한다. 다음은 작성된 C 프로그램의 일부이다.

```
#include <stdio.h>

void main(int argc, char *argv[])
{
     int arr[5];
     int arr1[5]={1,2,3,4,5};

     for(int i=0 ; i<5 ; i++)
     {
          arr[i]=0;
     }
     for(i=0 ; i<5 ; i++)
     {
          arr1[i]=arr1[i]+1;
          printf("arr:%d, arr1:%d\n",arr[i],arr1[i]);
     }
}
```

② 프로그램을 컴파일(compile)한다.

프로그래밍 언어는 인간이 이해하기 쉽게 만들어져 있다. 그러나 그러한 프로그램은 기계인 컴퓨터가 이해할 수는 없다. 프로그램을 컴퓨터가 알 수 있는 기계어(machine language)로 번역하는 과정이 필요한데, 이를 '컴파일'이라고 한다.

③ 컴파일이 끝나면 실행 파일(executable file)이 생긴다.

일반적으로 C언어로 만든 실행 파일은 확장자명이 .exe이다. 컴파일시에 문제가 발생하면 .exe 파일이 만들어지지 않는다. 아래의 폴더에서 파일 이름이 .exe인 파일들이 실행 파일이다.

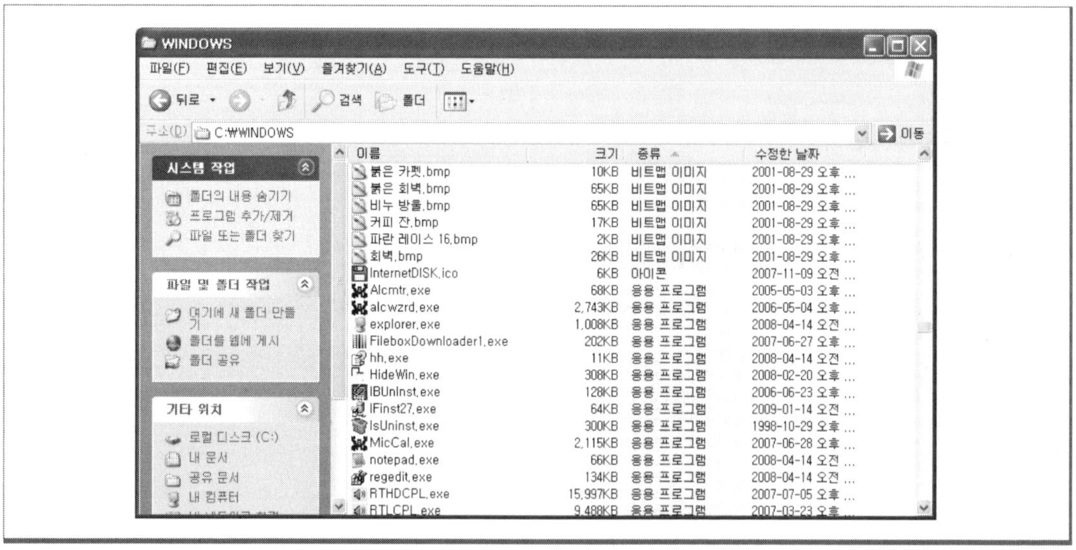

④ 프로그램을 실행한다.

실행파일의 아이콘을 더블 클릭하면 프로그램이 실행된다. 그러면 프로그램 안에 있는 명령어들이 하드웨어를 움직여 우리가 원하는 작업을 할 수 있게끔 도와준다. 사용자는 마우스를 이용하거나 키보드를 가지고 문자를 입력하여 소프트웨어와 의사소통을 할 수 있다.

Note.

눈에 보이지 않는 소프트웨어는 어디에 존재하는 것일까. 일반적으로는 컴퓨터의 하드디스크(hard disk)에 파일 형태로 존재한다. 사용자가 소프트웨어를 실행하면 하드디스크에 저장되어 있던 실행 파일이 메인 메모리(main memory)로 불려올려지고, 운영체제(operating system)의 도움을 받아 소프트웨어 내부의 명령어들이 실행된다.

1.2 소프트웨어의 종류

소프트웨어는 분류 방법에 따라 여러 가지로 분류할 수 있다. 역할에 따른 분류가 일반적인 데[2], 운영체제를 포함하는 시스템 소프트웨어(system software)와 응용 소프트웨어(application software)로 분류된다. 시스템 소프트웨어는 하드웨어를 직접 동작시켜 사용자가 컴퓨터를 더욱 쉽고 효율적으로 사용할 수 있는 상태로 만드는 프로그램이다. 시스템 소프트웨어는 응용 소프트웨어와 달리 기계 종속적인 특성이 있고, 컴퓨터 제조기업들이 주로 개발한다.

응용 소프트웨어는 일반적으로 애플리케이션(application)이라고 통용되며 특정 업무의 수행을 위해 작성된 모든 프로그램을 의미한다. 응용범위에 따라 모든 분야에서 활용할 수 있도록 작성된 범용 소프트웨어와 특정요구에 맞춰 작성된 전용 소프트웨어로 분류된다. 미들웨어(middleware)는 시스템 소프트웨어와 응용 소프트웨어 사이 또는 두 가지 다른 종류의 응용 프로그램 사이에서 조정 및 중개 역할을 하는 프로그램을 의미한다.

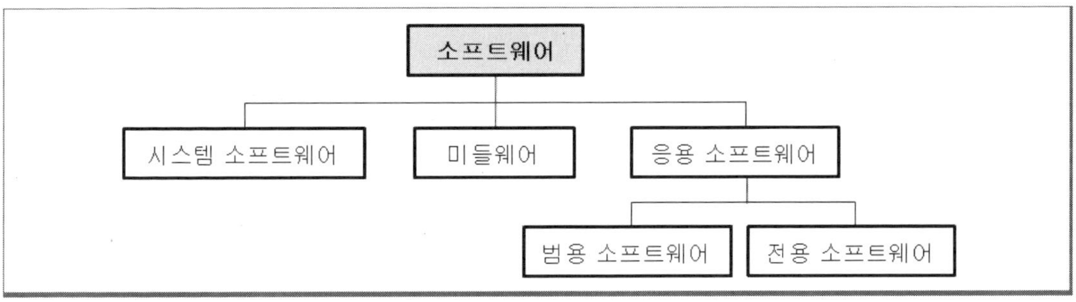

[그림 1-1] 역할에 따른 소프트웨어의 분류

시스템 소프트웨어와 응용 소프트웨어를 세분해 보면 다음과 같이 생각할 수 있다.

- 운영체제, 일반 시스템 소프트웨어
- 사무용 소프트웨어, 게임 소프트웨어, 교육용 소프트웨어, 과학기술용 소프트웨어

① 운영체제 (operating system)

운영체제는 줄여서 OS 라고 부르기도 한다. 운영체제의 역할은 컴퓨터의 하드웨어 자원을 관리하고 사용자가 프로그램을 편리하게 사용할 수 있는 환경을 제공하는 것이다. 모든 프로그램은 운영체제의 도움 없이는 실행이 안되기 때문에 가장 기본이 되는 소프트웨어라고 할 수가 있다. 우리가 아는 Windows XP, Windows Vista, Unix, Linux, Mac OS 등이 운영체제의 이름이다.

2) 2009 소프트웨어 산업 백서, 한국소프트웨어진흥원, p95

(윈도우 XP 화면)

(매킨토시 운영체제 화면)

② 일반 시스템 소프트웨어

시스템 소프트웨어는 일반 사용자가 이용하기 보다는 컴퓨터 시스템 및 컴퓨터 시스템을 구성하는 각 장치들을 위해 필요한 소프트웨어들이다. 운영체제도 시스템 소프트웨어의 일종이다. 우리가 그래픽 카드를 새로 설치하거나 웹캠을 새로 설치하면 그래픽 카드나 웹캠을 사용할 수 있도록 하기 위해서 디바이스 드라이버(device driver)를 설치해야 하는데, 디바이스 드라이버가 대표적인 시스템 소프트웨어이다.

(프린터 드라이버설치 프로그램 화면)

③ 사무용 소프트웨어

사무용 소프트웨어는 오피스웨어(officeware)라고도 불리우며, 이름이 의미하는대로 사무작업에 필요한 워드프로세서, 스프레드시트, 프리젠테이션도구 등을 포함한다. 대표적인 오피스웨어로는 마이크로소프트 오피스, 한컴 오피스, 스타오피스 등이 있다. 워드프로세서는 가장 많이 사용되는 사무용 소프트웨어로서 훈글, MS-WORD가 유명하다.

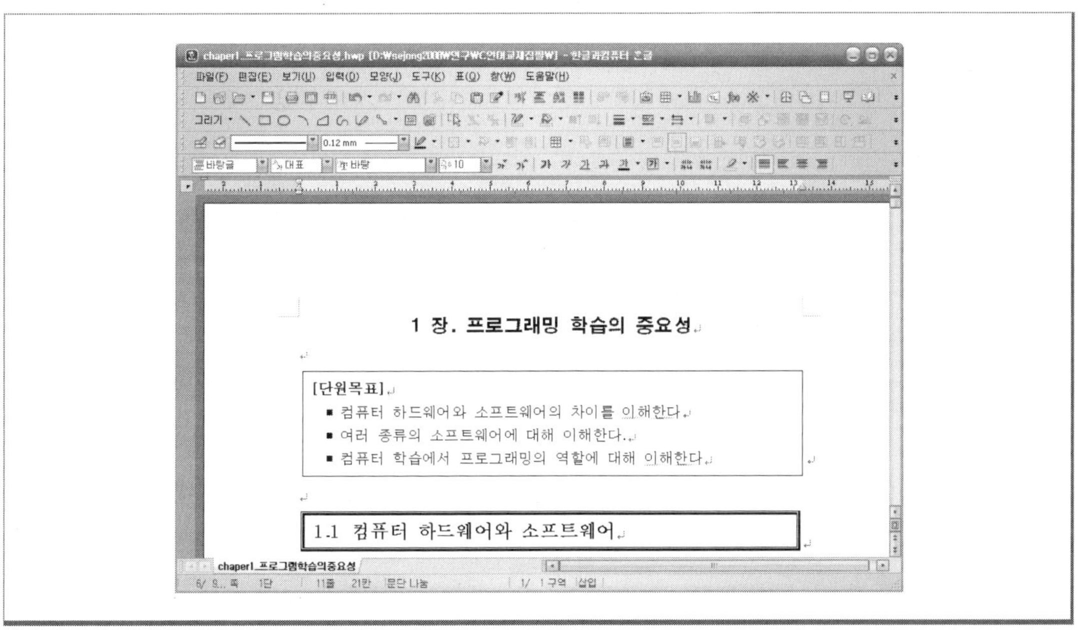

(아래한글 워드프로세서 화면)

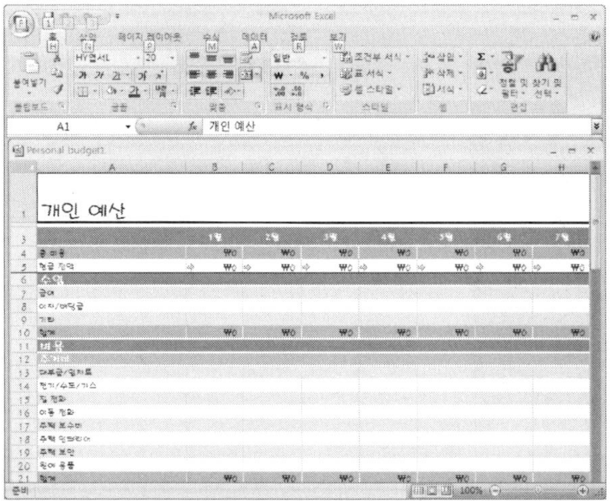

(마이크로소프트 Excel 화면)

④ 게임 소프트웨어

과거의 게임은 단순히 놀이를 즐기는 차원에서 개발되었으나 지금은 교육용이나 의료분야에서 재활 치료를 위해 게임 소프트웨어를 이용하기도 한다. 또한 과거에는 혼자 즐기는 게임이 주류였다면 지금은 인터넷상에서 다수가 동시에 참여하는 프로그램이 인기를 얻고 있다.

(FIFA 09 게임 화면)

⑤ 교육용 소프트웨어

컴퓨터 소프트웨어는 훌륭한 교육도구가 될 수 있다. 말로 설명해서는 이해가 잘 안되는 개념도 시각적으로 표현하거나 동영상으로 보여주면 이해가 잘되기도 한다.

(외국어 교육용 소프트웨어 화면)

⑥ 과학기술용 소프트웨어

컴퓨터는 이제 전 학문 분야에서 없어서는 안 될 연구 도구가 되었다. 컴퓨터가 가지는 빠른 계산 능력과 시뮬레이션 능력은 여러 분야에 활용되고 있다. 아래화면은 생물학 분야에서 단백질의 분자 구조를 관찰할 수 있도록 지원하는 소프트웨어의 화면이다.

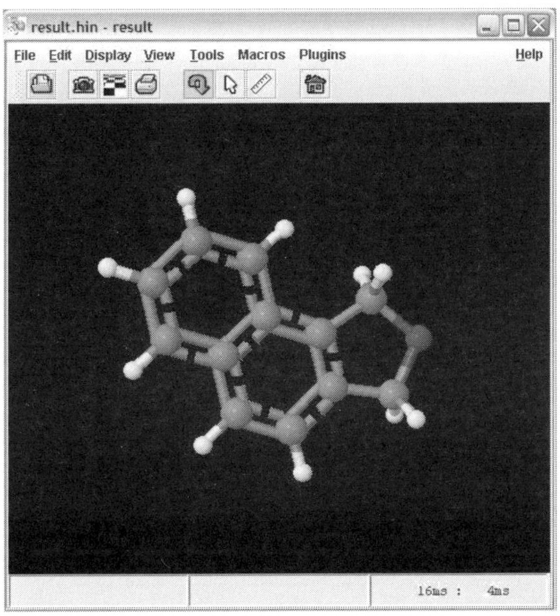

(Jmol 소프트웨어 화면)

이상에서 살펴본 바와 같이 소프트웨어는 매우 다양한 종류가 있으며 다양한 분야에서 사용되고 있다. 오늘날 현대인의 삶은 컴퓨터를 제외하고는 생각하기 어렵듯이 컴퓨터를 움직이는 소프트웨어 역시 교육, 사회, 문화, 기술, 전 분야에서 영향을 미치고 있다. 따라서 훌륭한 소프트웨어를 개발하는 것은 우리나라와 같이 자원이 부족하고 우수한 인재를 가지고 있는 나라에서 추진할 수 있는 국가 성장 전략중의 하나라고 할 수 있다. [표 1-1]은 우리가 생각하는 소프트웨어의 응용분야 이외의 산업 분야에도 소프트웨어 개발이 필요함을 보여준다.

우수한 소프트웨어의 개발은 간단한 프로그램을 작성해 보는 것에서부터 출발한다. 쉬운 것에서부터 차근차근 공부해 나간다면 누구라도 프로그래밍에 익숙해 질 수 있을 것이다.

[표 1-1] 소프트웨어의 주요 적용 분야와 특징[3)]

구분	내용
자동차	• 자동차 SW개발을 통하여 사고로부터 재해, 사망 등 감소 • 도로, 항만 등 사회기반 시설은 SW로 인하여 사회간접효과 기대 (자료: 유럽 ITEA 보고서)
선박제조	• 선박 생산 기간 단축 및 품질 향상을 위한 생산 인력 훈련 및 재교육 시스템 • 작업장 안전 향상을 위한 가상 생산 및 기름 유출 등으로 해양 생태계, 갯벌 등 주변 환경 오염
국방전자제어	• 무기체계의 첨단화/지능화에 따른 내장형 소프트웨어 비중 증가 • 항공기: F-22기능의 80%가 소프트웨어에 할당
휴대폰	• 다양한 부가기능 결합되어 새로운 비즈니스 모델 창출 • Nokia의 보고서에 따르면 '15년에는 SW의 부가가치 창출이 95%에 달할 것으로 전망 (자료: Nokia 기업보고서 ' 05)
디지털TV	• 디지털 TV는 '04년 이후 SW 활용 범위가 확대' • 국내 디지털 가전 SW의 '06년 생산유발효과는 4조 3백억원으로 추정됨(자료: ETRI' 07)
의료	• 전통적 의료 방법은 의사가 진찰에 의한 약물 치료, 수술 등으로 환자를 치료→ SW 기술 개발로 인하여 환자의 병명기록 및 생활환경을 데이터화하여 능동적 치료 • 유럽, 미국, 캐나다 등은 매년 의료비용이 증가되고 있으나, 의료 SW 개발로 인한 의료 비용절감 (1/3 불필요한 의료행위)
민간항공	• 민간항공에 대한 SW기술 개발 목적은 비행사고 감소 및 새로운 SW개발로 탑승자에게 인터넷, 음성 통화, 멀티미디어 서비스를 저렴하게 제공
디지털콘텐츠	• CG기술을 이용한 디지털 크리쳐가 등장하는 블록버스터급 영화는 산업경제적 파급효과가 큼 • e-Learning 기술은 사교육비를 감소시키고, 언제 어디서나 교육콘텐츠를 통하여 학습이 가능(초,중,고 (81.3%) 사교육 매일경제 07.04.13)
기타 서비스	• 국내 IT서비스시장은 '06년 5.3조원 규모로 지난 6년간 (01~06) 연평균 8.5%성장 (IDC,2007) • 국내 패키지SW 시장 (DC제외)은 '06년 평균 4.7% 성장 추세 (IDC, 2007) • 보안, CRM, ERP 등 일부 분야 경쟁력 확보

3) 2008년 소프트웨어 산업백서, 한국소프트웨어진흥원, p119

1.3 컴퓨터 학습에서 프로그래밍의 중요성

프로그래밍은 그 자체로서 독립된 학습 분야이기도 하지만 다른 컴퓨터 분야의 학습을 위해서도 기초가 되는 경우가 많다. [그림 1-2]는 일반적인 컴퓨터 관련 학과 교육과정에서 프로그래밍과 관련된 과목들의 연관도이다. [그림 1-2]에서도 알 수 있듯이 프로그래밍은 컴퓨터 관련 교과를 학습하기 위해는 필수적인 부분이라고 할 수 있다. [그림 1-2]에서 점선으로 된 과목들은 직접 프로그래밍을 다루지는 않지만 과제를 프로그래밍으로 해야 하는 과목들이다. 일반적으로 프로그래밍에 자신이 있는 학생은 다른 컴퓨터 과목에도 자신감이 있지만, 프로그래밍에 자신이 없는 학생은 다른 과목에도 자신감을 가지기 어렵다. 따라서 컴퓨터 전공 학생은 반드시 1~2개의 프로그래밍 언어를 자유자재로 다룰 수 있어야 한다.

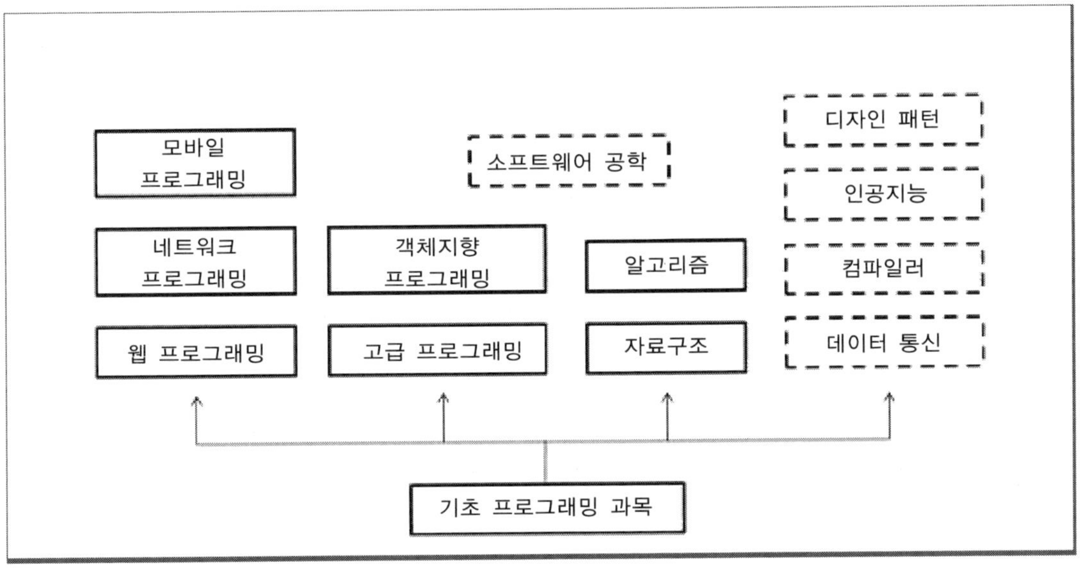

[그림 1-2] 프로그래밍 관련 과목

최근에는 하드웨어와 소프트웨어 분야가 결합한 임베디드 시스템(embedded system)이 인기를 얻고 있다. 임베디드 시스템은 PC의 CPU에 해당하는 마이크로 프로세서 또는 마이크로 컨트롤러가 내장되어 있으면서 특수한 기능을 수행하는 기기/장비를 의미한다. 핸드폰, 자동차의 엔진 제어장치, 인터넷기능을 가진 가전제품, 게임기, 로봇 등이 임베디드 시스템으로 분류된다. 임베디드 시스템은 하드웨어에 대한 기초지식이 있어야 하지만 핵심 지식은 역시 임베디드 소프트웨어 개발 기술이라고 할 수 있다. 예를 들면 로봇은 본체를 만드는 기술도 중요하지만 로봇이 사람처럼 움직일 수 있도록 하는 것은 소프트웨어에 달려 있다. 핸드폰의 경우에도 과거에는 하드웨어 부분이 중요했지만 지금은 모바일 프로그래밍에 의한 동작 소프트웨어의 중요성이 부각되고 있다.

로봇이나 핸드폰에서 볼 수 있는 것처럼 이제 프로그래밍은 전통적인 컴퓨터 시스템 안에 머무르지 않고 다양한 분야와 접목하여 발전하고 있다. 따라서 그러한 분야에 필요한 소프트웨어 인력을 양성하는 것은 국가적으로도 중요한 과제이다.

(소프트웨어에 의해 작동되는 다양한 로봇들)
이미지 출처 : http://cafe.daum.net/ch-study

(임베디드 프로그래밍을 실습하는 학생들)

1.4 프로그래밍을 잘하기 위한 방법

프로그래밍을 처음 접하는 학생들의 반응은 대체로 프로그래밍이 어렵다는 것이다. 프로그래밍 수업의 앞부분은 그럭저럭 이해도하고 따라 가는데 뒤로 갈수록 이해도 잘 안되고 아예 수업을 포기하는 학생들도 생겨나게 된다. 중고등학교의 교과과정을 통해 컴퓨터 교육을 받았음에도 왜 프로그래밍이 어렵게 느껴지는 것을까? 그 이유는 현재 중고등학교의 컴퓨터 교육은 워드프로세서나 파워포인트 등 도구(tool) 사용법에 초점이 맞추어져 있기 때문이다. 다시 말하면 남이 '만들어 놓은' 소프트웨어를 사용하는데는 익숙하지만 남들이 사용할 수 있도록 소프트웨어를 '만드는 것'에 대해서는 거의 교육 내용이 없다. 이미 만들어진 소프트웨어를 사용하는 것과 소프트웨어를 만드는 것은 전혀 다른 문제이다. 소프트웨어를 만들기 위해서는 문제를 분석하고, 해결 방안을 논리적으로 서술하고, 이것을 주어진 프로그래밍 언어를 통해 구현하는 능력이 필요하다. 컴퓨터 프로그래밍에 필요한 논리적 서술을 교육하는데 순서도(flow chart)가 많이 사용되는데 중고등학교 교육에서는 이것에 대해 전혀 다루고 있지 않다. 따라서 학생들에게 있어서 프로그래밍은 미지의 세계이고 생소할 수밖에 없을 것이다. 결국 프로그래밍은 나뿐만 아니라 누구에게나 어려운 분야임을 받아들이고 쉬운 것부터 하나씩 하나씩 배워가겠다는 자세가 필요하다.

그렇다면 어떻게 하면 프로그래밍을 쉽게 배울 수 있을까. 처음 프로그래밍을 접하는 학생들에게 있어서 프로그래밍을 배운다는 것은 결국 '프로그래밍 언어(programming language)'를 배운다는 말과 동일하다. 프로그래밍 언어도 언어이기 때문에 외국어를 배우는 것과 동일한 원리가 적용된다. 우리가 아는 것처럼 외국어를 익히는데는 왕도가 없다. 그저 시간을 많이 투자하고 많이 연습하는 것 외에는 잘할 수 있는 뾰족한 방법이 없는 것이다. 오래전에 베스트셀러였던 or 중에 '영어공부 절대로 하지 마라'라는 책이 있었다. 얼핏 책 제목을 보면 영어공부 안하고도 영어를 잘할 수 있는 비법을 알져주는 것 같아서 책을 구입했는데, 결국 책의 결론은 영어를 잘하고 싶으면 죽도록 열심히 해야한다는 것이었다. 프로그래밍 언어도 마찬가지이다. 시간투자를 많이한 사람이 잘할 수밖에 없고, 프로그래밍 하다가 에러를 많이 내서 고생해 본 사람이 에러가 없는 프로그램을 작성할 수 있다.

프로그래밍 언어를 배우는데 왕도는 없지만 효과적인 방법은 있다. 다년간 프로그래밍 교육을 해 본 결과 다음과 같은 과정이 도움이 된다는 것을 발견하였다.

① 프로그램 문법(syntax)에 대한 설명을 주의깊게 읽는다.

프로그램 언어도 언어이기 때문에 언어를 사용하는 규칙, 즉 문법을 가지고 있다. 다행히 프로그래밍 언어의 문법은 일반 외국어의 문법에 비해 매우 단순하다. 교재에 설명된 문법을 읽어보면 처음에는 이해가 잘 안되지만 그래도 주의 깊게 읽도록 한다.

② 공부한 문법을 사용한 프로그램 예제를 따라서 코딩[4](coding)하고 실행해 본다.

일반적으로 프로그래밍 교재에는 문법을 설명한 다음에 그 문법을 이해할 수 있도록 간단한 예제 프로그램을 제공한다. 교재에 있는 프로그램을 그대로 따라서 작성하고 실행한 뒤 결과를 유심히 살펴보면 설명한 문법의 의미가 어느 정도 이해가 된다. 이렇게 하고나서 다시 문법에 대한 설명을 읽어보면 처음 읽을 때 보다는 이해가 많이 될 것이다.

③ 프로그램의 실행 결과가 왜 그렇게 되는지 생각해 본다.

예제 프로그램을 실행해 본 다음에는 '왜 이 프로그램의 결과는 이렇게 될까'라는 질문을 끊임없이 던지고 스스로 그것에 대한 답을 해보는 연습이 중요하다. 만일 프로그램의 실행 결과가 왜 그렇게 되는지 이해가 된다면 문법을 이해한 것이 된다. 다음의 예제 프로그램과 실행 결과를 관찰해 보자.

(프로그램 내용)

```
#include <stdio.h>

main()
{
   printf("Hello World! \n");
}
```

(실행 결과)

```
Hello World!
계속하려면 아무 키나 누르십시오 . . .
```

4) 문법에 맞추어 프로그램을 작성하는 과정을 코딩(coding)이라고 한다.

프로그램을 실행해보면 화면에 'Hello World!' 라고 출력이 된다. 그렇다면 프로그램의 어떤 부분 때문에 'Hello World!' 라고 출력이 되는 것일까? 프로그램 내용을 보면 다음의 문장 때문임을 쉽게 알 수 있을 것이다.

```
printf("Hello World! \n");
```

이 문장을 잘 관찰해 보면 다음과 같은 사실을 알 수 있을 것이다.

1) printf 는 화면에 어떤 내용을 출력하는 것과 관계가 있는 것 같다.

2) 화면에 어떤 문장을 출력하려면 printf("")의 큰 따옴표 안에 원하는 문장을 쓰면 될 것이다.

3) " " 안에 '\n' 이 있는데 어떤 역할을 하는지 잘 모르겠다.

이와 같이 프로그램의 실행 결과를 보고 프로그램 내용의 각 문장들을 관찰하고 나름대로 해석해 보는 과정은 프로그램 학습에 있어서 매우 중요하다.

④ 프로그램 내용을 바꾸어 가면서 실행해 본다.

③ 과정에서 관찰한 내용이 맞는지 프로그램 내용을 바꾸어 가면서 실행해 본다.

예를 들면 'Hello World!' 대신에 '안녕하세요'라고 출력되게 하려면 어떻게 하면 될까. 관찰 결과에 따르면 다음과 같이 하면 될 것이다.

```
#include <stdio.h>

main()
{
   printf("안녕하세요 \n");
}
```

```
안녕하세요
계속하려면 아무 키나 누르십시오 . . .
```

실행결과가 예상했던 대로임을 알 수 있다. 이제 '\n' 의 역할을 알아보기 위해 다음과 같이 '\n' 을 제거하고 실행해 보자.

```
printf("안녕하세요 ");
```

```
안녕하세요 계속하려면 아무 키나 누르십시오 . . .
```

실행 결과를 관찰해 보면 '\n' 의 역할은 줄바꾸기임을 알 수 있다. 이와 같이 프로그램을 조금씩 바꾸어 가면서 프로그램을 실행해보면 문법이 갖는 의미를 분명히 파악할 수 있게 된다.

이상에서 프로그래밍을 공부하는 기본적인 방법에 대해 알아보았다. 위에서 설명한 방법대로 한걸음 한걸음 공부를 해 나가다 보면 프로그래밍에 대한 감(感)을 익히게 되고 프로그래밍에 대한 감이 생긴 다음에는 프로그래밍이 쉬우면서도 재미있게 느껴질 것이다.

연 습 문 제

1. 프로그램(program)과 소프트웨어(software)의 차이점을 설명해 보시오.

2. 사무용, 교육용, 게임용 소프트웨어의 예를 인터넷에서 찾아서 각각 3개씩 적어 보시오 (교재에 나온 예는 제외).

3. 다음의 프로그램 예와 실행 결과를 관찰하여 보시오.

(프로그램 내용)

```
#include <stdio.h>

main()
{
   int i;
   for (i=1; i<=9; i=i+1)
      printf("%d * %d = %d \n", 7, i, 7*i);
}
```

(실행 결과)

```
7 * 1 = 7
7 * 2 = 14
7 * 3 = 21
7 * 4 = 28
7 * 5 = 35
7 * 6 = 42
7 * 7 = 49
7 * 8 = 56
7 * 9 = 63
계속하려면 아무 키나 누르십시오 . . .
```

실행결과가 다음과 같이 나오도록 하려면 프로그램 내용의 어느 부분을 어떻게 고치면 되겠는가?

```
3 * 1 = 7
3 * 2 = 14
3 * 3 = 21
3 * 4 = 28
3 * 5 = 35
3 * 6 = 42
3 * 7 = 49
3 * 8 = 56
3 * 9 = 63
계속하려면 아무 키나 누르십시오 . . .
```

또한 실행 결과가 다음과 같이 나오도록 하려면 프로그램 내용의 어느 부분을 어떻게 고치면 되겠는가

```
7 * 1 = 7
7 * 2 = 14
7 * 3 = 21
7 * 4 = 28
7 * 5 = 35
7 * 6 = 42
7 * 7 = 49
7 * 8 = 56
7 * 9 = 63
7 * 10 = 70
7 * 11 = 77
계속하려면 아무 키나 누르십시오 . . .
```

4. 1.4절의 예제 프로그램 및 실행 결과를 관찰해 볼 때 다음과 같이 출력되는 프로그램을 작성해 보시오.

```
안녕하세요
반갑습니다
계속하려면 아무 키나 누르십시오 . . .
```

제 2 장

프로그래밍의 개념

2.1 프로그램의 개발과정

2.2 프로그래밍과 논리

2.3 실습환경의 설치

2.4 Visual studio를 이용한 C 프로그램 작성

제2장

프로그래밍의 개념

[단원목표]

- 프로그램의 개발 과정을 이해한다.
- 프로그램에서 논리의 중요성을 이해한다.
- 순서도의 작성 방법을 익힌다.
- 프로그램 개발 환경을 설치하고 사용하는 방법을 배운다.

2.1 프로그램의 개발과정

프로그래밍은 현실세계의 문제를 컴퓨터 프로그램을 작성하여 해결해가는 과정으로 이해할 수 있다. 다음의 예를 가지고 프로그래밍 과정을 이해해 보자. 어떤 수학 전문 보습학원이 있다고 가정해 보자. 이 학원에서는 학생들의 계산 능력을 키워주기 위해 구구단을 2~9단 까지가 아닌 99 단까지 외우게 하려고 한다. 즉 99×8 = 792 와 같은 계산을 암산으로 할 수 있도록 하려는 것이다. 그런데 99단까지를 종이에 적어서 외우게 하기에는 너무 양이 많기 때문에 컴퓨터상에서 몇 단을 입력하면 해당 단의 내용이 화면에 표시되고 그것을 보고 외우도록 하려고 한다. 이 문제를 해결하도록 요청받은 컴퓨터 공학도 홍길동군은 이 문제를 어떻게 해결할 수 있을까? 해답은 99단 까지를 화면에 보여줄 수 있는 컴퓨터 프로그램을 개발하는 것이다.

홍길동군은 프로그램을 작성하기 전에 다음과 같이 전략을 세웠다.

① 먼저 화면에 "원하는 단을 입력하세요" 라는 메시지를 표시한다.
② 화면으로부터 원하는 단을 입력 받는다.
③ 사용자가 0 이라고 입력하면 프로그램을 종료하고, 아니면 단계 ④로 간다.
④ 원하는 단의 숫자를 1부터 9까지 곱하여 차례로 화면에 출력한다.
⑤ 출력이 끝나면 다시 단계 ①로 간다.

다음으로 홍길동군은 전략에 따라 C 언어를 사용하여 프로그램을 작성한다.

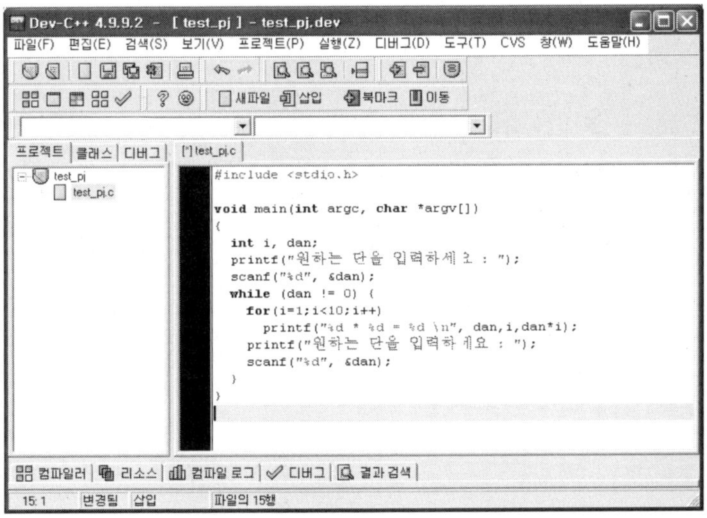

그리고 작성한 프로그램을 컴파일 한다. (컴파일은 사용자가 작성한 프로그램을 기계가 이해할 수 있는 형식으로 바꾸는 과정을 말한다. 컴파일 결과 일반 사용자가 이용할 수 있는 실행파일(.exe 파일)이 만들어 진다.)

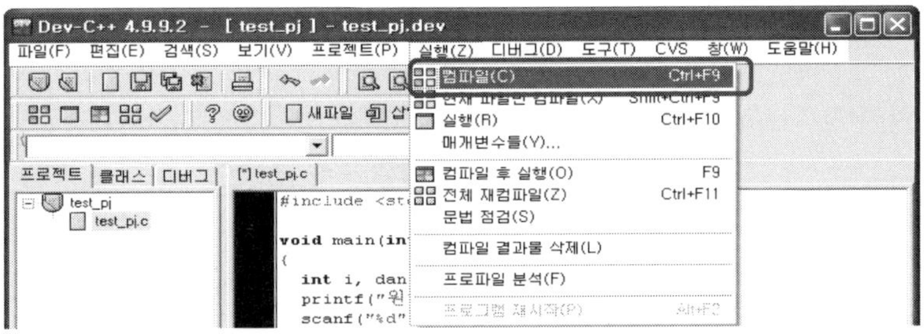

이제 프로그램이 완성되었으므로 테스트 해보고 보습학원에 납품하면 된다.

이상에서 설명한 과정이 일반적으로 프로그래밍을 개발할 때 거치게 되는 절차이다. 프로그래밍 과정을 간단히 정리하면 다음과 같다.

① 해결해야할 문제를 정의한다.
② 문제를 해결해나가는 절차(이것을 알고리즘이라고 한다)를 기획한다.
③ 알고리즘에 따라 프로그램을 작성한다.
④ 프로그램을 컴파일 한다. (그 결과 실행파일이 만들어진다.)
⑤ 완성된 프로그램을 테스트 한다.

이러한 절차에 따라 앞의 프로그램 개발 과정을 표로 정리하면 다음과 같다.

No	프로그래밍 절차	사례
①	문제정의	몇 단을 입력하면 해당 단의 내용이 화면에 표시되는 프로그램을 작성하시오.
②	알고리즘 개발	1) 먼저 화면에 "원하는 단을 입력하세요" 라는 메시지를 표시한다. 2) 화면으로부터 원하는 단을 입력 받는다. 3) 사용자가 0 이라고 입력하면 프로그램을 종료하고, 아니면 단계 ④로 간다. 4) 원하는 단의 숫자를 1부터 9까지 곱하여 차례로 화면에 출력한다. 5) 출력이 끝나면 다시 단계 ①로 간다.

③	프로그램 작성	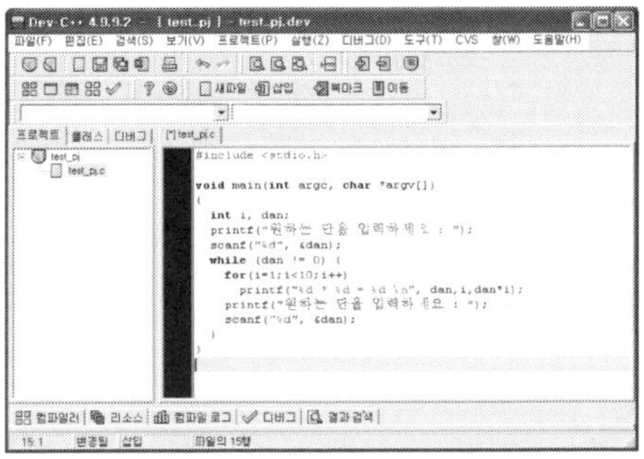
④	컴파일	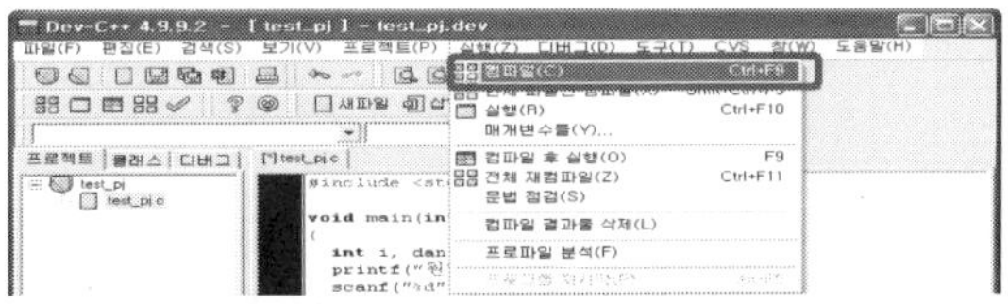
⑤	프로그램 테스트	

프로그램의 작성과 컴파일

사람이 작성한 프로그램은 인간의 언어에 가깝기 때문에 컴퓨터는 이해할 수가 없다. 따라서 작성한 프로그램을 기계인 컴퓨터가 이해할 수 있는 형태의 언어로 번역을 하는 과정이 필요한데 이를 '컴파일'이라고 한다. 컴파일 과정을 정리하면 다음과 같다.

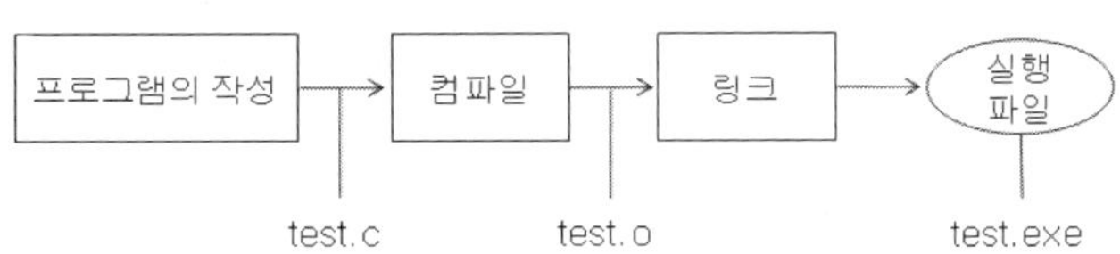

① **프로그램의 작성.** 먼저 C 언어와 같은 프로그래밍 언어를 사용하여 프로그램을 작성한다. 프로그램 작성에는 메모장과 같은 텍스트 에디터가 사용될 수도 있고, 프로그램 작성 전용 에디터를 사용할 수도 있다. 일반적으로 C 언어로 작성한 프로그램을 파일로 저장하면 확장자가 '.c' 가 된다. 이 파일을 소스(source) 파일이라고 부른다.

② 컴파일. 사용자가 작성한 프로그램을 기계가 이해할 수 있는 언어로 번역을 하는데 이를 컴파일(compile)이라 한다. 컴파일 작업에는 '컴파일러(compiler)' 라고 하는 소프트웨어를 사용해야 한다. 컴파일 결과 확장자가 '.o' 인 파일이 생성된다. 이 파일을 오브젝트(object) 파일이라고 부른다.

③ 링크. 오브젝트 파일은 컴퓨터가 이해할 수 있는 언어로 되어 있기는 하지만 아직 실행은 되지 않는다. 실행을 위해서는 실행에 필요한 여러 가지 기능들을 붙여주어야 하는데 이 과정을 링크(link) 라고 한다. 링크 작업에는 '링커(linker)' 라는 소프트웨어가 사용된다. 링크의 결과 확장자가 '.exe' 인 파일이 생성된다. 이 파일을 실행(execution) 파일이라 부른다. 사용자는 실행 파일을 실행(윈도우에서 파일을 클릭)함으로써 프로그램을 실행해 볼 수 있다.

Note.

컴파일과 링크는 별개의 작업이지만 일반적으로 컴파일 + 링크 작업을 그냥 컴파일 이라고 통칭해서 부른다. Visual C++ 이나 Dev-C++ 과 같은 프로그램 개발 환경을 이용하면 컴파일 작업시 컴파일과 링크가 동시에 이루어지는 것을 확인할 수 있다.

다음의 그림은 프로그램을 작성하여 컴파일 한 결과 폴더에 생성된 파일들을 보여준다. 소스 파일, 오브젝트 파일, 실행 파일이 만들어진 것을 알 수 있다.

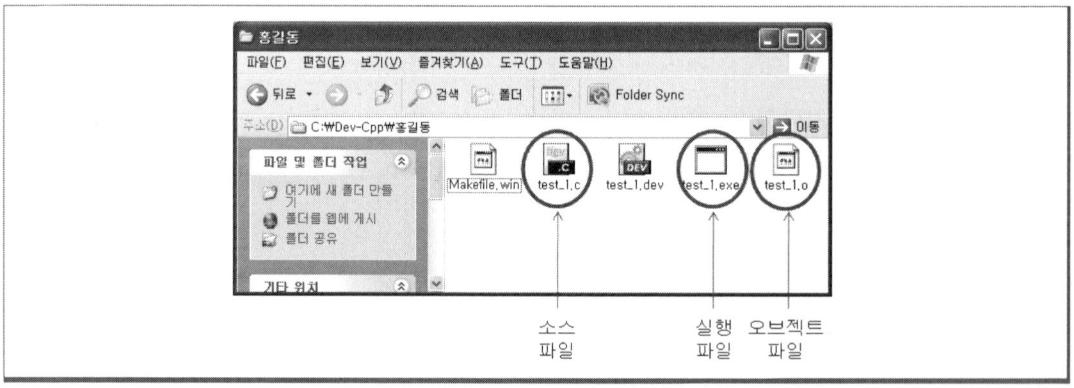

Note. 프로그램(program)과 소프트웨어(Software)

프로그램은 프로그래밍된 결과물을 뜻하고, 소프트웨어는 하드웨어의 반대 개념으로서의 의미이지만, 일반적으로는 같은 의미로 쓰인다. 다만, 엄밀한 의미에서는 아래와 같은 차이가 있다.

- 프로그램 : 컴파일된 결과물 뿐만 아니라, 프로그래머가 작성한 소스 코드까지도 포함한다.
- 소프트웨어 : 프로그램 뿐만 아니라 CD, 설명서, 제품 포장 등 패키지 전체를 뜻하기도 한다.

– 위키백과(ko.wikipedia.org)에서

2.2 프로그래밍과 논리

논리의 중요성

일반인들 중에는 사람이 컴퓨터에게 어떤 문제를 던져주면 컴퓨터가 알아서 답을 주는 것으로 생각하는 사람이 있다. 그러나 컴퓨터가 답을 내기 위해서는 답을 내는 과정을 일일이 컴퓨터에게 가르쳐 주어야만 한다. 이 과정이 프로그래밍이다. 따라서 어떤 문제를 사람이 해결할 수 없으면 컴퓨터도 해결할 수 없다. 여러분이 장기를 두는 방법을 알지 못한다면 장기를 두는 프로그램을 작성할 수 없다는 의미이다. 그런데 컴퓨터는 매우 단순하기 때문에 문제를 해결하는 과정을 아주 상세하게, 체계적으로 알려 주지 않으면 안된다. 앞에서 본 99단을 출력하는 절차를 다시 살펴보자.

① 먼저 화면에 "원하는 단을 입력하세요" 라는 메시지를 표시한다.
② 화면으로부터 원하는 단을 입력 받는다.
③ 사용자가 0 이라고 입력하면 프로그램을 종료하고, 아니면 단계 ④로 간다.
④ 원하는 단의 숫자를 1부터 9까지 곱하여 차례로 화면에 출력한다.
⑤ 출력이 끝나면 다시 단계 ①로 간다.

매우 단순한 작업이지만 위와 같이 상세한 처리 절차가 있어야 컴퓨터에게 일을 시킬 수가 있다. 프로그래밍은 위의 처리 절차를 약속된 언어, 표기법에 의해 서술하는 과정이라고 할 수가 있다.

프로그래밍을 처음 접하는 사람들은 일반적으로 프로그래밍을 매우 어렵다고 느낀다. 여러 가지 이유가 있겠지만 그중의 하나는 위와 같이 문제를 해결하는 절차를 체계적으로 생각하고 표현하는 훈련이 되어 있지 않기 때문이다. 일반적으로 고등학교 과정에서의 컴퓨터 교육은 컴퓨터의 '사용법'을 위주로 배우기 때문에 프로그래밍에 필요한 논리적 사고력이 부족할 수밖에 없다. 따라서 프로그래밍을 배우는 초기 단계에서는 주어진 문제의 해결 절차를 체계적으로 작성하는 훈련이 절대적으로 필요하다.

Note.

프로그램 = 어떤 문제를 컴퓨터가 풀 수 있도록 그 문제를 풀어가는 과정을 약속된 언어를 사용하여 논리적으로 서술해 놓은 것

● 순서도(Flow chart)

프로그램을 작성하기 위해서는 문제해결 과정을 논리적으로 서술하는 단계가 필요하다. 문제해결 과정을 논리적으로 표현하기 위한 방법은 여러 가지가 있는데 많이 쓰이는 방법이 순서도이다. 순서도에 사용되는 기호들을 알아보기 전에 2.1절에 다루었던 99단까지 출력하기 위한 전략을 순서도로 표현해보면 다음과 같다.

① 먼저 화면에 "원하는 단을 입력하세요"라는 메시지를 표시한다.
② 화면으로부터 원하는 단을 입력받는다.
③ 사용자가 0 이라고 입력하면 프로그램을 종료하고, 아니면 단계 ④로 간다.
④ 원하는 단의 숫자를 1부터 9까지 곱하여 차례로 화면에 출력한다.
⑤ 출력이 끝나면 다시 단계 ①로 간다.

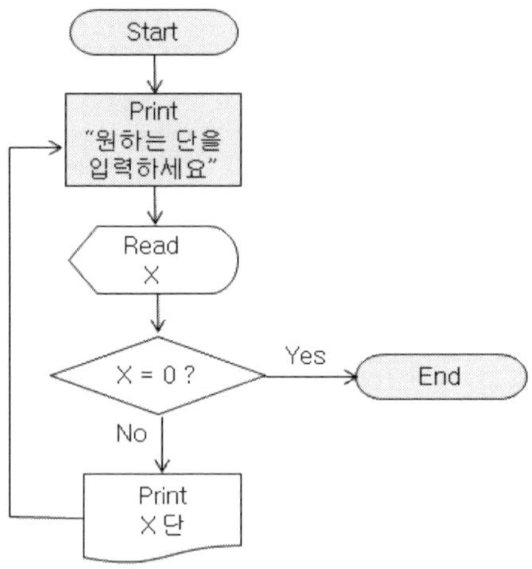

순서도는 몇가지 약속된 기호를 가지고 문제 해결 절차를 논리적으로 표현할 수 있다는 장점이 있다. 순서도에서 사용하는 기호와 의미는 다음과 같다.

[표 2-1] 순서도 기호

기호	이름	의미
	터미널	순서도의 시작과 끝을 나타낼 때 사용한다. 순서도에는 반드시 시작과 끝이 있어야 한다.
	처리	수학적 연산, 데이터의 이동 등을 처리할 때 사용한다.
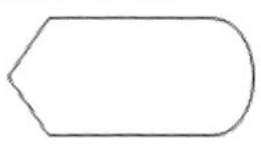	입력	사용자로부터 어떤 값을 입력 받을 때 사용한다.
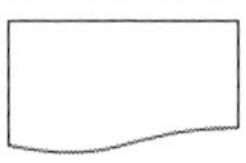	출력	어떤 값이나 처리 결과를 출력할 때 사용한다.

기호	이름	설명
	판단	어떤 값이 조건에 맞는지를 비교하여 판단할 때 사용한다. 결과는 Yes 또는 No 이다.
→	흐름선	처리의 흐름 및 기호와 기호 사이의 연결을 표현한다. 화살표 방향으로 처리 순서가 진행됨을 알려준다.
	연결자	순서도가 길어서 나누어 표시해야만 하는 경우 두 순서도를 연결할 때 사용한다.
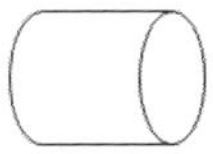	파일	데이터를 파일로 입력 또는 출력하는 경우에 파일을 표시하기 위해 사용한다.

순서도는 매우 직관적이어서 몇 개의 예제만 살펴보면 사용법을 쉽게 익힐 수 있다. 첫 번째 순서도는 사용자가 입력한 숫자가 홀수이면 "홀수", 짝수이면 "짝수" 라고 출력하는 작업의 순서도이다. (첫번째 순서도에서 mod 는 나머지를 구하는 연산을 의미한다. X mod 2 =0 ? 는 'X를 2로 나눈 나머지가 0 인가?'를 의미한다). 두 번째 순서도는 하루 일과를 표현해 본 것이다. 두가지 예에서 볼 수 있는 것처럼 순서도는 어떤 일의 처리 절차를 명료하고 이해하기 쉽게 표현하는데 매우 적합한 도구이다. 프로그래밍에 앞서 순서도를 가지고 처리 절차를 작성해 보는 훈련은 매우 유익하다. 어느 정도 그러한 훈련이 되면 나중에는 순서도 없이도 머릿속으로 처리 절차를 구상할 수 있는 능력이 생긴다.

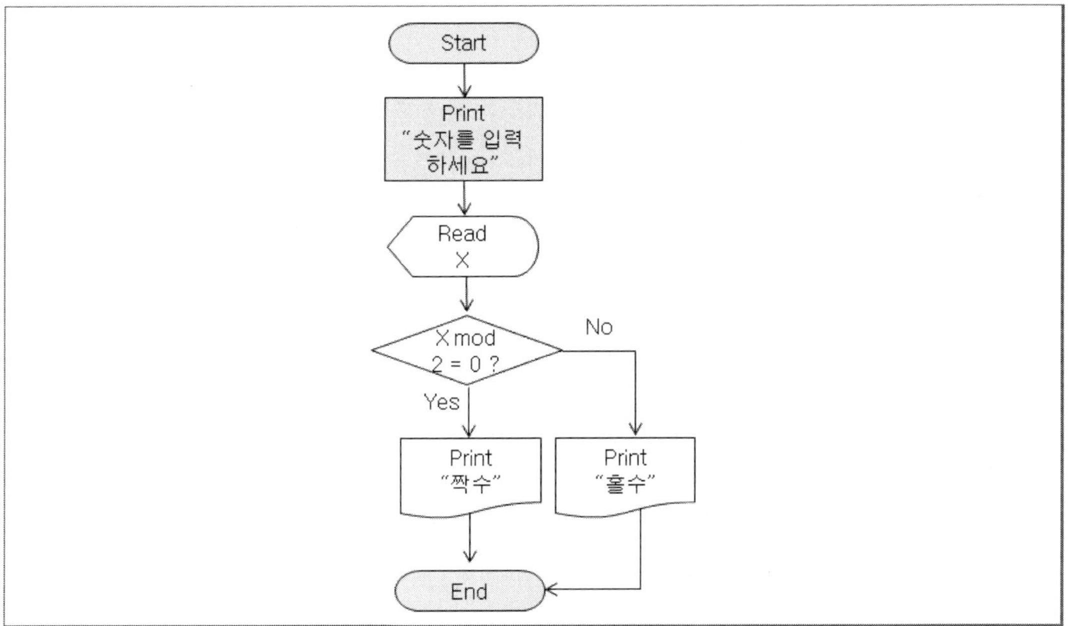

[홀수 짝수 구분하기]

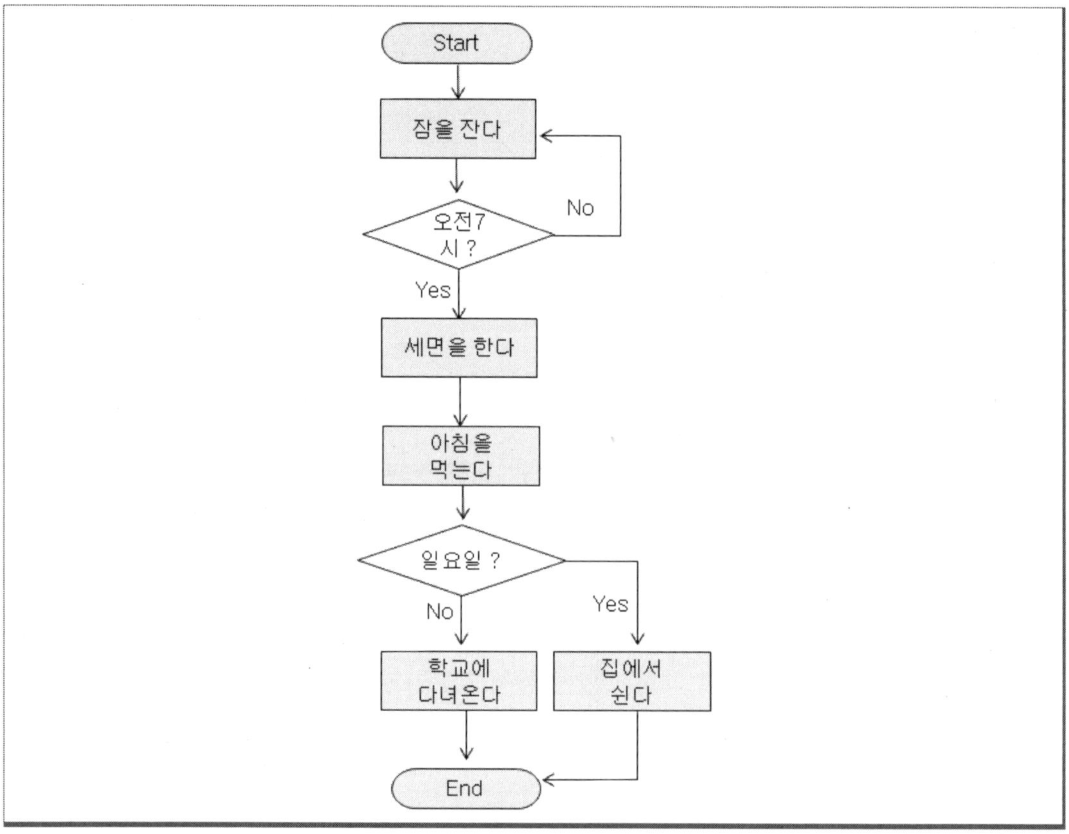

[하루 일과]

다음은 1~100 까지의 합계를 구하는 순서도이다. X 와 SUM 이라는 값을 이용하여 합계를 구한다. X 는 1에서 100 까지의 숫자를 하나씩 증가 시키면서 값을 저장하기 위해 사용하며, SUM 은 X 의 값을 차례로 누적하기 위한 용도로 사용한다. X 의 값이 100을 초과하면 SUM 의 값을 출력하고 종료하게 된다.

순서도에서

X ← 0

의 의미는 0을 X 에 저장하라는 것이다. 또한

X ← X +1

의 의미는 원래 X 가 가지고 있던 값에다가 1을 더한 뒤 X 에다가 다시 저장한다는 것이다.

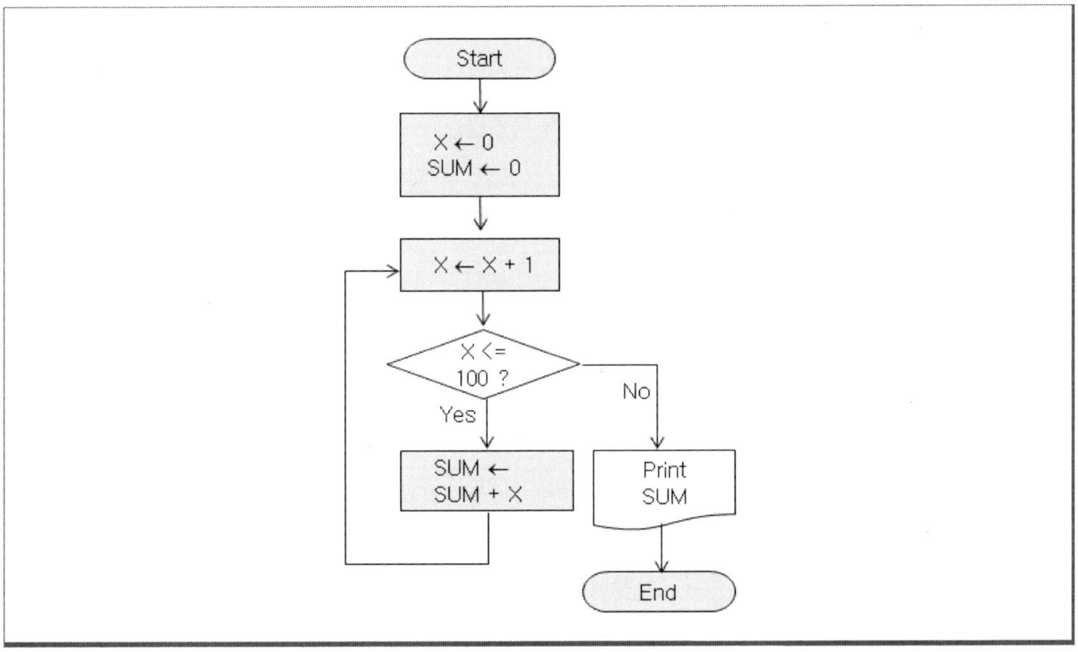

[1~100 까지 합계 구하기]

X ← 0	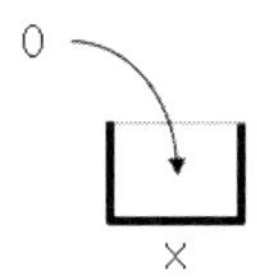
X ← X +1	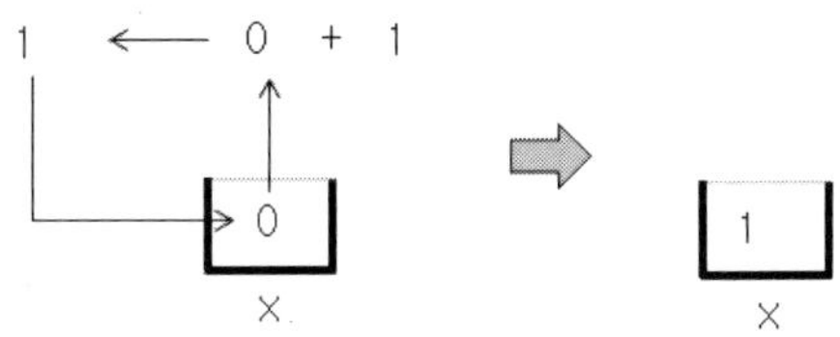

2.3 실습환경의 설치

C 프로그래밍을 하기 위해서는 기본적으로 프로그램을 작성하기 위한 편집기(Editor)와 컴파일러(compiler)만 있으면 된다. 그러나 프로그램의 규모가 커지면 그와 같은 환경은 불편하므로 편집기, 컴파일러, 프로그램 에러를 추적하기 위한 디버거(debugger) 등을 함께 제공하는 통합개발환경(IDE; Integrated Development Environment) 소프트웨어를 이용한다. C 프로그램 개발을 위한 통합개발 환경 소프트웨어로는 Microsoft 사의 Visual Studio가 일반적으로 많이 사용된다. 이외에도 무료로 이용할 수 있는 소프트웨어로 eclipse, Dev-C++가 대표적이다. (부록 A.3의 Dev-C++의 설치 및 기본 사용법 참조)

이제 Visual Studio 6.0을 설치하는 방법을 알아보도록 한다.

01 Visual Studio 6.0의 설치파일을 실행시키면 다음과 같은 설치 마법사 화면이 나온다. [다음] 버튼을 클릭한다.

02 최종 사용자 사용권 계약 화면이 나온다. '동의함' 에 체크를 하고 [다음] 버튼을 클릭한다.

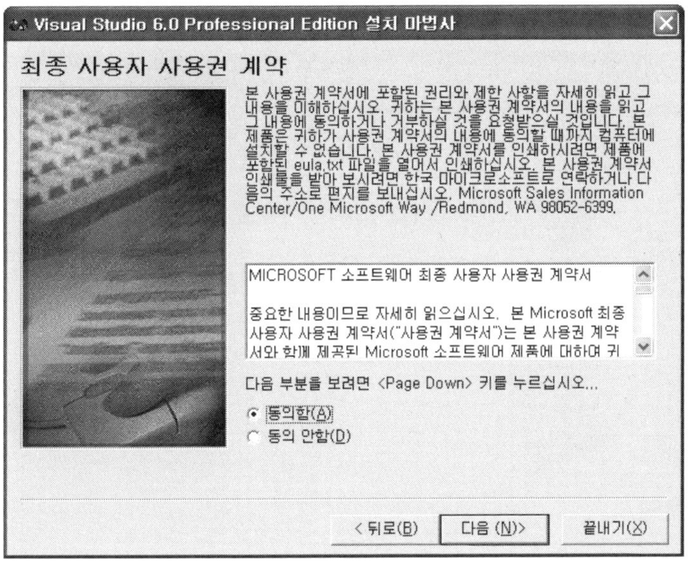

03 제품 번호와 사용자 이름, 회사 이름을 입력하는 화면이 뜬다. 입력하고 [다음] 버튼을 클릭한다.

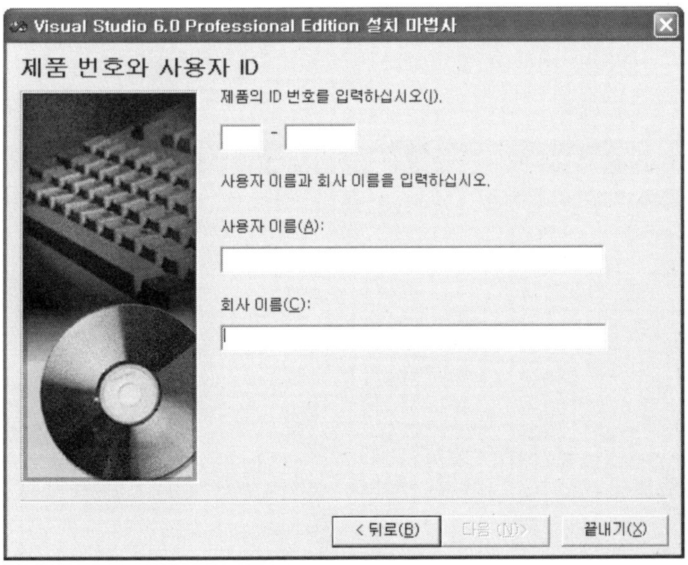

04 서버 설치 옵션을 선택하는 화면이 나온다. Visual Studio 6.0 설치를 클릭하고 [다음]으로 넘어간다.

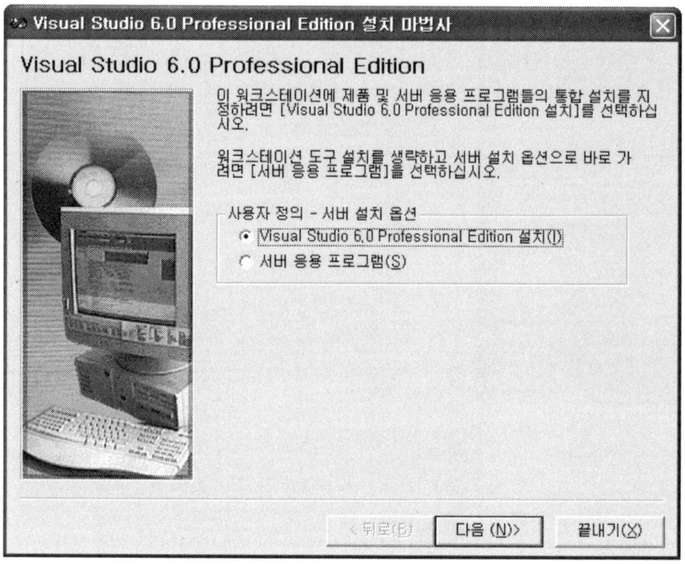

05 공통 파일을 설치할 Common 폴더를 선택하는 화면이 나온다. 기본적으로 'C:₩Program Files₩Microsoft Visual Studio₩Common'으로 되어있고 [찾아보기] 버튼을 클릭하여 경로를 변경할 수 있다. [다음] 버튼을 클릭한다.

06 [계속] 버튼을 누른다.

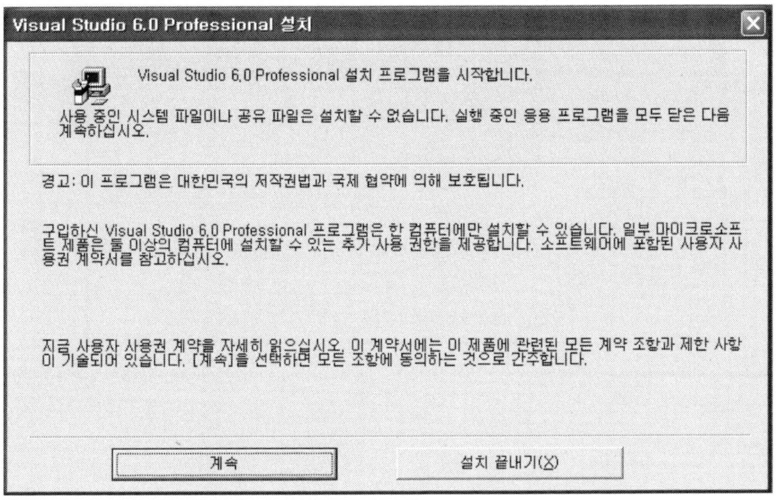

07 제품 ID를 보여주는 화면이 나온다. [확인] 버튼을 클릭한다.

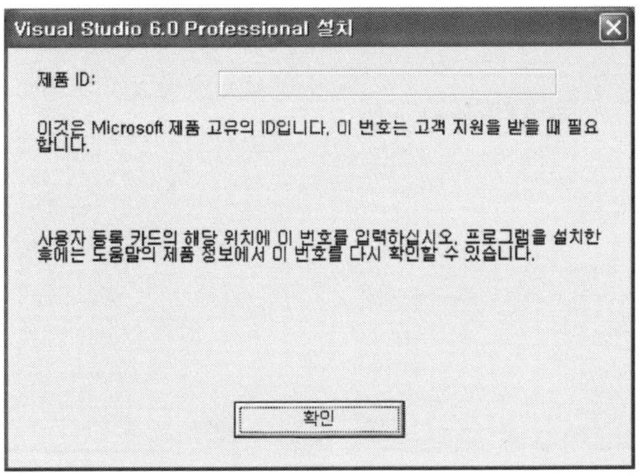

08 다음과 같은 화면이 뜨는데, 프로그램이 설치될 경로를 변경 할 수 있다. 설치를 진행 하려면 아래 그림에 표시된 큰 버튼을 클릭한다.

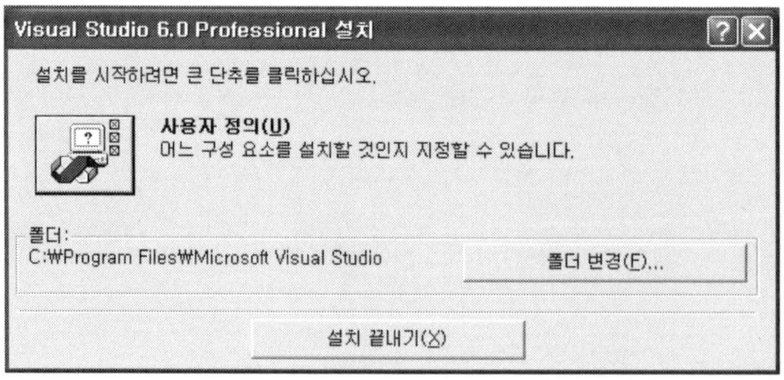

09 설치 할 프로그램의 옵션을 선택하는 화면이 나온다. 기본적으로 선택 되어 있는 것만 설치하도록 한다. [계속] 버튼을 누른다.

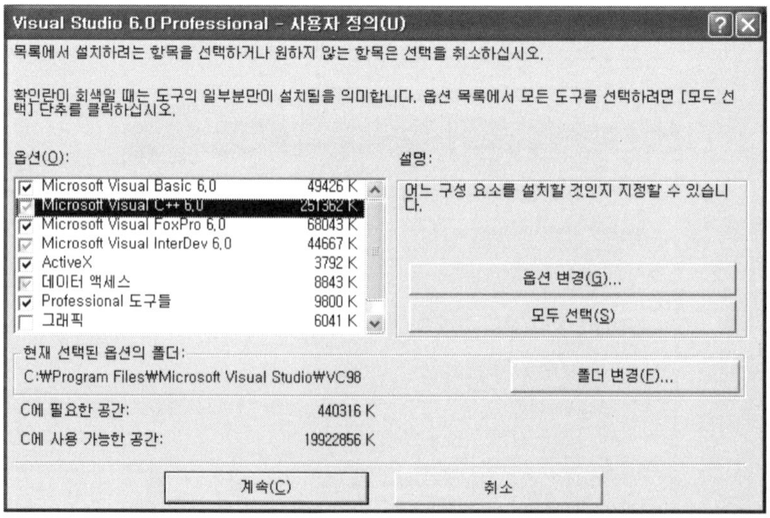

10 그 다음 환경 변수 등록에 체크를 하고 [확인] 버튼을 클릭한다.

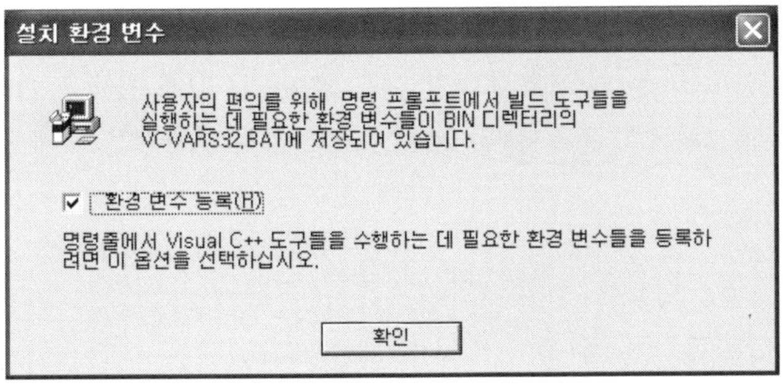

11 Visual Studio의 설치가 시작 된다.

12 설치가 정상적으로 완료되면 다음과 같은 창이 뜬다.

2.4 Visual studio를 이용한 C 프로그램 작성

C 프로그래밍을 위해서 통합개발 환경 소프트웨어인 Visual Studio를 설치했으므로 이제 간단한 예제 프로그램을 통해 Visual Studio의 프로그램의 편집, 컴파일, 실행 기능을 이용하는 방법을 알아보도록 한다. 우선 예제 프로그램은 다음과 같다. 예제 프로그램을 실행하면 화면에 "안녕하세요" 라는 문장을 10회 출력한다.

```
#include <stdio.h>

void main(int argc, char *argv[])
{
     int i=0 ;
     while(i<10) {
        printf("안녕하세요 \n");
        i = i+1;
     }
}
```

Visual Studio를 이용해서 프로그램을 작성하고 실행해 보자.

01 Visual Studio++ 6.0를 실행한다.

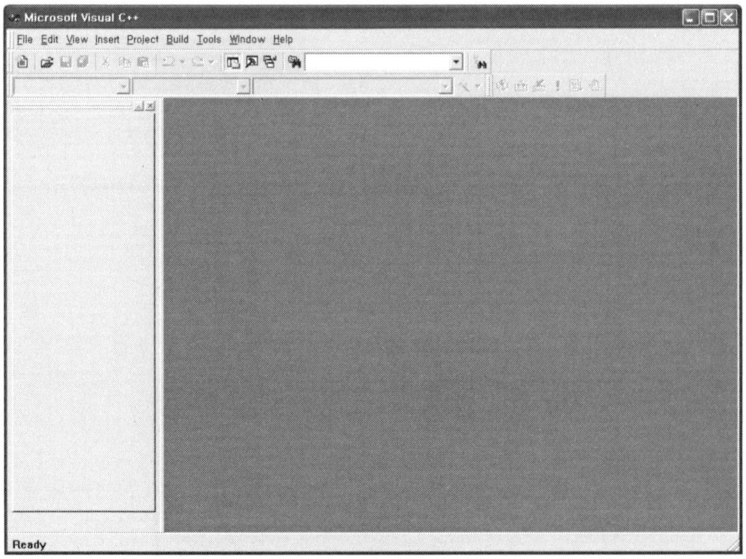

02 프로젝트를 생성하기 위해서 메뉴바의 [File]-[New]를 선택한다.

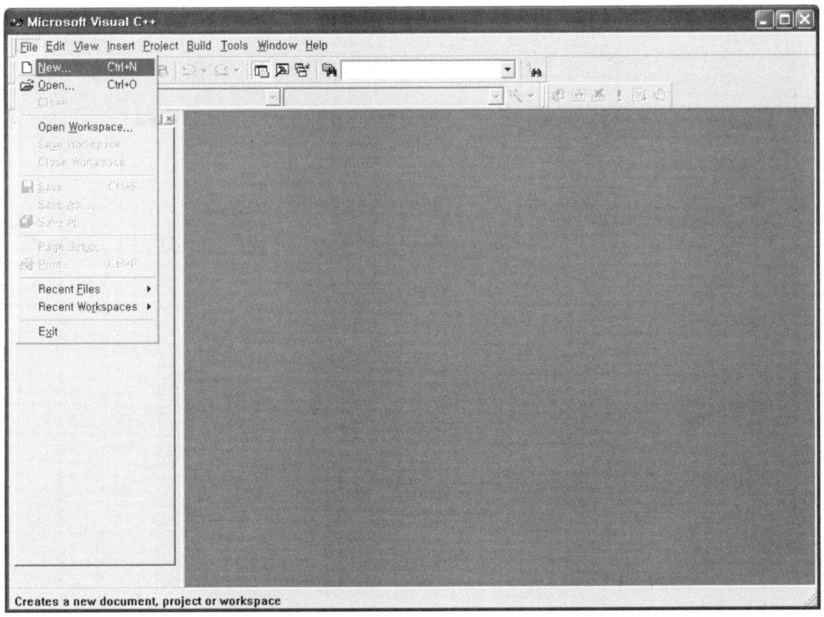

03 Project 탭이 뜨는데 좌측에서 'Win32 Console Application' 을 선택한다. 〈Location〉 항목을 프로젝트가 생성되길 원하는 경로로 수정한 후 우측부분에 〈Project name〉항목에 프로젝트 이름을 지정해 준 후 [OK] 버튼을 클릭한다.

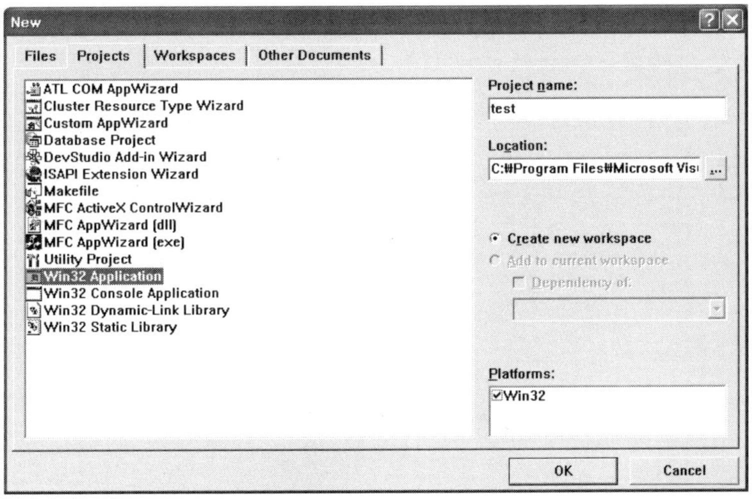

04 그 후 콘솔프로그램의 형태를 지정하는 창이 뜨는데 여러 항목 중 "An empty project"이 선택되어있는 것을 확인한 후 [Finish] 버튼을 클릭한다.

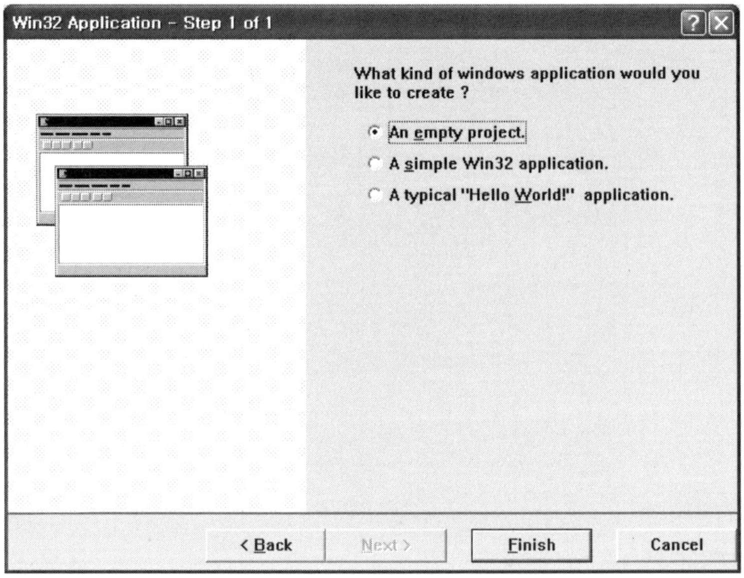

05 그리고 다음화면에서 [OK] 버튼을 클릭하면 프로젝트가 마련된다.

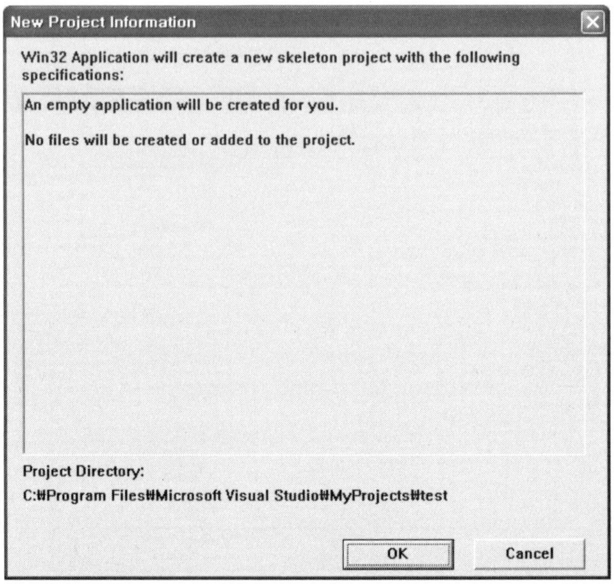

그 결과, 아래 그림과 같이 화면 좌측에 test classes가 생성되었다.

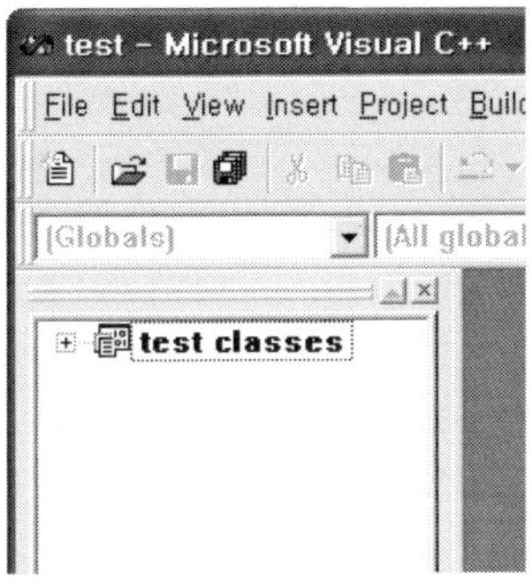

06 실제 파일을 작성하기 위해 메뉴 바의 [File]→[New]를 클릭한다.

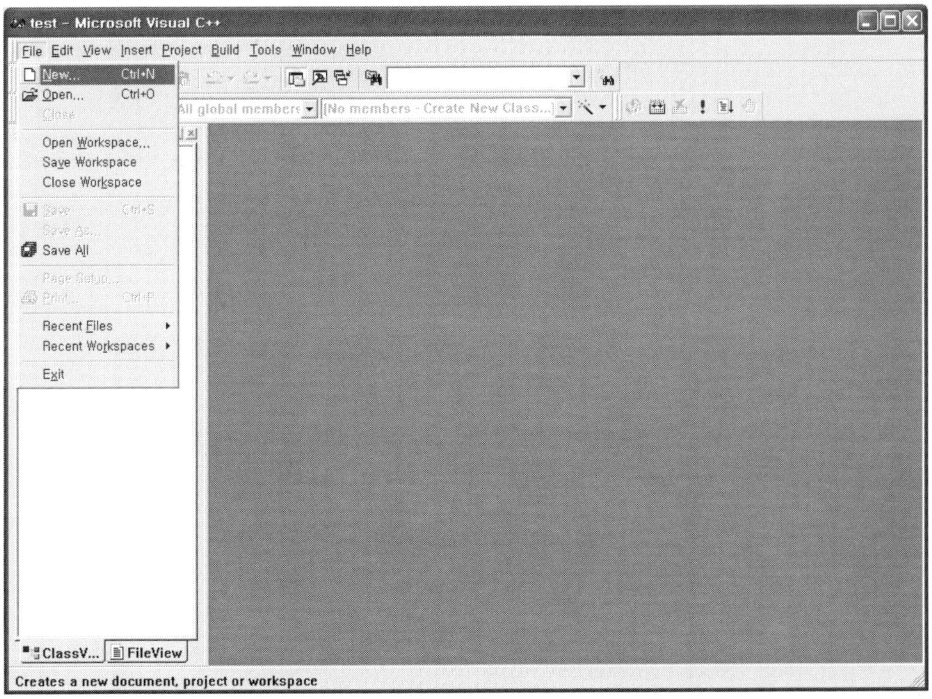

07 새로 나타난 "Files" 탭의 왼쪽란에서 'C++ Source File' 선택후 source file명을 지정해준다. [OK] 버튼을 클릭한다.

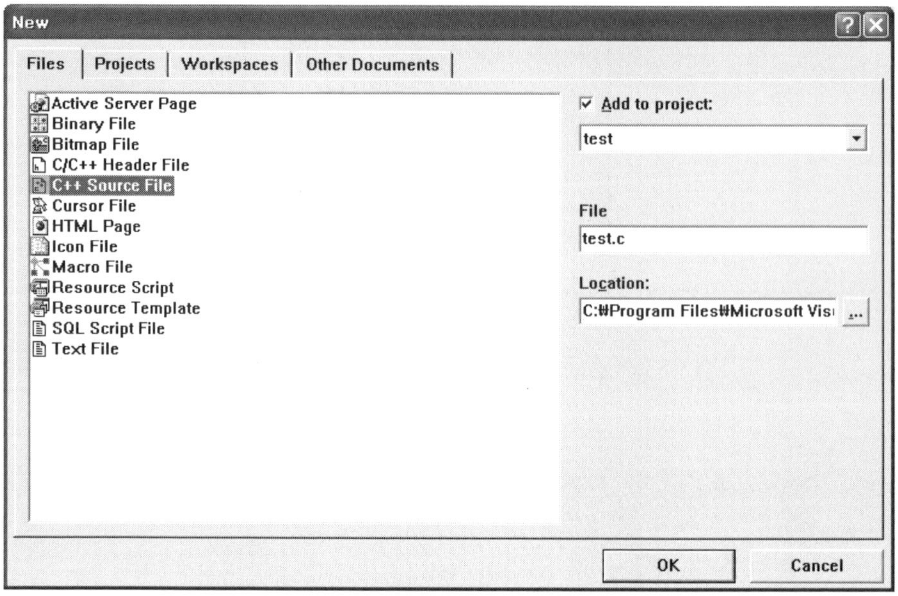

08 우측 에디터 화면에 프로그램 코드를 작성한다.

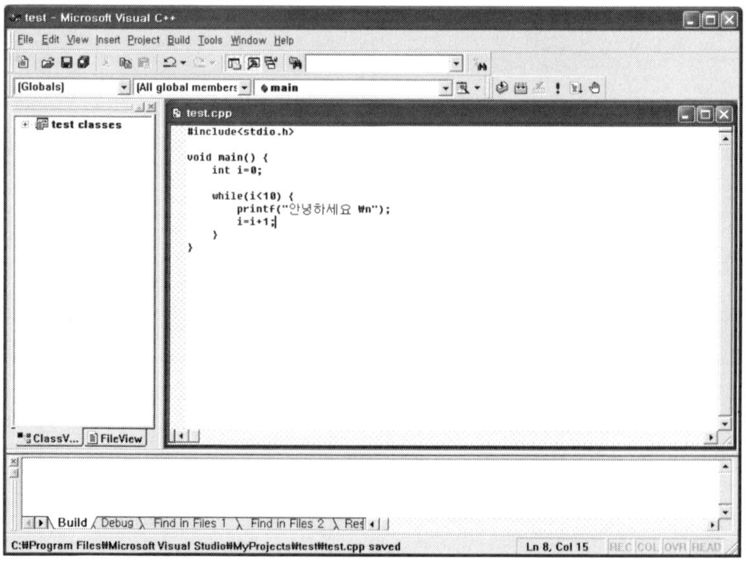

09 컴파일 단계: [Build]→[Compile]을 클릭하거나 아래 그림에 표시되어 있는 버튼을 클릭한다. (단축키: Ctrl+F7)

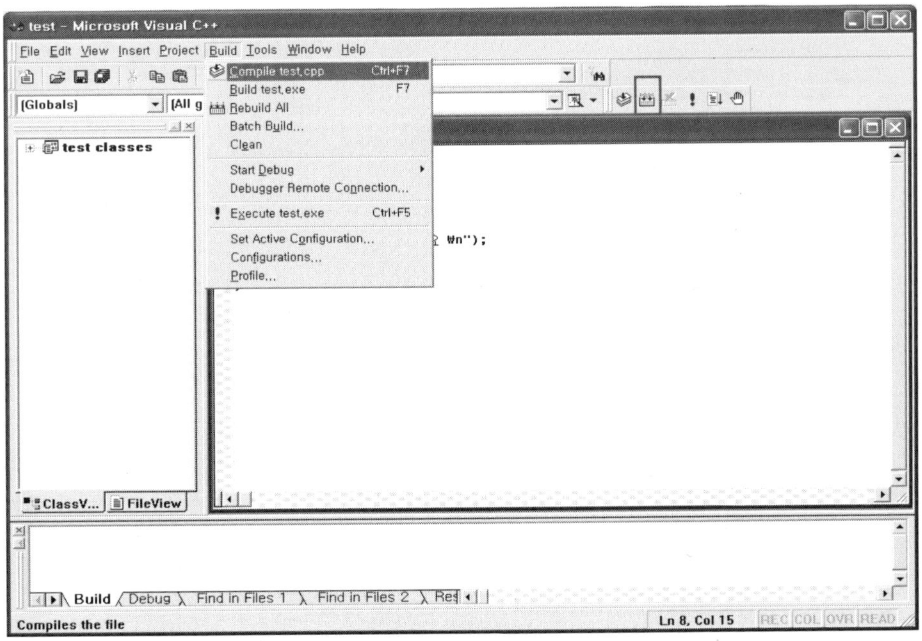

컴파일 결과, 화면 하단의 0 error(s), 0 warning(s)를 확인하여 정상적으로 오브젝트파일이 생성된 것을 알 수 있다.

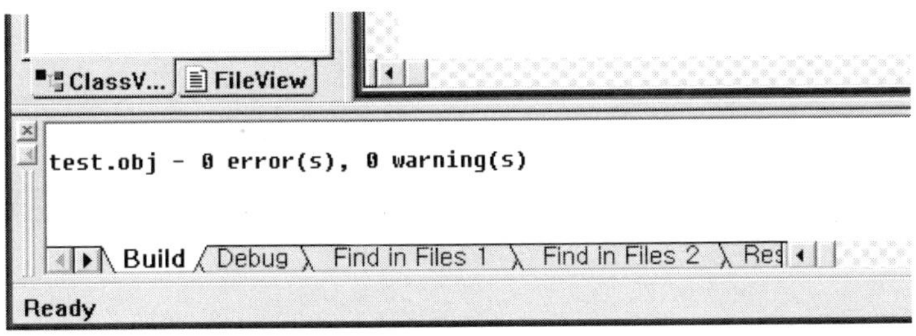

10 링크 단계: [Build]→[Build]을 클릭하거나 그림에 표시되어 있는 버튼을 클릭한다. (단축키: F7)

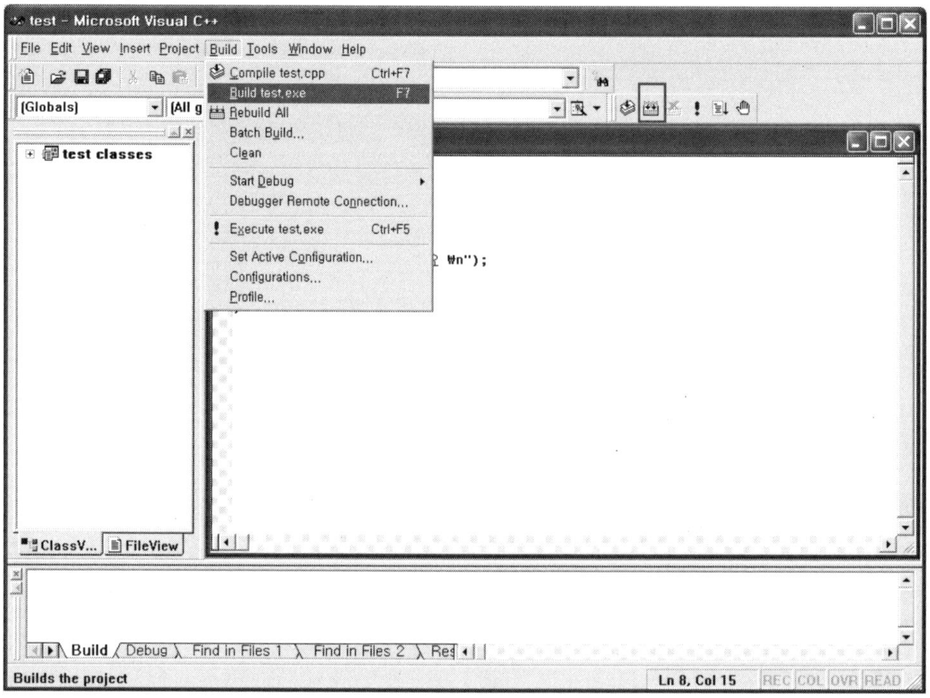

그 결과, 화면 하단의 0 error(s), 0 warning(s)를 확인하여 정상적으로 오브젝트파일이 생성된 것을 알 수 있다.

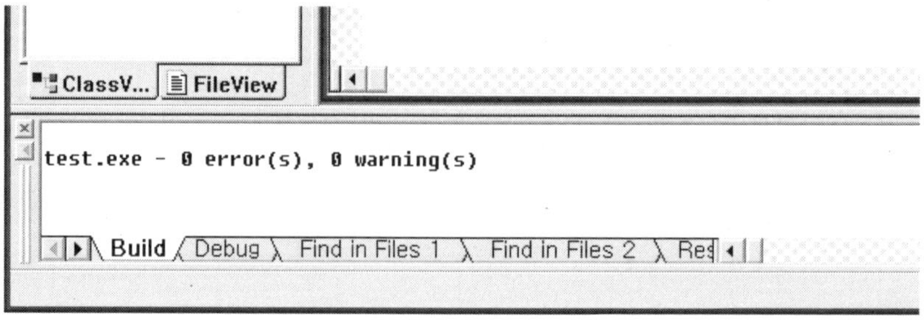

11 실행: [Build]→[Excute]을 클릭하거나 그림에 표시되어 있는 버튼을 클릭한다.

(단축키: Ctrl+F5)

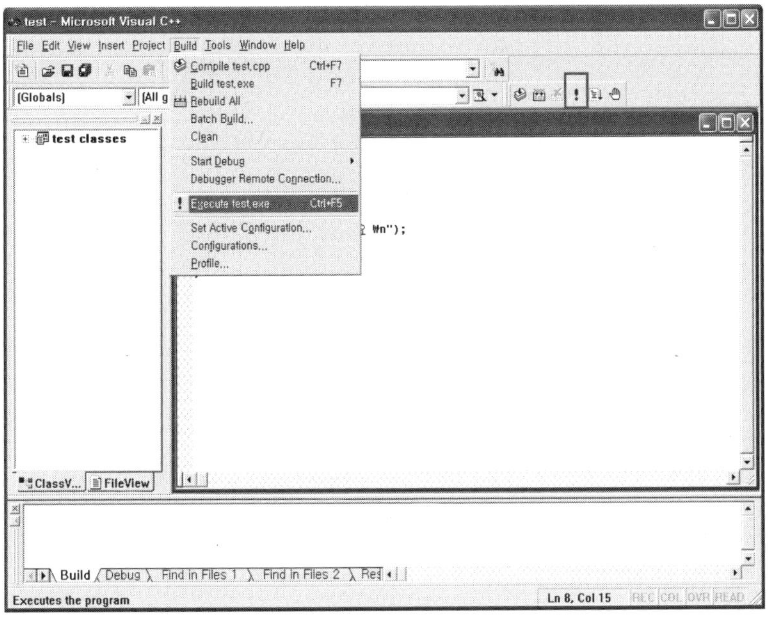

12 실행화면이 뜬다. 실행결과는 별도로 실행화면의 마지막줄에는 항상 'Press any key to continue' 또는 '계속하려면 아무 키나 누르십시오' 라는 메시지가 나온다. 아무키나 치면 다시 Visual Studio 화면으로 돌아간다.

연습문제

1. 다음은 프로그램에 대한 정의이다. 문장의 ( )를 채우시오.

프로그램이란 어떤 문제를 컴퓨터가 풀 수 있도록 그 문제를 풀어가는 ( )을 ( )를 사용하여 논리적으로 서술해 놓은 것

2. 다음의 순서도를 보고 어떤 작업을 위한 것인지를 분석하고, 처리 절차를 문장으로 풀어서 서술하시오.

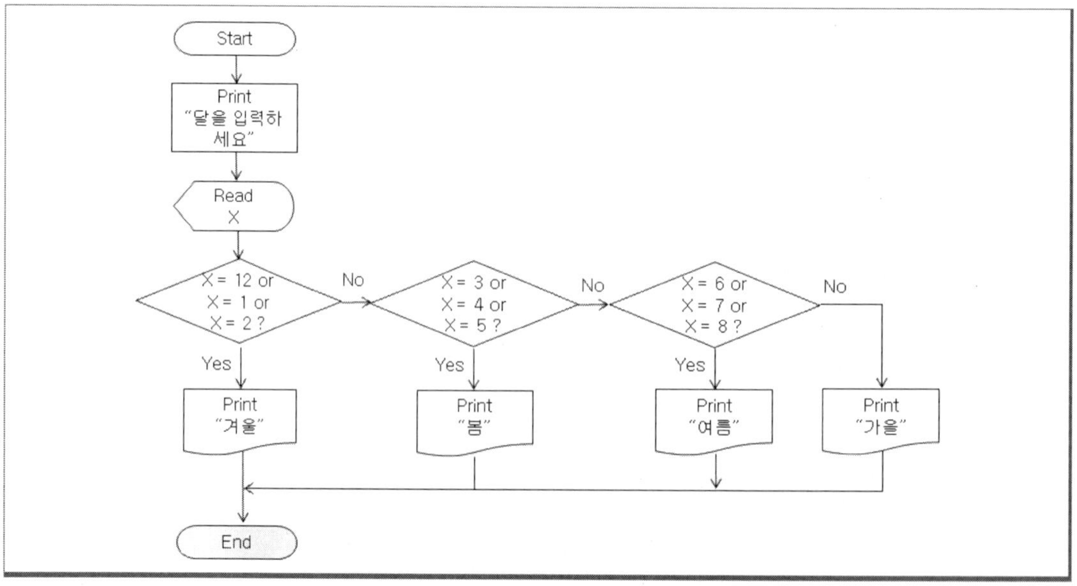

3. 2번문제의 순서도에서 만일 사용자가 13 이라는 숫자를 입력한다면 어떤 결과가 있겠는가? 잘못된 값을 입력하면 "입력오류"라고 출력하려면 위의 순서도를 어떻게 고치면 되겠는가?

4. 다음에서 (순서도 A), (순서도 B) 대로 실행을 하면 "안녕하세요"가 각각 몇 번 출력되겠는가?

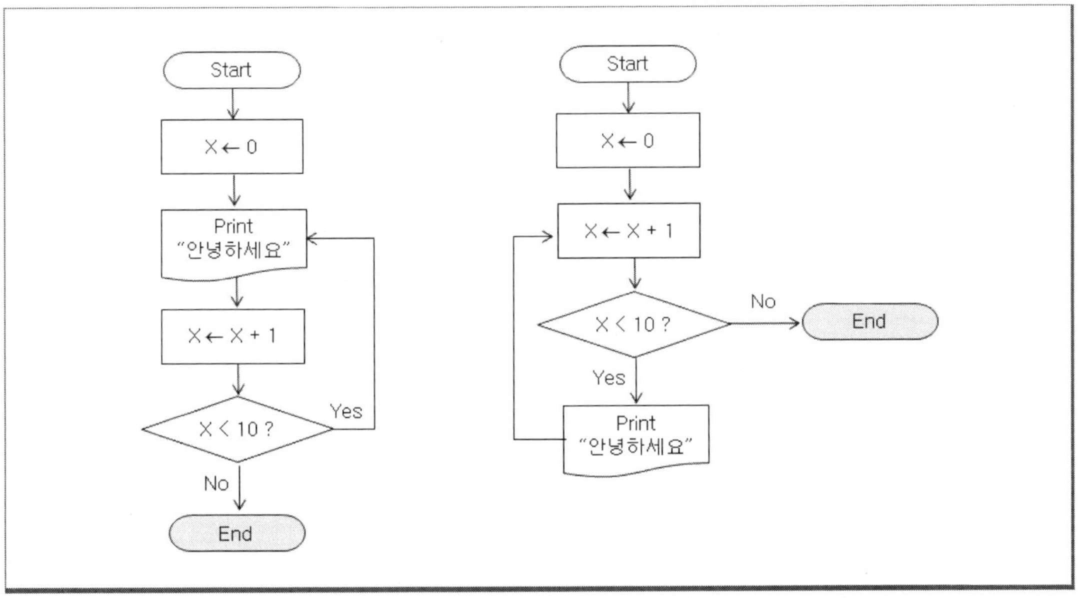

(순서도 A)　　　　(순서도 B)

5. 다음 순서도를 보고 문제점을 지적하시오.

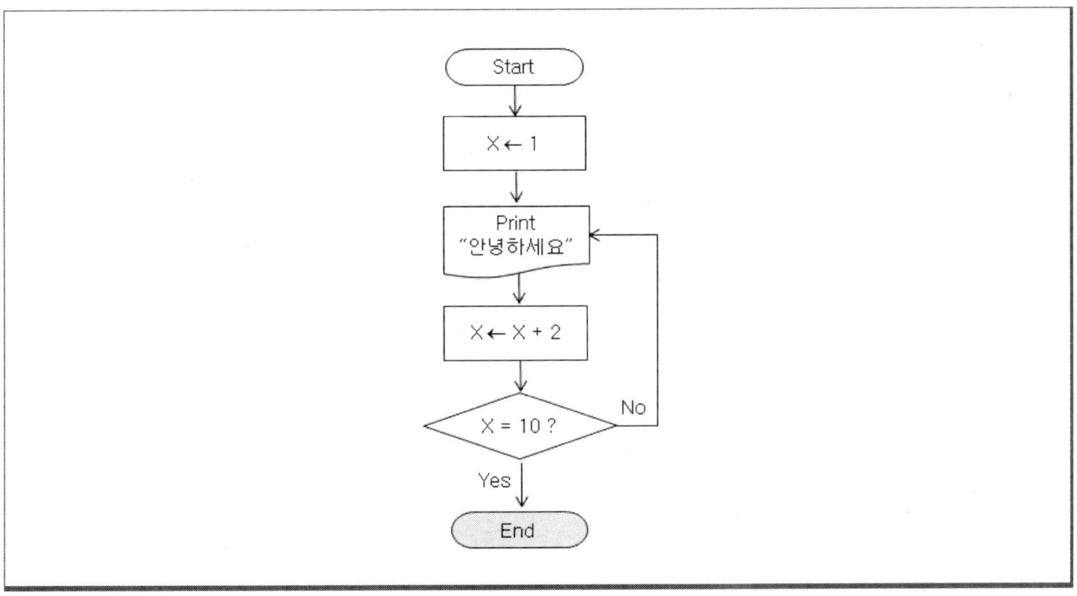

6. 다음의 문제를 해결하기 위한 절차를 순서도로 작성하시오.

> 100에서 1 까지 차례로 출력하기 위한 순서도를 작성하시오.

7. 다음의 문제를 해결하기 위한 절차를 순서도로 작성하시오.

> 1~10 사이의 숫자중 짝수만 출력하기 위한 순서도를 작성하시오.

8. 다음의 문제를 해결하기 위한 절차를 순서도로 작성하시오.

> 삼각형의 밑변과 높이를 입력 받아 넓이를 계산하는 순서도를 작성하시오.
> (힌트: 밑변을 위해 L, 높이를 위해 H 라는 값을 이용한다.)

9. 다음의 문제를 해결하기 위한 절차를 순서도로 작성하시오. **(고난이도)**

> 수학에서 소수(prime number)는 1과 자신외에는 약수를 가지지 않는 수를 말한다.
> 1~100 사이의 숫자 중 소수(prime number)만 출력하기 위한 순서도를 작성하시오.

제 3 장

C 프로그램 개요

제3장

C 프로그램 개요

[단원목표]

- C 프로그램의 기본 구조를 이해한다.
- 주석문의 필요성과 사용 방법을 익힌다.
- 프로그램을 읽기 좋게 작성하는 방법을 배운다.

3.1 프로그램 따라하기

다음은 화면에 트리(tree)를 출력하는 프로그램이다. 함께 따라해 보자.

```
/* EX_3_1 : 트리 출력 프로그램                           */
/*--------------------------------------------------*/

#include <stdio.h>

int main(int argc, char *argv[])
{
   int height ;                        // 트리높이
   int i,j ;

   // 트리 높이값 입력
   printf("트리 높이를 입력하세요 : ");
   scanf("%d", &height);

   for (i=0;i<=height;i++)
   {
       // 공백을 출력
       for (j=i ;j<height; j++)
       {
```

```
            printf(" ");
        }
        // '*' 을 출력
        for (j=0 ;j<(i-1)*2+1; j++)
        {
            printf("*");
        }

        printf("\n");
    }
}
```

프로그램을 컴파일하고 실행하면 다음과 같이 트리 높이를 입력하라는 메시지가 표시된다.

```
트리 높이를 입력하세요 : _
```

여기에 적당한 숫자를 입력하고 Enter↵ 를 누르면 숫자의 높이만큼 트리가 그려진다. 숫자를 바꾸어 가면서 테스트해 보도록 한다.

```
트리 높이를 입력하세요 : 10
         *
        ***
       *****
      *******
     *********
    ***********
   *************
  ***************
 *****************
*******************
계속하려면 아무 키나 누르십시오 . . .
```

3.2 C 프로그램의 기본 구조

C 프로그램을 작성 하려면 먼저 C 프로그램이 어떤 구조로 되어 있는지 알고 있을 필요가 있다. 다음은 가장 간단한 형태의 C 프로그램이다.

```
01  main()
02  {
03     // 여기에 프로그램 내용을 작성한다.
04  }
```

일반적으로 C 프로그램은 main()함수를 갖는다. 함수(function)의 개념에 대해서는 9장에서 자세히 설명하기로 하고, 여기서는 '함수란 프로그램을 구성하는 단위(unit)' 정도로 이해하도록 한다. 위 예에서 02 라인과 04 라인의 "{" 와 "}" 는 main()함수의 시작과 끝을 나타낸다. 프로그램의 실행 내용은 main() 함수 안에 작성하게 된다. 위의 프로그램은 실행해도 아무 결과를 볼 수 없다. 그 이유는 아직 프로그램의 실행 내용이 작성되지 않았기 때문이다. main() 함수는 다음과 같이 사용 할 수도 있다.

```
int main()
{
   // 여기에 프로그램 내용을 작성한다.

   return 0;
}
```

Visual Studio에서는 다음과 같이 main()함수를 만들어준다.

```
int main(int argc, char *argv[])
{
  // 여기에 프로그램 내용을 작성한다.
  return 0;
}
```

본 과정의 실습에서 main()함수는 위 세 가지 형태 중 어떤 형태로 사용해도 무방하다. 다음은 "안녕하세요"라는 문장을 화면에 출력하는 프로그램이다.

```
01    #include <stdio.h>
02
03    main()
04    {
05       printf("안녕하세요\n");
06    }
```

위 프로그램에서 05 라인이 프로그램의 실행 부분이 된다. 프로그램의 실행 부분은 반드시 main() 함수의 안에 있어야 한다.

01 라인의 #include <stdio.h>는 main()함수 밖에 있는데, 이는 05 라인의 printf()를 실행하기 위해서 꼭 있어야하는 것으로 일반적인 실행문과는 성격이 다르다. 다음 프로그램의 경우 컴파일을 하면 07번 라인이 main()함수 밖에 있기 때문에 에러가 발생한다.

```
01    #include <stdio.h>
02
03    main()
04    {
05       printf("안녕하세요\n");
06    }
07       printf("반갑습니다\n");
```

명령문

명령문은 문장(statement)이라고도 하며 컴퓨터가 수행해야할 일을 정해진 문법에 맞게 서술한 것을 말한다. 명령문과 명령문은 세미콜론(;)에 의해 구분된다. 다음 프로그램에서 05 라인 ~ 09 라인이 명령문에 해당한다.

```
01    #include <stdio.h>
02
03    main()
04    {
05       int a, b, c;
06       a = 3;
07       b = 5;
08       c = a+b;
09       printf("%d\n", c);
10    }
```

명령문은 보통 한 줄에 하나의 명령문을 쓰지만 다음과 같이 여러 명령문을 한 줄에 써도 프로그램은 정상적으로 실행된다. 그러나 한 줄에 여러 명령문을 쓰면 나중에 프로그램을 이해하기 어려우므로 한 줄에 하나의 명령문을 쓰도록 한다.

```
int a, b, c;
a = 3; b = 5; c = a+b;
printf("%d\n", c);
```

#include문

대부분의 C 프로그램은 프로그램의 시작 부분에 #include 문을 포함하고 있다.

```
#include <stdio.h>
```

위 명령문의 의미는 "stdio.h" 라는 파일의 내용을 이 프로그램에 포함시키라는 의미이다. "stdio.h" 파일 안에는 입력 또는 출력을 위해 필요한 함수(function)들이 정의되어 있다. 3.1절의 EX_3_1 프로그램에서 scanf()는 화면에서 어떤 값을 입력 받을 때 사용하는 함수이고, printf()는 화면에 어떤 값을 출력하기 위해 사용하는 함수이다. scanf()나 printf()는 "stdio.h" 파일 안에 정의 되어 있는 함수이기 때문에 scanf()나 printf()를 사용하려면 반드시 프로그램 시작 부분에 #include <stdio.h> 라고 선언해 주어야 한다. "stdio.h" 와 같이 사용할 수 있는 함수들이 정의되어 있는 파일을 헤더(header) 파일이라고 한다. C 언어에는 사용할 수 있는 헤더파일이 많이 있으며, 어떤 함수가 어떤 헤더 파일에 정의되어 있는지 아는 것은 매우 중요하다. 부록 II 에는 C 프로그램 작성시 자주 사용하는 함수들이 헤더 파일별로 정리되어 있다. #include 문 다음에는 명령문의 뒤에 붙이는 세미콜론(;)을 붙이지 않는 것에 유의한다. 다음은 여러 개의 #include 문을 사용하는 프로그램의 예이다.

```
#include <stdio.h>
#include <string.h>
#include <time.h>

int main()
{
   ..(생략)
```

주석문(comment)

주석문은 프로그램 작성자가 자신의 프로그램을 이해하기 쉽도록 프로그램의 각 부분에 대한 설명을 붙여 놓은 것을 말한다. 주석문은 프로그램 어느 곳에서나 사용할 수 있으며, 프로그램을 컴파일할 때 주석문은 제외하고 컴파일하기 때문에 프로그램의 실행에는 영향을 미치지 않는다. 주석문에는 두가지 종류가 있다.

① 한줄 주석문 : //

// 는 한줄에만 영향을 미치는 주석문으로, 한줄에서 // 이후는 모두 주석(comment)으로 처리된다. 3.1절 예제 프로그램에서 08 라인과 11 라인은 한줄 주석문을 사용한 예를 보여준다. 08 라인의 "// 트리높이" 라는 주석은 앞에 있는 height가 트리의 높이값을 저장하는 변수임을 나타내는 설명이다.

```
08      int height ;                          // 트리높이
09      int i,j ;
10
11      // 트리 높이값 입력
12      printf("트리 높이를 입력하세요 : ");
```

② 여러줄 주석문 : /* */

여러줄 주석문은 문자 그대로 여러줄에 걸쳐 주석을 달아야 하는 경우에 사용한다. 물론 한줄 주석을 달때도 사용할 수 있다. 3.1절 예제 프로그램에서 01 라인과 02 라인은 여러 줄 주석문을 사용한 예를 보여준다.

```
01    /* EX_3_1 : 트리 출력 프로그램                          */
02    /*-------------------------------------------------*/
03
04    #include <stdio.h>
05
```

여러줄 주석문도 한줄 주석문과 같이 프로그램 어느 곳에서나 사용할 수 있다. 다음은 여러줄 주석문에 대한 다양한 사례이다.

```
/*-----------------------------------------------*/
/* tree.c ( 트리 출력 프로그램 )                    */
/* author : 홍길동                                 */
/* Date   : 2009.5.6                              */
/*-----------------------------------------------*/
```

```
/************************************************
  tree.c ( 트리 출력 프로그램 )
  author : 홍길동
  Date   : 2009.5.6
 ************************************************/
```

```
/*
  tree.c ( 트리 출력 프로그램 )
  author : 홍길동
  Date   : 2009.5.6
*/
```

명령문 앞에 //를 쓰면 명령문은 주석처리되어 실행되지 않는다. 다음에서 09라인은 주석으로 간주되어 컴파일시 제외된다.

```
08    int height ;                    // 트리높이
09    // int i,j ;
10
11    // 트리 높이값 입력
12    printf("트리 높이를 입력하세요 : ");
```

중괄호의 사용

C 프로그램을 살펴보면 여러쌍의 중괄호 {..} 가 사용됨을 알 수 있다. C 프로그램의 중괄호는 다음과 같은 경우에 사용한다.

① 함수의 시작과 끝을 나타낼 때

② 여러 명령문을 묶어 하나의 단위로 처리할 때

다음의 프로그램을 살펴보자.

```
01    #include <stdio.h>
02
03   main()
04   {
05      int i=10, j=0 ;
06      if (i<20)
07      {
08         printf("i는 20보다 작습니다");
09         j=20;
10      }
11   }
```

위 프로그램에서 04라인의 중괄호는 11라인의 중괄호와 대응되며 03라인의 main() 함수의 시작과 끝을 의미한다.

```
01    #include <stdio.h>
02
03   main()
04   {
05      int i=10, j=0 ;
06      if (i<20)
07      {
08         printf("i는 20보다 작습니다");
09         j=20;
10      }
11   }
```

07라인의 중괄호는 10라인의 중괄호와 대응되며 06라인의 if()문에 속한 것으로 if()문의 ()안에 있는 조건이 만족되면 07~11라인의 내용을 함께 실행해야 함을 의미한다. 즉 { }에 의해 묶여진 문장들은 다함께 실행되거나, 다함께 실행되지 않는다.

만일 if()문을 다음과 예제와 같이 수정했다고 가정해 보자. (앞의 예제에서 if() 문 다음에 있던 { }를 제거하였음)

```
01  #include <stdio.h>
02
03  main()
04  {
05     int i=10, j=0 ;
06     if (i<20)
07        printf("i는 20보다 작습니다");
08        j=20;
09  }
```

이 경우 if()문 다음에 있는 07라인의 printf()문은 if()문에 속하기 때문에 if()의 ()안의 조건이 참인지 거짓인지에 따라 실행이 되기도 하고 되지 않기도 하지만 08 라인의 명령문(j=20)은 if() 문과는 상관이 없기 때문에 항상 실행이 된다.

이와 같이 중괄호{ ... }는 여러 개의 명령문을 묶어 한몸처럼 처리하는 효과가 있다.

Note.

C 언어에서는 프로그램 작성시 대문자와 소문자를 구분한다. 따라서 main()을 MAIN(), Main() 등과 같이 서술하면 컴파일 에러가 발생한다. 마찬가지로 printf() 도 PRINTF() 또는 Printf() 과 같이 사용하면 안된다. 일반적으로 명령문들은 영어 소문자로 작성해야 한다. 단, 4장에서 배울 변수명은 사용자가 임으로 작성할 수 있으며, 대문자, 소문자를 섞어서 쓸 수 있다. 변수명의 경우에도 Name 과 name 은 서로 다른 변수로 간주된다.

3.3 프로그램을 이해하기 쉽게 작성하기

컴퓨터 프로그램을 작성함에 있어서 중요한 것은 무엇보다 에러 없이 올바른 결과를 내도록 하는 것이다. 그 다음으로 중요한 것은 누가 보아도 프로그램을 쉽게 이해 할 수 있도록 작성하는 것이다. 프로그램은 한번 작성되면 그것으로 끝이 아니라 계속해서 수정해야 하는 특성이 있다. 만일 이해하기 쉽게 프로그램을 작성하지 않는다면 나중에 프로그램을 수정해야 할 때 많은 시간을 소모할수도 있다. 또한 하나의 프로그램이 수천~수만 라인으로 구성되어 매우 긴 경우도 있는데 이 경우에도 프로그램을 이해하기 쉽게 작성하지 않으면 작성한 사람조차 프로그램이 어떻게 실행되는지 알기 어렵게 된다. 3.3절에서는 프로그램을 이해하기 쉽도록 하는 몇가지 원칙에 대해서 알아보도록 한다.

① 들여쓰기를 정확히

들여쓰기(indentation)는 프로그램을 이해하기 쉽도록 하는 가장 기본적인 방법이다. 다음의 프로그램은 오류가 없는 정확한 프로그램이지만 들여쓰기가 되어 있지 않아 이해하기가 어려운 경우이다.

```
#include <stdio.h>

main()
{
int i=10, j=0, k ;
if (i<20)
{
printf("i는 20보다 작습니다");
j=20;
}
else
{
printf("i는 20보다 큽니다");
j=10;
for(k=0;k<j;k++)
{
printf("%d",k*i);
}
}
}
```

이 프로그램은 다음과 같이 들여쓰기를 해야 이해하기 쉽다.

```
#include <stdio.h>

main()
{
   int i=10, j=0, k ;
   if (i<20)
   {
      printf("i는 20보다 작습니다");
      j=20;
   }
   else
   {
      printf("i는 20보다 큽니다");
      j=10;
      for(k=0;k<j;k++)
      {
         printf("%d",k*i);
      }
   }
}
```

그렇다면 들여쓰기는 언제 어떻게 하는 것이 바람직할까? 정해진 규칙은 없기만 프로그램 작성자들은 대체로 중괄호가 시작되면 중괄호 안에 작성하는 명령문들은 들여쓰기를 한다. 중괄호 안에 또 중괄호가 나타나는 경우에도 역시 동일한 원칙을 적용하여 다시 들여쓰기를 실시한다. 위의 프로그램을 유심히 관찰해 보라. 중괄호가 새로 시작될 때마다 그 안의 명령문들은 들여쓰기를 하고 있는 것을 알수 있다. 들여쓰기를 하고자 하는 경우는 보통 ⇥ 키를 사용한다. ⇥ 키를 누르면 일정한 칸수만큼 들여쓰기를 해준다. 들여쓰기를 할 때 지켜야할 또 다른 원칙은 시작하는 중괄호와 마치는 중괄호는 세로로 정렬된 위치에 있어야 한다는 것이다. 그렇게 해야 중괄호가 어디서 시작하여 어디에서 끝나는지 쉽게 알수 있다. 위의 예제 프로그램을 대응되는 중괄호끼리 연결해 보면 다음과 같이 세로로 정렬된 위치에 있음을 알수 있다.

```
#include <stdio.h>

main()
{
   int i=10, j=0, k ;
   if (i<20)
   {
      printf("i는 20보다 작습니다");
      j=20;
   }
   else
   {
      printf("i는 20보다 큽니다");
      j=10;
      for(k=0;k<j;k++)
      {
         printf("%d",k*i);
      }
   }
}
```

② 명령문과 명령문 사이에 적절히 사이를 둔다.

프로그램의 라인수가 많은 경우 프로그램의 내용 변화에 따라 명령문과 명령문 사이에 적절히 간격을 두는 것이 프로그램의 내용을 이해하는데 도움 된다. 일반적으로 #include문과 main() 함수 사이에는 한줄 간격을 두고 선언문 다음에도 한줄 간격을 둔다. 다음 예제에서 줄 간격이 전혀 없는 프로그램과 적절히 줄 간격을 적절히 둔 프로그램을 비교하여 보면 이해도의 차이를 쉽게 느낄 수 있다.

```
/* 줄간격이 전혀 없는 프로그램 */
#include <stdio.h>
int main(int argc, char *argv[])
{
   int height ;                        // 선언문
   int i,j ;                           // 선언문
```

```
    // 트리 높이값 입력
    printf("트리 높이를 입력하세요 : ");
    scanf("%d", &height);
    for (i=0;i<=height;i++)
    {
        // 공백을 출력
        for (j=i ;j<height; j++)
        {
            printf(" ");
        }
        // '*' 을 출력
        for (j=0 ;j<(i-1)*2+1; j++)
        {
              printf("*");
        }
        printf("\n");
    }
}
```

```
/* 줄간격을 적절히 유지한 프로그램 */
#include <stdio.h>

int main(int argc, char *argv[])
{
   int height ;                          // 선언문
   int i,j ;                             // 선언문
   // 트리 높이값 입력
   printf("트리 높이를 입력하세요 : ");
   scanf("%d", &height);

   for (i=0;i<=height;i++)
   {
       // 공백을 출력
       for (j=i ;j<height; j++)
       {
           printf(" ");
       }

       // '*' 을 출력
       for (j=0 ;j<(i-1)*2+1; j++)
       {
             printf("*");
       }

       printf("\n");
   }
}
```

③ 주석을 충실히 작성한다.

프로그램의 이해도를 높이기 위해서는 프로그램의 중요한 진행 단계마다 적절히 주석을 작성하는 것이 필요하다. 예를 들면 선언한 변수들이 어떤 용도로 사용될지를 간단히 적어 놓는다면 나중에 프로그램을 다시 이해할 때 도움이 된다. 물론 지나친 주석은 오히려 프로그램을 읽기 어렵게 만들기도 하지만 많은 경우에 주석이 충실하지 않아 프로그램을 읽기 어렵게 된다. 다음은 주석을 작성하지 않은 경우와 충실히 작성한 경우의 예이다.

```
/* 주석을 충실히 작성하지 않은 프로그램 */

#include <stdio.h>

int main(int argc, char *argv[])
{
   int height ;
   int i,j ;

   printf("트리 높이를 입력하세요 : ");

   scanf("%d", &height);
   for (i=0;i<=height;i++)
   {
    for (j=i ;j<height; j++)
       {
          printf(" ");
       }

       for (j=0 ;j<(i-1)*2+1; j++)
       {
           printf("*");
       }

       printf("\n");
   }
}
```

```
/* 주석을 충실히 작성한 프로그램 */

/**************************************************
    사용자가 입력한 숫자 높이 만큼의 트리를 출력하는 프로그램
 **************************************************/
#include <stdio.h>

int main(int argc, char *argv[])
{
   int height ;                                  // 트리의 높이
   int i,j ;                                     // for loop을 돌리는 데 이용

   // 트리의 높이값을 입력 받는다
   printf("트리 높이를 입력하세요 : ");
   scanf("%d", &height);

   // 트리를 출력한다
   for (i=0;i<=height;i++)
   {
       // 공백을 출력
       for (j=i ;j<height; j++)
       {
          printf(" ");
       }
       // '*' 을 출력
       for (j=0 ;j<(i-1)*2+1; j++)
       {
            printf("*");
       }

       printf("\n");                       // 트리의 한 줄이 끝나면 줄바꾸기를 한다.
   }
}
```

3.4 에러를 줄이는 코딩 습관

C 프로그램을 작성하다 보면 문법 에러(syntax error)가 발생하는 경우가 많은데 그 원인 중의 하나는 중괄호이다. 중괄호는 반드시 시작을 나타내는 '{' 와 끝을 나타내는 '}' 가 정확히 쌍을 이루어야 하는데, 작성을 하다보면 시작만 있고 끝이 없는 경우가 있어서 에러를 발생시킨다. 이러한 에러를 줄이려면 프로그램의 작성 순서가 중요하다. 작성해야할 프로그램에 다음과 같은 부분이 있다고 가정해 보자.

```
if (i<20)
{
   printf("i는 20보다 작습니다");
   j=20;
   for(k=0;k<j;k++)
   {
      printf("%d",k*i);
   }
}
```

이것을 순서대로 한줄씩 작성하다 보면 다음과 같이 중괄호의 시작과 끝이 일치하지 않는 경우가 발생할 수 있다. 08라인의 '}'는 외관상 02라인과 대응되는 것처럼 보이지만 실제로는 06라인과 대응이 되며 02라인과 대응되는 '}' 는 없기 때문에 컴파일하면 에러가 발생한다.

```
01        if (i<20)
02        {
03           printf("i는 20보다 작습니다");
04           j=20;
05           for(k=0;k<j;k++)
06           {
07              printf("%d",k*i);
08        }
```

이러한 에러를 줄이려면 중괄호 한쌍을 먼저 작성한 뒤 그 안에 필요한 명령어들을 작성하는 순서를 지키면 된다. 이러한 원칙을 지켜 프로그램을 작성하는 순서를 차례대로 보이면 다음과 같다.

step1.

```
if (i<20)
   {
   }
```

step2.

```
if (i<20)
{
   printf("i는 20보다 작습니다");
   j=20;
   for(k=0;k<j;k++)
}
```

step3.

```
if (i<20)
{
   printf("i는 20보다 작습니다");
   j=20;
   for(k=0;k<j;k++)
   {
   }
}
```

step4.

```
if (i<20)
{
   printf("i는 20보다 작습니다");
   j=20;
   for(k=0;k<j;k++)
   {
      printf("%d",k*i);
   }
}
```

중괄호 외에도 C 프로그램에는 짝이 맞아야 하는 것들이 몇가지 있다. if 문 등에 사용하는 괄호 (...), printf() 문에 사용하는 큰 따옴표 "... " , 한 문자를 나타내는 작은 따옴표 ' ... ' 등이 그것이다. 이러한 것들을 포함하고자하는 경우에도 중괄호의 작성 순서와 같이 한쌍을 먼저 작성한 다음 그 안에 내용을 작성하도록 한다.

```
if (i<20)
   printf("i는 20보다 작습니다");
```

위 문장의 경우 작성 순서는 다음과 같이 하는 것이 바람직하다.

step1.

```
if ()
```

step2.

```
if (i<20)
```

step3.

```
if (i<20)
    printf();
```

step4.

```
if (i<20)
    printf("");
```

step5.

```
if (i<20)
    printf("i는 20보다 작습니다");
```

Note.

주석문은 프로그램의 이해도를 높이기 위한 방법으로도 사용이 되지만 프로그램 테스트시 작성된 명령문의 일부를 실행되지 않도록 하여 결과를 테스트하는 경우가 있다. 이러한 경우 여러 라인의 명령문을 일일이 주석처리 했다가 다시 일일이 주석처리를 해제 하는 것은 번거로운 일이다. 통합 개발 환경에서는 주석처리 및 해제를 쉽게할 수 있도록 지원해주는 기능이 있다.
다음과 같은 순서로 이 기능을 이용한다. Visual C++ 2005 이상에서는 다음과 같이 하면 된다.

① 주석처리 하고 싶은 부분을 마우스로 드레그하여 블록을 만든다.

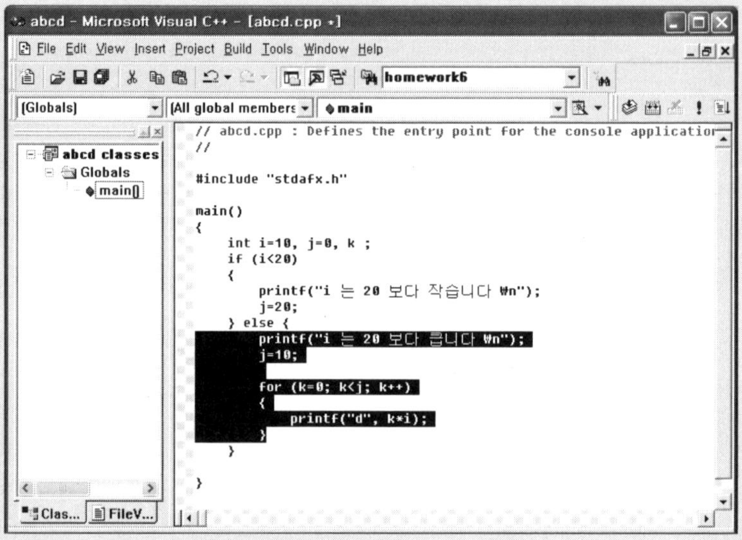

② [Ctrl+K],[Ctrl+C]를 차례로 누르면 다음과 같이 주석처리가 된다.

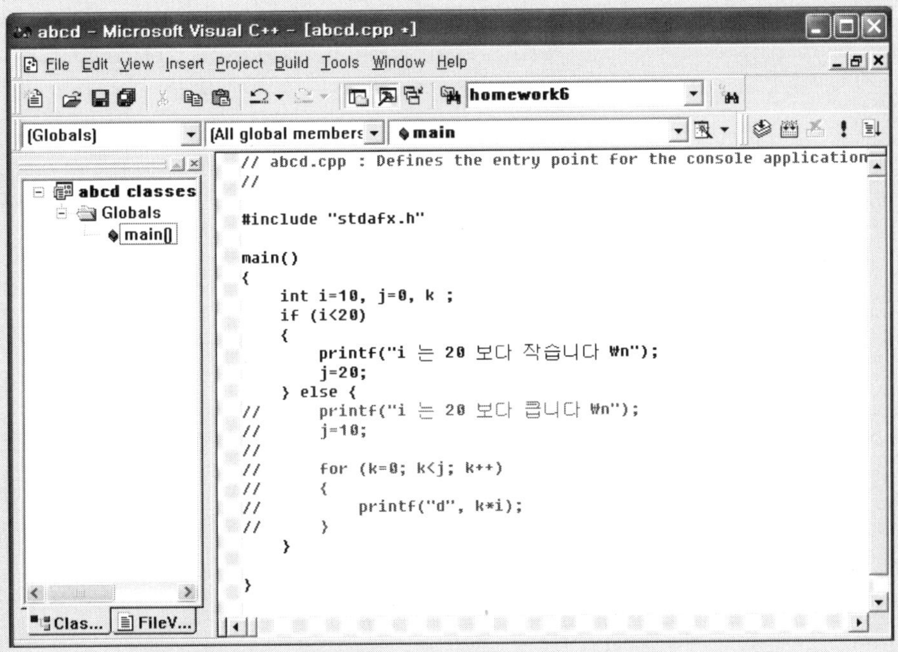

③ 주석처리를 해제하려면 ① 과 같이 해제할 부분을 마우스로 드래그 한 후 [Ctrl+K],[Ctrl+U]를 차례로 누르면 주석처리가 해제 된다.

Visual C++ 6.0 의 경우는 이러한 기능이 없으므로 매크로를 설정해서 사용해야 하는데, 검색 사이트에서 'Visualc C++ 주석처리 매크로' 를 키워드로 검색하면 설정 방법을 알 수 있다.

Dev-C++ 의 경우는 메인 메뉴에서 [편집]→[주석으로지정], [편집]→[주석지정 해제]를 이용하면 된다.

연 습 문 제

1. 다음은 들여쓰기 및 라인간 간격이 되어있지 않은 프로그램이다. 3장에 제시된 내용대로 들여쓰기 및 줄 간격 띄기를 하여 프로그램을 수정하시오.

```
#include <stdio.h>
main()
{
int i, j, k ;
for(i=0;i<10;i++)
{
printf("i=%d",i);
if (i<10)
{
printf("i는 10보다 작습니다");
}
else
{
printf("i는 10보다 큽니다");
}
}
}
```

2. 3.4절의 내용을 참고하여 다음의 프로그램을 올바른 순서를 따라 작성해 보고 컴파일 한 후 실행해 보시오.

```
/*구구단 출력 프로그램                          */
/*--------------------------------------*/
#include <stdio.h>

main(int argc, char *argv[])
{
    int i, j;

    for(i=2 ; i<10 ; i++)
    {
        for(j=1 ; j<10 ; j++)
        {
            printf("%d x %d = %d\n",i, j, i*j);
        }
    }
}
```

3. 다음은 1~100 사이의 숫자에 대해 짝수인지 홀수인지를 출력하고, 합계를 구하여 출력하는 프로그램이다. 들여쓰기 및 줄간격 띄기를 적절히 적용하고 주석문을 필요한 곳에 추가하여 프로그램을 읽기 쉽게 고치시오. 프로그램을 실행하여 결과를 확인하시오.

```
#include <stdio.h>
main(int argc, char* argv[])
{
int i, sum=0;
for (i=1; i<=100; i++)
{
if (i%2 ==0)
printf("%d 는 짝수입니다\n", i);
else
printf("%d 는 홀수입니다\n", i);
sum = sum + i;
}
printf("1~100 합계는 %d 입니다\n", sum);
}
```

읽어보기

마이크로소프트(Microsoft)의 역사

마이크로소프트의 창업주인 빌게이츠는 1955년 10월 28일 시애틀에서 태어났다. 시애틀의 레이크사이드 사립학교 7학년(13살) 때부터 어린 나이에도 불구하고 컴퓨터를 구입하여 독학하였다. 9학년인 폴앨런과 함께 학교 컴퓨터를 빌려쓰면서 수업계획 프로그램을 개발하여 4,200 달러를 벌기도 하였다. 1969년 콘트롤데이타(CDC)사에서 운영체제로 들어가 조작하다가 컴퓨터를 망가뜨려 징계를 당하기도 하였다. 1970년 게이츠는 앨런과 함께 TRAF-O-DATA 라는 회사를 설립하고 시애틀 주변의 교통시스템을 개발하여 2만달러를 벌어들인다. 이후 빌게이츠는 하버드대학에 재학중 2학년을 휴학하고 앨런과 함께 마이크로소프트사를 설립하였다. 1981년에 출시한 PC용 운영체제였던 MS-DOS는 이후 운영체제 시장을 마이크로소프트가 거의 독점하다시피 하는데 기초가 되었다. 1985년에는 윈도우에 기반한 운영체제인 Window 1.0, 1995년 Window 95, 그리고 200년대에 Window XP, Window Vista를 연달아 내놓으면서 운영체제 시장을 지배하고 있다. 2008년도 포브스지 선정 세계 갑부 순위를 보면 빌게이츠는 580억불의 재산으로 3위를 기록하고 있다. 2002년 기준으로 마이크로소프트는 세계 78개국에 진출해 있으며, 미국 내 34,598명 미국외 지역에 약 5만명이 근무하고 있다.

한국의 빌게이츠, 한국의 마이크로소프트를 꿈꾸며..

제 4 장

변수와 상수, 데이터 타입

제4장

변수와 상수, 데이터 타입

[단원목표]

- 프로그램에서 변수의 역할을 이해한다.
- 변수와 상수의 차이점을 이해한다.
- 변수와 상수의 데이터 타입에 대해 이해한다.

4.1 프로그램 따라하기

다음은 간단한 계산 프로그램이다. 함께 따라해 보자.

```
01    /* EX_4_1 : 간단한 계산 프로그램                              */
02    /*---------------------------------------------------------*/
03
04    #include <stdio.h>
05
06    void main(int argc, char *argv[])
07    {
08        int sum, val_A, val_B ;
09        val_A = 10;
10        val_B = 20;
11        sum = val_A + val_B;
12        printf("sum = %d \n", sum);
13    }
```

◉ **프로그램 주무르기**

① 위 프로그램을 실행한 결과는? 프로그램을 보고 왜 그러한 결과가 나왔는지 생각해 보자.

② 09 라인에서 10을 15로 바꾼 뒤 프로그램을 실행한다면 어떤 결과가 나오겠는가? 예상과 실제로 실행한 결과를 비교해 보자.

4.2 변수(variable)의 개념

변수의 기본 개념

어떤 프로그래밍 언어를 막론하고 변수는 프로그래밍에 있어서 가장 중요한 개념중의 하나이다. 실제로 변수에 대해 정확히 이해한다면 프로그래밍의 절반은 이해했다고 해도 과언이 아닐 것이다. 변수(variable)는 '프로그램 내에서 사용되는 값(value)을 담아둘 수 있는 박스(box)' 라고 생각하면 이해하기 쉬울 것이다. 예제 EX_4_1을 가지고 변수에 대해 설명해 보자. 우선 08번 라인은 변수를 선언하는 한 예를 나타내는데, 프로그램 안에서 사용할 세 개의 박스(변수)를 정의하는 것이다. 08번 라인이 실행 되면 다음과 같이 세 개의 박스가 만들어 지며 sum, val_A, val_B 는 박스(변수)의 이름을 의미한다.

```
08        int sum, val_A, val_B ;
```

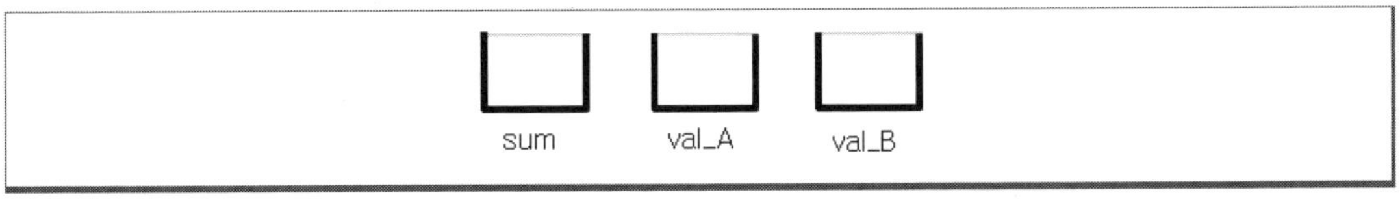

09번 라인은 val_A 라는 이름의 박스에 10 이라는 값을 저장하는 과정이다.

```
09        val_A = 10;
```

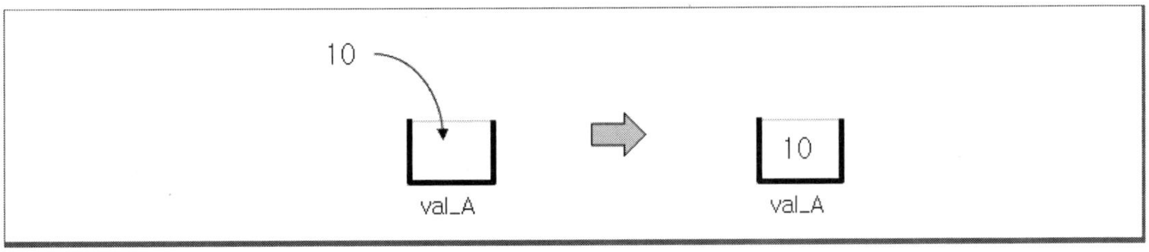

10번 라인은 마찬가지로 val_B 라는 이름의 박스에 20 이라는 값을 저장하는 과정이다.

```
10        val_B = 20;
```

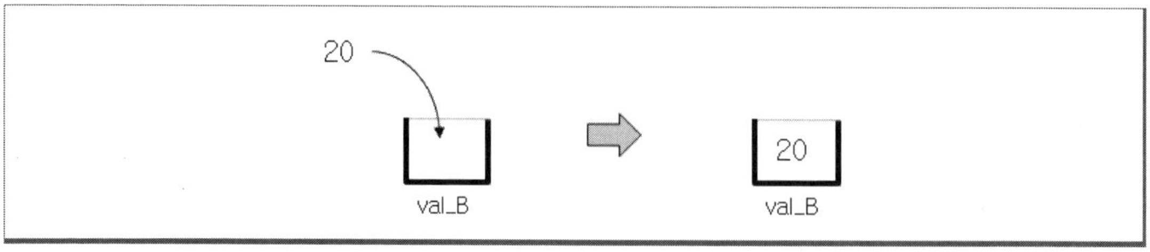

10번 라인까지 실행 했을 때 각각의 박스(변수)에 들어 있는 값은 다음과 같다.

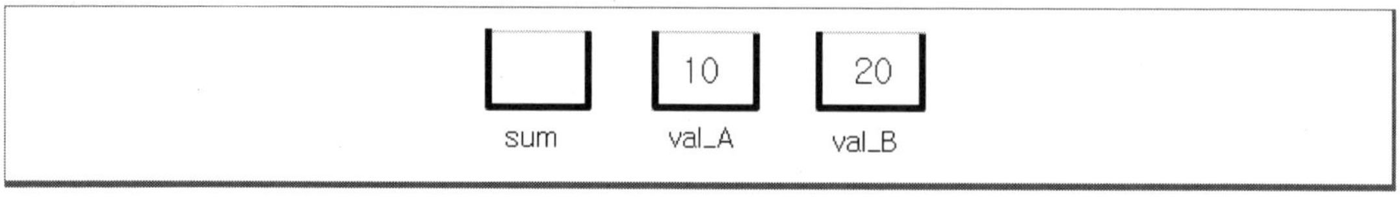

마지막으로 11번 라인은 박스 val_A 에 들어 있는 값과 박스 val_B 에 들어 있는 값을 읽어서 덧셈을 수행 한 뒤 그 결과를 sum 박스에 저장하는 과정이다.

```
11          sum = val_A + val_B;
```

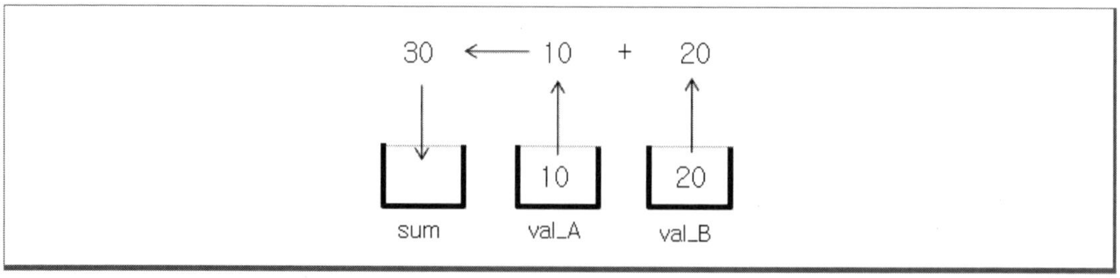

11번 라인이 수행 되고 나면 각각의 박스(변수)에는 다음과 같은 값들이 저장되어 있게 된다.

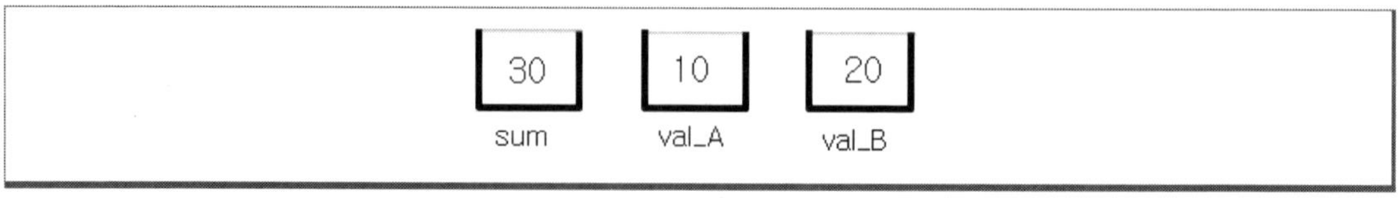

Note.

예제 프로그램에서 알 수 있는 것처럼 프로그램 내에서 변수를 사용하고 싶다면 08번 라인과 같이 사용하기 전에 먼저 '변수를 선언' 하는 과정이 있어야 한다.

변수를 보다 자세히 이해하기 위해서 다음의 작업을 생각해 보자. 변수 count 에 90 이라는 값이 들어 있는데, 여기서 50만큼을 빼고 싶다면 어떻게 하면 될까? 다음과 같이 한다.

```
count = count - 50 ;
```

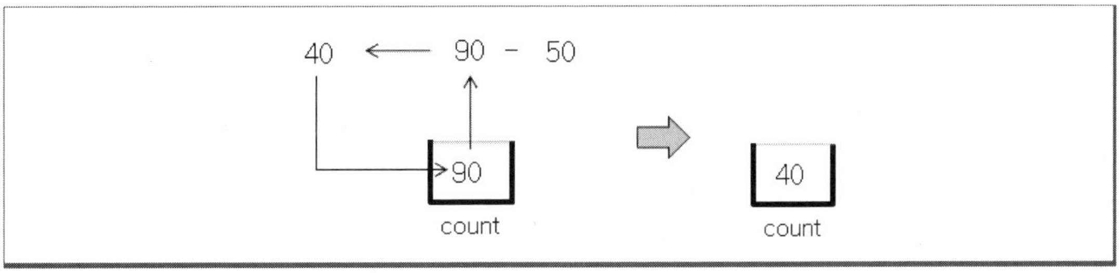

어떤 변수에 대해 자신과 자신을 더하거나 빼는 연산도 가능할까? 정답은 '가능하다'이다. 다음의 예가 그것을 보여준다.

```
count = count + count ;
```

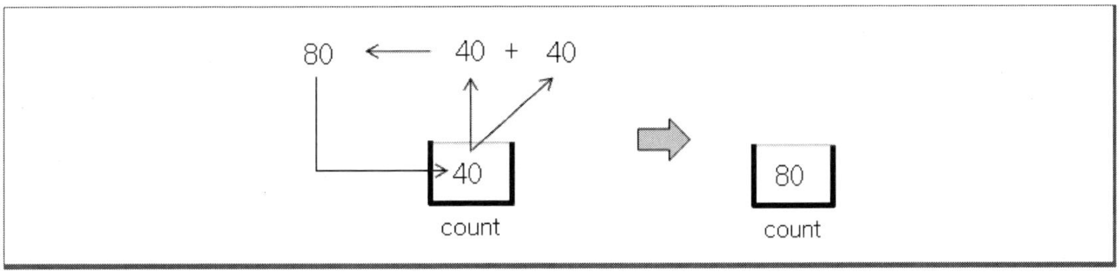

이제 변수의 개념을 이해했다면 다음 프로그램의 실행 결과가 어떠할지 예상해 보자. 그리고 프로그램을 실행하여 자신이 예상한 결과와 비교해 보자.

```
/* EX_4_2 : 변수 테스트                          */
/*------------------------------------------*/

#include <stdio.h>

void main(int argc, char *argv[])
{
     int A, B, C ;
     A = 20;
     B = 15;
     C = A - B;
     printf("C = %d \n", C);     // 변수 C 의 값 출력
     C = A + B;
     C = B + 20;
     printf("C = %d \n", C);     // 변수 C 의 값 출력
     C = C + 40 ;
     printf("C = %d \n", C);     // 변수 C 의 값 출력
     C = C + A - B ;
     printf("C = %d \n", C);     // 변수 C 의 값 출력
}
```

변수의 이름 붙이기

예제 EX_4_1에서 sum, val_A, val_B 는 변수들을 구분하기 위한 이름이다. 이 이름은 프로그래머가 임의로 만들어 사용할 수 있다. C 언어에서는 그로 인한 혼란을 막기 위해 변수명(변수 이름)을 붙일 때 다음과 같은 규칙을 따르도록 하고 있으며, 위반시에는 컴파일 할 때 에러가 발생하여 정상적인 실행 파일이 만들어지지 않는다.

〈변수명 부여 규칙〉

① 변수명은 영문 대문자(A~Z), 소문자(a~z), 숫자(0~9), 밑줄문자(_)만을 사용하여 만들어야 한다. 한글은 변수명에 사용할 수 없다.

② 변수명은 숫자로 시작할 수 없다. 예를 들면 5_val 은 잘못된 변수명이다

③ 변수명은 C언어 문법의 기본 예약어 또는 함수명을 사용할 수 없다. 예를 들면 if, for, while 등은 C언어에서 특별한 의미를 가지므로 변수명으로 사용하면 안된다.

④ 변수명은 31자 까지 가능하다. (ANSI C 의 경우)

⑤ 변수명은 대문자와 소문자를 구분한다. 예를 들면 abc 와 aBC, ABC 는 서로 다른 변수명이다.

⑥ 변수명 안에 공백을 포함하면 안된다. 예를 들면 'my book'은 변수명이 될 수 없다.

다음은 올바른 변수명의 예이다.

```
a, b, c, A, B, sum, MAN, grandSUM, num_of_car, val_1, val_2
```

다음은 올바르지 않은 변수명의 예이다.

```
printf, int, if, 100car, num-of-man, @count, 변수_1
```

Note.

변수명 선언 규칙만 지킨다면 프로그래머는 어떤 것이라도 변수이름으로 사용할 수 있다. 그러나 kwm, p, q, r, wqr 등은 일반적으로 변수이름으로 사용하지 않는 것이 좋다. 위의 변수명 들은 변수명을 보았을 때 저장된 값의 성격과 용도를 파악하기 어렵기 때문이다. 조금 큰 규모의 프로그램에서는 수십개의 변수를 선언해서 사용하는 경우가 많은데, 변수명을 보고 어떤 값이 저장될지 알수 없다면 전체 프로그램의 흐름을 이해하는 것이 매우 어려울 것이다. 따라서 변수의 사용 목적에 따라 적절한 의미를 부여하여 사용하는 것이 좋다. 예를 들면 sum, average, title, count 등은 대략 어떤 성격의 값이 저장될지 알 수 있다.

● 변수의 선언

변수의 개념에 대해 설명할 때 한가지 설명하지 않은 것이 있다. 예제 EX_4_1 에서 08 라인은 사용할 변수를 선언하는 부분이며 sum, val_A, val_B 는 변수명이다. 그렇다면 int 는 무엇을 의미하는 것일까?

```
08        int sum, val_A, val_B ;
```

앞에서 변수는 프로그램에서 사용할 값을 담아둘 수 있는 박스라고 설명 하였다. int 는 박스에 저장할 값의 '종류와 크기' 를 정의하는 C 언어의 예약어이다. int 는 영어의 'integer'의 줄임말이며 우리 말로는 '정수'를 의미한다. 08 라인의 의미는 sum, val_A, val_B 이라는 박스(변수)에 담을 수 있는 값의 종류가 숫자값 중에서 정수라는 의미이다. 따라서 변수 val_A 에는 10, -5, 0 등의 값은 저장할 수 있지만 3.14, 12.6 과 같은 실수 값은 저장할 수가 없다. 모든 변수는 자신이 저장할 수 있는 값의 종류와 크기가 정해져 있으며, 정해진 종류 및 크기의 값이 아니면 저장하지 못한다. 다음의 프로그램과 실행 결과를 보자.

```
01    /* EX_4_3 : 변수 타입 테스트                          */
02    /*-------------------------------------------*/
03
04    #include <stdio.h>
05
06    void main(int argc, char *argv[])
07    {
08        int A, B, C, D ;
09        A = 20;
10        printf("A = %d \n", A);  // 변수 C 의 값 출력
11        B = -10;
12        printf("B = %d \n", B);  // 변수 C 의 값 출력
13        C = 3.14;
14        printf("C = %d \n", C);  // 변수 C 의 값 출력
15        D = 12.6;
16        printf("D = %d \n", D);  // 변수 C 의 값 출력
17    }
```

```
A = 20
B = -10
C = 3
D = 12
계속하려면 아무 키나 누르십시오 . . .
```

예제 EX_4_3에서 변수 A, B, C, D 는 모두 int 타입으로 선언되었다(08 라인). 따라서 정수 값을 저장한 A, B 는 정상적으로 값이 출력 되었지만 소수 값을 저장한 C, D 는 소수점 이하 부분은 저장이 안되고 정수 부분만 저장이 된 것을 확인할 수 있다.

변수에 저장할 수 있는 값의 종류와 크기를 '자료형' 또는 '데이터 타입' 이라고 한다. 다음은 C 프로그램에서 제공하는 데이터 타입이다.

[표 4-1] 자주 사용하는 데이터 타입

구분	데이터 타입	저장가능한 값의 범위	메모리크기
문자형	char	문자	1 byte
정수형	short	-32,768 ~ 32,767	2 byte
	unsigned short	0 ~ 65,535	2 byte
	int	-2,147,483,648 ~ 2,147,483,647	2 or 4 byte
	unsigned int	0 ~ 4,294,967,295	2 or 4 byte
	long	-2,147,483,648 ~ 2,147,483,647	4 byte
	unsigned long	0 ~ 4,294,967,295	4 byte
실수형	float	1.2e-38 ~ 3.4e38	4 byte
	double	2.2e-308 ~ 1.8e308	8 byte

[표 4-1]을 보면 변수에 저장할 수 있는 값의 종류는 크게 문자, 정수형 숫자, 실수형 숫자로 구분됨을 알 수 있다. 문자는 'a', 'b', 'c', 'X', 'Y', 'Z', '$', '@', '3' 등을 말한다. 정수형 숫자는 소수점 이하가 없는, 10, -90, 3450 등을 말하며 실수형 숫자는 소수점이 있는 숫자 10.0, -24.3, 3.141592 등을 말한다. 일반적으로 정수형 숫자는 양수, 0, 음수를 모두 포함할 수 있는데, 음수 부분이 필요 없는 경우는 데이터 타입 앞에 unsigned를 붙인다. 그렇게 하면 더 큰 숫자 (양수)를 저장할 수 있다. 예를 들면 short 타입 변수에는 40,000을 저장할 수 없지만 unsigned short 에는 40,000을 저장할 수 있다. 일반적으로 초급 프로그래밍에서는 char, int, float를 주로 사용한다.

[표 4-1]에서 메모리의 크기가 의미하는 바를 살펴보자. 컴퓨터는 프로그램에서 사용하는 값의 저장소로서 메인 메모리를 이용한다. [표 4-1]에 따르면 char 타입의 변수를 위해서는 메모리의 1 byte를 사용하며, long 타입의 변수를 위해서는 메모리의 4 byte를 사용한다.

int 타입의 변수에 저장할 수 있는 값의 크기는 컴퓨터의 CPU 종류에 따라 달라질 수 있다. 현재 대부분의 PC가 32 bit CPU를 사용하는데, 이 경우 int 타입의 변수를 위해 4 byte를 사용한다(32 bit = 4 byte).

char 타입은 하나의 문자를 저장할 수 있는 타입이면서 동시에 숫자도 저장할 수 있는 특별한 데이터 타입이다. char 타입이 숫자를 저장하기 위해 사용될 때 저장할 수 있는 값의 범위는 [표 4-2]와 같다.

[표 4-2] 숫자 저장을 위해 사용된 char 타입

구분	데이터 타입	저장가능한 값의 범위	메모리크기
정수형	char	-128 ~ 127	1 byte
	unsigned char	0 ~ 255	1 byte

프로그램에서 변수를 사용할 필요가 있는 경우에는 어떤 타입의 변수를 선언해야 하는지를 결정해야 한다. 먼저 저장하고자 하는 값이 문자인지 숫자인지를 확인하고, 숫자인 경우에는 정수형인지, 실수형인지, 값의 크기는 얼마일지를 정해야 한다. 숫자의 경우 저장 가능한 값의 범위가 큰 변수 타입을 쓰는 것이 안전하다고 생각할 수 있으나 저장 가능한 값의 범위가 클수록 차지하는 메모리가 크므로 적당한 타입의 변수를 사용해야 한다. [표 4-3]은 저장될 값의 종류에 따른 변수의 데이터 타입의 예시이다.

[표 4-3] 저장될 값에 따른 변수 타입의 선택

저장될 값	변수의 타입	비고
사람의 나이	char 또는 unsigned char	사람의 나이는 1 ~ 150
온도	char	
알파벳 한글자	char	
등록금 금액	int	200만 ~ 500만
도서의 가격	unsigned short	만원 ~ 5만원
학생들의 성적 평균	float	소수점 첫째 자리까지

이제 변수를 선언하는 방법에 대해 보다 자세히 알아보자.

변수를 선언하는 일반적인 방법은 다음과 같이 변수를 한번에 하나씩 선언하는 것이다.

```
int a ;
int b ;
int c ;
long d ;
char e ;
```

같은 타입의 변수는 한꺼번에 여러 개를 선언할 수 있다.

```
int a, b, c ;
long d ;
char e ;
```

변수의 초기화

변수를 초기화(initialize) 한다는 의미는 변수를 선언하고 실제 사용하기 전에 변수에 초기값을 저장하는 것을 의미한다. 다음의 예제 프로그램을 살펴보자.

```
01  /* EX_4_4 : 변수의 초기화                          */
02  /*---------------------------------------------*/
03
04  #include <stdio.h>
05
06  void main(int argc, char *argv[])
07  {
08      int A, B, C;
09      A = 20 ;
10      C = A + B;
11      printf("C = %d \n", C);     // 변수 C 의 값 출력
12  }
```

위 예제에서 변수 A에는 20 이라는 값을 저장하였으나 B에는 아무 값도 저장하지 않았다. 이 상태에서 A와 B의 값을 더하여 C에 저장하면 어떤 값이 저장될까? B에 아무 값도 없으므로 C에 20이 저장될 것 같지만 그렇지 않다. 실제로 프로그램을 실행해 보면 70 이라는 값이 출력되면서 에러가 발생한다. C 프로그램에서는 변수를 선언한 뒤 어떤 값을 저장하지 않고 사용하는 경우 이상한 값이 저장되어 우리가 기대하는 결과를 얻을 수 없다. 이러한 문제를 피하기 위해서는 변수를 선언한 뒤 초기값을 저장하는 것이 필요하다. 보통 숫자 타입의 경우 초기 값은 0을 부여한다. 다음은 앞의 프로그램을 올바로 수정한 것이다. (아래 프로그램에서 변수 C 는 10번 라인에서 초기화 한 것으로 간주할 수 있다.)

```
/* EX_4_4 : 변수의 초기화                     */
/*------------------------------------------*/

#include <stdio.h>

void main(int argc, char *argv[])
{
     int A, B, C;                  // 변수 선언
     A = 20; B = 0;                // 변수의 초기화
     C = A + B;
     printf("C = %d \n", C);   // 변수 c 의 값 출력
}
```

변수를 초기화 하는 방법은 두 가지가 있다.

① 변수를 선언한 뒤 초기화 하는 방법

```
int a, b, c ;                    // 변수선언
a=0; b=0; c=0;                   // 변수초기화
```

② 변수를 선언하면서 동시에 초기화 하는 방법

```
int a=0, b=0, c=0;              // 변수선언 및 초기화
```

● 변수에 값 저장하기/불러오기

변수에 값을 저장하거나 불러오는 방법은 앞에서 이미 설명을 했으나 다시 정리해서 알아보도록 한다. 먼저 변수에 값을 저장하는 방법은 다음과 같다.

```
int a;
a = 50;
```

위는 정수형 변수 a 를 선언한 뒤 50 이라는 값을 저장하는 문장이다. 두 번째 문장에서 연산자 '=' 는 좌우가 같다는 의미가 아니라 오른쪽의 50 이라는 값을 왼쪽의 a 라는 변수에 저장하라는 의미이다.

어떤 변수에 값을 저장한 뒤 나중에 다른 값을 저장하면 먼저 저장되어 있던 값은 없어지고 나중에 저장된 값만 남아 있게 된다.

```
int a;
a = 50;                          // a 에 저장된 값은 50
....(생략)
a = 60;                          // a 에 저장된 값은 60
```

char 타입 변수의 경우 숫자를 저장하는 방법과 문자를 저장하는 방법이 다르다. 숫자 값을 저장하는 경우는 동일하나 문자 값을 저장하는 경우는 작은 따옴표 안에 문자 값을 넣어야 한다. 값을 출력하는 경우에도 숫자 값을 출력하는 방법과 문자 값을 출력하는 방법이 조금 다르다.

```
char x, y;
x = 50;                         // 숫자 값을 저장
y = 'A';                        // 문자 값을 저장
printf("x = %d \n", x);         // 변수 x 의 값 출력
printf("y = %c \n", y);         // 변수 y 의 값 출력
```

변수에 저장된 값은 계산에 사용될 수도 있고 출력해서 화면에 보일수도 있다.

```
int a, b, c;
a = 50; b = 60;                 // 변수에 값을 저장
c = a + b;                      // 변수 값을 계산에 이용
printf("c = %d \n", c);         // 변수 값을 출력
```

Note. 변수에 대해 기억해야할 사항

① 변수는 프로그램에서 계산에사용할 값을 저장해두는 박스, 저장소 이다.
② 변수는 사용하기 전에 미리 선언해 두어야 한다.
③ 변수의 이름은 사용자가 임의로 붙일 수 있지만 생성 규칙을 따라야 한다.
④ 각 변수는 저장할 수 있는 값의 종류, 크기가 정해져 있으며 이것을 변수의 자료형 또는 데이터 타입이라고 한다.
⑤ 모든 변수는 초기화 한 뒤 사용하는 것이 안전하다.

4.3 상수 (constant)

우리가 프로그램에서 변수를 사용하는 이유는 자유롭게 변수의 값을 바꾸어서 계산에 이용하기 위함이다. 따라서 변수에 저장된 값은 프로그램 내에서 자주 바뀌게 된다. 이와는 대조적으로 한번 값을 저장하면 프로그램 진행과정에서 값이 바뀌지 않는 경우도 있을 수가 있는데, 값이 변하지 않는 다는 의미에서 상수(constant) 라고 한다. 원주율 값 (3.141592..) 이 상수의 예이다. 다음은 원주율값을 상수로 선언하는 예이다. 변수의 선언과 동일하고 데이터 타입 앞에 상수라는 의미로 const 를 더 붙여준다. 상수의 선언이 변수의 선언과 다른 점 중의 하나는 변수는 선언과 초기값 부여를 별개로 할 수 있지만 상수는 선언과 동시에 초기값 부여를 같이 해야 한다는 점이다.

```
const float PI = 3.14;
const float VAT_rate = 0.1;
const int max = 1000;
```

상수를 선언하는 다른 방법으로 매크로를 이용하는 방법이 있다. 매크로를 이용하는 경우 데이터 타입을 선언하지 않아도 된다.

```
#define  PI          3.14;
#define  VAT_rate    0.1;
#define  max         1000;
```

상수는 한번 선언하면 값이 변할 수 없으므로 상수에 다른 값을 저장하려 하면 컴파일 에러가 발생한다.

```
const int aa = 25;

printf("c = %d \n", aa);
aa = 30 ;                       // 컴파일 에러 발생
```

다음 그림은 변수와 상수의 차이를 보여준다.

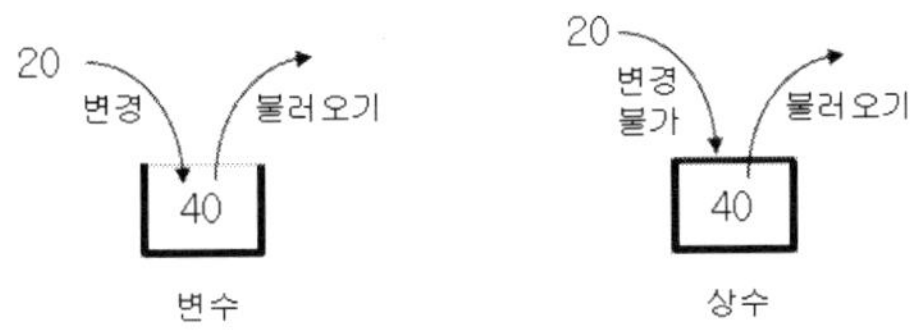

다음은 원주율을 상수로 선언해서 이용한 프로그램의 예이다.

```
/* EX_4_5 : 상수의 이용                                */
/*------------------------------------------------*/

#include <stdio.h>

void main(int argc, char *argv[])
{
     const float PI = 3.14;              // 원주율
     int r = 0;                          // 반지름
     float size = 0.0 ;                  // 원의 넓이

     r = 10;
     size = r * r * PI;
     printf("size = %f \n", size);

     r = 25;
     size = r * r * PI;
     printf("size = %f \n", size);
}
```

Note. 상수의 이름 부여하기

이름만 가지고는 변수와 상수를 구분하기 어렵다. 그래서 많은 프로그래머들이 변수명과 상수명을 구분하기 위해서 변수명은 소문자로, 상수명은 대문자로 부여하는 경우가 많다. 예를 들면 상수의 이름은 PI, MAX, MIN, RATE 와 같이 대문자로 부여한다.

4.4 데이터 타입과 printf(), scanf()

printf()

printf()는 화면에 어떤 값을 출력하는 함수이다. 단순한 문자열을 출력하는 경우는 다음과 같이 한다.

```
printf("안녕하세요 ");
printf("홍길동입니다.");
```

위의 문장은 두 줄에 걸쳐 출력될 것으로 생각되지만 실제로는 한 줄에 연이어 출력된다. 그 이유는 printf() 함수는 문자열을 출력한 후 줄바꾸기를 하지 않기 때문이다. 따라서 두 줄에 걸쳐 출력하기 위해서는 제어 문자라고 불리우는 특수 문자 "\n"을 사용한다 (\는 한글 자판에서 ₩이다). 사용방법은 다음과 같다.

```
printf("안녕하세요 \n");
printf("홍길동입니다.");
```

숫자를 출력하는 방법은 여러 가지가 있다. 정수의 경우는 다음과 같이 출력한다.

```
int A = 90;
printf("%d", A);
```

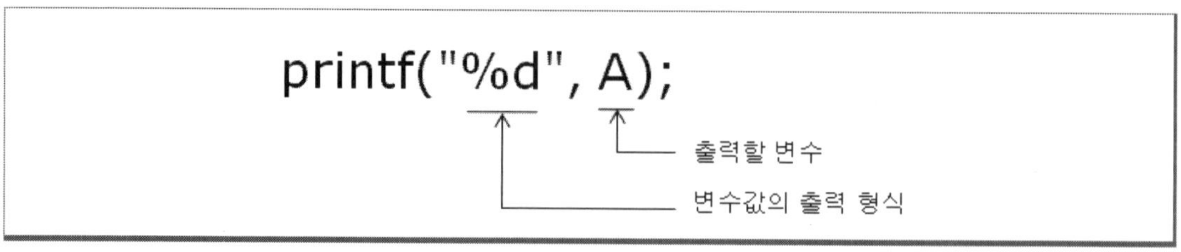

위에서 %d 는 변수 A에 저장되어 있는 값을 양수, 음수를 구분하여 10진수 형식으로 출력하도록 하는 서식 문자이다. 위 명령문의 실행 결과 화면에는 90이 출력 된다.

단순히 변수값만 출력하지 않고 문자열과 함께 변수값을 출력하는 경우는 다음과 같이 한다.

```
int A = 90;
printf("A에 저장된 값은 %d입니다 \n", A);
```

```
A에 저장된 값은 90 입니다
계속하려면 아무 키나 누르십시오 . . .
```

두 개의 변수값을 동시에 출력하고자 하는 경우는 다음과 같이 한다. 세 개 이상인 경우도 동일한 방법으로 하면 된다. (주의. 출력하고자 하는 변수의 개수와 따옴표 안의 서식문자의 개수는 같아야 한다.)

```
int A = 90, B= 80;
printf("%d %d", A, B);
```

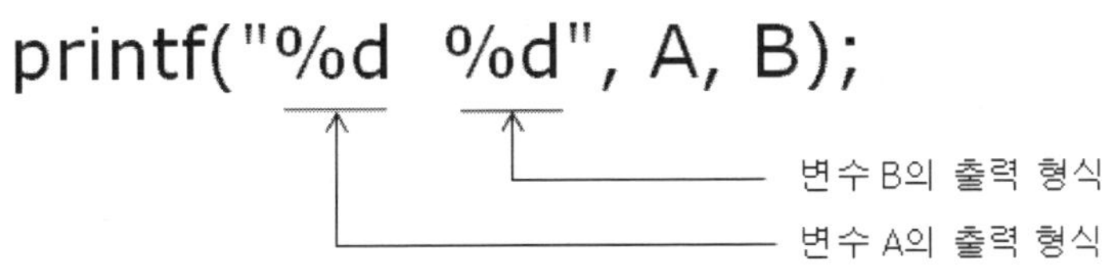

소수점 이하 자릿수가 있는 실수의 경우는 보통 %f 형식을 이용한다. 실수를 %d 형식으로 출력하면 엉뚱한 값이 출력된다.

```
float C = 3.141592;
printf("C에 저장된 값 = %f \n", C);
printf("C에 저장된 값 = %d \n", C);
```

```
C에 저장된 값 = 3.141592
C에 저장된 값 = 0
계속하려면 아무 키나 누르십시오 . . .
```

변수의 값을 출력할 때는 변수의 타입에 맞는 서식문자를 지정해야 한다. 그렇지 않으면 예상치 않은 결과가 출력될 수 있다. printf()에서 사용할 수 있는 서식문자들은 다음과 같다.

[표 4-4] printf()에 사용하는 서식문자

변수의 데이터타입	사용할수 있는 서식문자	출력 형식
char	c	문자
short, int	d,i	부호있는 10진수
long	ld	부호있는 10진수
unsigned int	u	부호없는 10진수
int	o	8진수
int	x	16진수. 0~9, a~f 사용
int	X	16진수. 0~9, A~F 사용
float, double	f	고정소수점 표기
float, double	e	부동 소수점 표기. 지수문자로 e 사용
float, double	E	부동 소수점 표기. 지수문자로 E 사용
float, double	g	고정 또는 부정 소수점 표기법 중 길이가 짧은 서식 사용
float, double	G	g 와 같으며, 지수에 E 사용
(string)	s	문자열

scanf()

scanf()는 화면에서 사용자가 입력한 값을 읽어들여 지정된 변수에 저장하는 함수이다. 사용 예는 다음과 같다.

```
/* EX_4_6 : scanf() 테스트                          */
/*------------------------------------------*/

#include <stdio.h>

void main(int argc, char *argv[])
{
     int age = 0;
     printf("당신의 나이를 입력하세요 : ");
     scanf("%d", &age);
     printf("당신의 나이는 %d 입니다 \n", age);
}
```

```
당신의 나이를 입력하세요 : 21
당신의 나이는 21 입니다
계속하려면 아무 키나 누르십시오 . . .
```

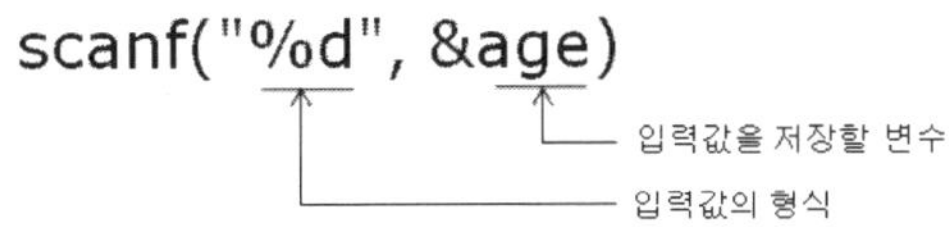

scanf() 에서는 입력값을 저장할 변수 이름으로 age 가 아닌 &age 사용하는데, 이는 주소값을 이용하기 때문이다. 주소값에 대하서는 이후 단원에서 설명하므로 지금은 scanf() 에서는 변수명 앞에 반드시 &를 붙여서 사용해야한다는 정도로 기억하도록 하자.

scanf() 에서도 한번에 두 개 이상의 값을 읽어들일 수 있으며 그 방법은 다음과 같다.

```
int X, Y;
printf("X, Y 값을 입력하세요 : ");
scanf("%d %d", &X, &Y);
printf("X=%d, Y=%d \n", X,Y);
```

```
X, Y 값을 입력하세요 : 10 20
X=10, Y=20
계속하려면 아무 키나 누르십시오 . . .
```

scanf() 에서도 printf() 에서와 같이 입력값의 형식을 지정하기 위해 서식문자를 사용하는데, [표 4-4]와 거의 유사한 서식문자를 이용한다.

연습문제

1. 다음 중 변수명으로 적합하지 않은 것을 모두 고르시오.

① key　　② @sum　　③ 3nd_person

④ book-no　　⑤ while　　⑥ 책이름

2. 다음은 C 프로그램의 일부이다. 문제점을 지적해 보시오.

```
char a, b ;

a = 50;
b = a + 1500;
printf("b = %d \n", b);
```

3. 다음의 값들을 저장하기에 적합한 변수의 데이터 타입은 무엇인가?

```
-10, -20, 10, 20, 40, 50, 60
```

4. 다음의 값들을 저장하기에 적합한 변수의 데이터 타입은 무엇인가?

```
'A', 'b', 'T', 'V', 'a', 'X'
```

5. 다음의 값들을 저장하기에 적합한 변수의 데이터 타입은 무엇인가?

```
-12.5, -4.1246, 3.141592, 16.5
```

6. 다음의 값들을 저장하기에 적합한 변수의 데이터 타입은 무엇인가?

```
3765, 12346, -17231, 10, -60
```

7. Ex_4_1 프로그램을 참조하여 다음과 같이 프로그램을 작성하시오

① 다섯 개의 변수 A, B, C, sum, mul을 선언한다. (모든 변수의 데이터 타입은 정수형)

② A에는 10, B에는 5, C에는 7을 저장한다

③ A 의 값과 B 값, C값을 더하여 sum에 저장한다

④ A 의 값과 B 값, C값을 곱하여 mul에 저장한다

⑤ sum의 값을 출력한다

⑥ mul의 값을 출력한다

8. 다음 프로그램을 실행해 보시오. 결과가 기대한 대로 나오지 않는 이유는 무엇인지 생각해 보고, 올바른 결과가 나오도록 프로그램을 수정해 보시오

```
#include <stdio.h>
main(int argc, char* argv[])
{
        int sum;
        sum = sum + 50 ;

        printf("sum= %d 입니다\n", sum);
}
```

9. EX_4_5 프로그램을 수정하여 원의 둘레 길이를 계산하는 프로그램을 작성하시오 (힌트. 13, 17번 라인만 수정)

10. EX_4_6프로그램을 수정하여 다음과 같이 실행되도록 하시오

```
숫자를 입력하세요 : 21
21 를 입력하셨습니다
42 는 입력한 숫자의 두배입니다
계속하려면 아무 키나 누르십시오 . . .
```

11. 다음의 순서도에 대응하는 프로그램을 작성하시오.

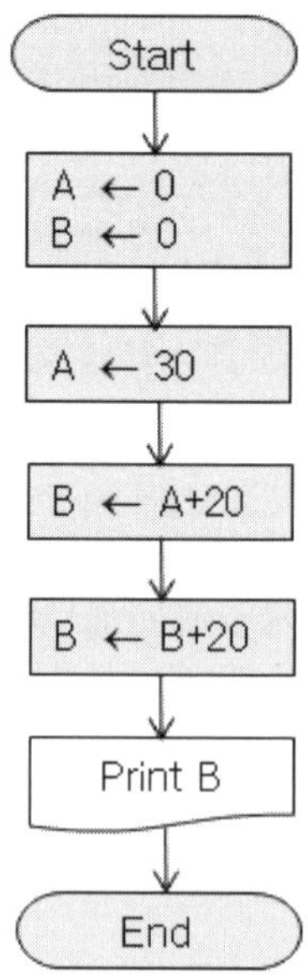

12. 다음 페이지의 프로그램 Study를 참고하여 어떤 숫자를 입력하면 그 숫자의 3배수를 출력하는 프로그램을 작성 하시오.

13. 다음 페이지의 프로그램 Study를 참고하여 A 와 B 값을 화면에서 입력하면 A+B, A×B 값을 화면에 출력하는 프로그램을 작성 하시오.

프로그램 Study

● **프로그램 개요 :** 화씨 온도 값을 화면에서 입력 받아 섭씨 온도로 바꾸어 화면에 출력한다.

● **순서도**

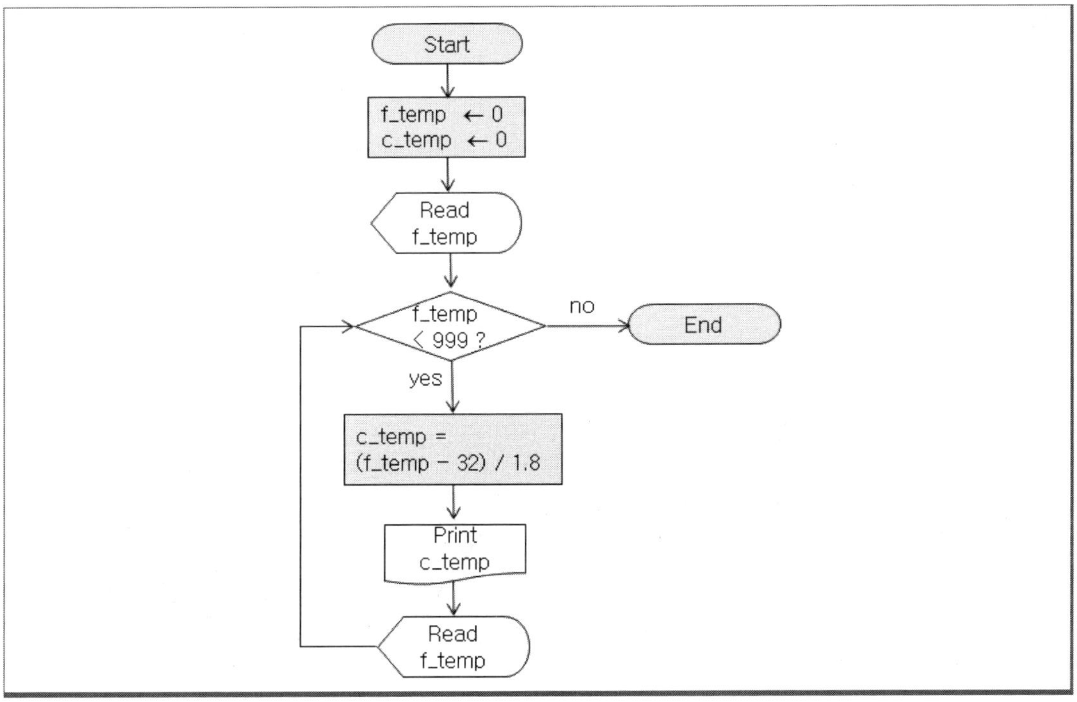

※ 섭씨온도 = (화씨온도 - 32) ÷ 1.8

※ 사용자가 999 이상의 값을 입력하면 프로그램을 종료한다.

■ **프로그램**

```
01  /* Case_Study_4 : 화씨온도 변환                    */
02  /*-------------------------------------------------*/
03
04  #include <stdio.h>
05
06  void main(int argc, char *argv[])
07  {
08      int f_temp=0;    // 화씨온도
09      int c_temp=0;    // 섭씨온도
10
11      printf("화씨 온도를 입력하세요 (32~212) : ");
12      scanf("%d", &f_temp);
13
14      while (f_temp < 999)
15      {
16          c_temp = (f_temp - 32) / 1.8 ;
17          printf("화씨 %d 도 = 섭씨 %d 도 \n", f_temp, c_temp);
18
19          printf("화씨 온도를 입력하세요 (32~212) : ");
20          scanf("%d", &f_temp);
21      }
22  }
```

```
화씨 온도를 입력하세요 (32~212) : 40
화씨 40 도 = 섭씨 4 도
화씨 온도를 입력하세요 (32~212) : 96
화씨 96 도 = 섭씨 35 도
화씨 온도를 입력하세요 (32~212) : 100
화씨 100 도 = 섭씨 37 도
화씨 온도를 입력하세요 (32~212) : 999
계속하려면 아무 키나 누르십시오 . . .
```

08~09 : 화씨온도 값과 섭씨 온도 값을 저장하기 위한 변수를 선언하고 초기값으로 0을 저장한다.

11 : 화씨 온도값을 입력하라는 메시지를 화면에 출력한다.

12 : 화면에서 화씨 온도값을 입력 받아 f_temp 변수에 저장한다.

14 : f_temp 의 값이 999 미만인 경우에만 14 ~ 20 라인을 반복한다.

15 : 화씨 온도를 섭씨 온도로 변환하여 c_temp 변수에 저장한다.

16 : 화씨 온도 및 섭씨 온도를 출력한다.

18 : 화씨 온도값을 입력하라는 메시지를 화면에 출력한다.

19 : 화면에서 화씨 온도값을 입력 받아 f_temp 변수에 저장한다.

20 : 14 라인으로 돌아간다.

제 5 장

연산자

제5장

연산자

[단원목표]

- 다양한 연산자의 종류와 사용법을 이해한다.
- 여러 종류의 연산자를 함께 사용할 경우 연산순위를 이해한다.
- 자료형의 변환 규칙을 이해한다.

5.1 프로그램 따라하기

다음은 다양한 연산자를 사용한 프로그램이다. 함께 따라해 보자.

```
/* EX_5_1 : 다양한 연산자를 사용한 프로그램                 */
/*-----------------------------------------------------*/

#include <stdio.h>

void main(int argc, char *argv[])
{
     int sec1, sec2, a, b;

     printf("비교할 두 초 sec1, sec2를 입력하세요: ");
     scanf("%d %d",&sec1, &sec2);

     printf("sec1과 sec2의 합은 = %d \n", sec1+sec2);
     printf("sec1과 sec2의 차는 = %d \n\n", sec1-sec2);

     a = sec1/60;
     b = sec1%60;
     printf("sec1은 %d분 %d초 \n\n", a,b);

```

```
20          a += 30;
21          b += 30;
22          printf("sec1의 30분 30초 후는 %d분 %d초\n\n", a,b);
23
24          sec1++;
25          sec2--;
26          printf("sec1+1초=%d초,sec2-1초=%d초\n\n", sec1,sec2);
27
28          if(sec1==sec2)
29             printf("sec1과 sec2가 같습니다.\n\n");
30          if(sec1!=sec2)
31             printf("sec1과sec2가같지않습니다.\n\n");
32
33          if((sec1>sec2)||(sec1<sec2))
34              printf("sec1과 sec2가 같지 않습니다.\n\n");
35
36          printf("sec1과 sec2 중 큰 초는? %d\n\n",
37                sec1>sec2 ? sec1 : sec2);
38    }
```

◉ 프로그램 주무르기

① 위 프로그램을 실행한 결과는? 프로그램을 보고 왜 그러한 결과가 나왔는지 생각해 보자.

② 13 라인에서 산술 연산자 '+'를 '*'로 바꾼 뒤 프로그램을 실행한다면 어떤 결과가 나오겠는가? 예상과 실제로 실행한 결과를 비교해 보자.

③ 20 라인에서 대입 연산자 '+='를 '*='로 바꾼 뒤 프로그램을 실행한다면 어떤 결과가 나오겠는가? 예상과 실제로 실행한 결과를 비교해 보자.

④ 24 라인에서 증감 연산자 'sec1++'를 '++sec1'로 바꾼 뒤 프로그램을 실행한다면 어떤 결과가 나오겠는가? 예상과 실제로 실행한 결과를 비교해 보자.

⑤ 33 라인에서 논리 연산자 '||'를 '&&'로 바꾼 뒤 프로그램을 실행한다면 어떤 결과가 나오겠는가? 예상과 실제로 실행한 결과를 비교해 보자.

5.2 다양한 연산자

초기의 컴퓨터는 주로 수치계산을 목적으로 사용되었다면, 최근에는 사회 전반에 걸친 다양한 분야의 응용에서 사용되고 있다. 다양한 분야의 응용을 지원하기 위해서 프로그램에서는 변수와 상수 등 기본적인 데이터를 대상으로 특정 계산을 수행하게 되는데, 이러한 계산을 지시하는 것이 연산자이다. C언어는 다양한 연산자들을 제공한다. 연산자에는 기본적으로 사칙연산과 같은 수치계산에 사용되는 산술 연산자, 수치의 대소 비교에 사용되는 관계 연산자, 여러 조건을 결합하는 방법을 지정하는 논리 연산자와 증감 연산자, 조건 연산자 등이 있다. 각 연산자들에 대해 사용방법과 처리결과, 사용상의 주의사항 등을 살펴보자.

● 산술 연산자

산술 연산자에는 일반적인 수학에서 사용하는 +(덧셈), -(뺄셈), *(곱셈), /(나눗셈) 등의 사칙연산과 나머지를 계산하는 %(나머지) 연산자가 있다. 산술 연산자는 이항 연산자로 두 개의 피연산자를 필요로 한다. 변수, 상수 등의 두 개의 피연산자와 연산자를 조합하여 새로운 계산결과를 생성한다.

[표 5-1] 산술 연산자

연산자	의미	사용 예
+	덧셈	a + b
−	뺄셈	a − b
*	곱셈	a * b
/	나눗셈	a / b
%	나머지	a % b

[표 5-1]은 산술 연산자의 종류와 사용 예를 정리한 것이다. 사칙연산은 일반적인 수학에서와 동일하게 적용된다. 특히 두 수의 몫을 계산하는 /(나눗셈)의 경우 피연산자의 데이터 타입에 주의해서 사용해야 한다. 피연산자의 데이터 타입이 모두 정수형일 경우에는 나눗셈한 결과도 정수형으로 생성된다. 프로그램 따라하기의 13~18 라인에서 다양한 산술 연산자가 사용되었다. 13, 14 라인은 입력 받은 두 초의 합과 차를 계산하기 위해 '+'와 '-' 연산자가 사용되었고, 17, 18 라인은 입력 받은 초를 분과 나머지 초로 출력하기 위해 '/'와 '%' 연산자가 사용되었다.

```
    printf("sec1과 sec2의 합은 = %d \n", sec1+sec2);
    printf("sec1과 sec2의 차는 = %d \n\n", sec1-sec2);

    a = sec1/60;
    b = sec1%60;
    printf("sec1은 %d분 %d초 \n\n", a,b);
```

다음은 산술 연산자의 실행결과를 알아보기 위한 프로그램 예이다.

```
01  /* EX_5_2 : 산술 연산자를 사용한 프로그램                  */
02  /*------------------------------------------------*/
03
04  #include <stdio.h>
05
06  void main(int argc, char *argv[])
07  {
08      int a=7, b=5 ;
09      printf("a+b = %d \n", a+b);
10      printf("a-b = %d \n", a-b);
11      printf("a*b = %d \n", a*b);
12      printf("a/b = %d \n", a/b);
13      printf("a%b = %d \n", a%b);
14  }
```

```
a+b = 12
a-b = 2
a*b = 35
a/b = 1
ab = 2
Press any key to continue
```

위 프로그램의 12라인을 보자. 일반적인 수학에서는 7/5 = 1.4가 출력되어야 맞지만, 결과화면에는 1이 출력된 것을 볼 수 있다. 두 피연산자 모두 정수형으로 선언되었기 때문에 결과 역시 소수점이 제거되고 출력된 것이다. 여기에서 정확한 계산결과를 얻기 위해서는 08 라인의 변수 선언에서 피연산자 중 적어도 하나는 실수형으로 선언하여 사용해야 한다.

```
12    printf("a/b = %d \n", a/b);
```

13 라인의 % 연산자는 % 왼쪽에 있는 수를 % 오른쪽에 있는 수로 나눈 나머지만을 정수형 결과값으로 생성해 준다. % 연산자는 피연산자 모두가 정수형이어야 한다.

```
13    printf("a%b = %d \n", a%b);
```

Note.

산술 연산자의 /(나눗셈) 연산자는 피연산자의 데이터 타입에 주의하여 사용해야 한다. 즉, 두 개의 피연산자가 모두 정수형일 경우에 계산결과도 정수형으로 생성하므로 정확한 계산결과를 위해서는 적어도 하나의 피연산자는 실수형으로 사용해야 한다.

대입 연산자

기본적인 대입 연산자(=)는 다음과 같이 연산자 오른쪽에 위치한 값(rvalue)을 연산자 왼쪽에 위치한 값(lvalue)에 대입하라는 것이다. 즉, 대입 후 a값에는 b값이 할당된다. 대입 연산자의 lvalue는 항상 변수를 사용해야 하며 rvalue는 변수, 상수, 수식 등을 사용할 수 있다.

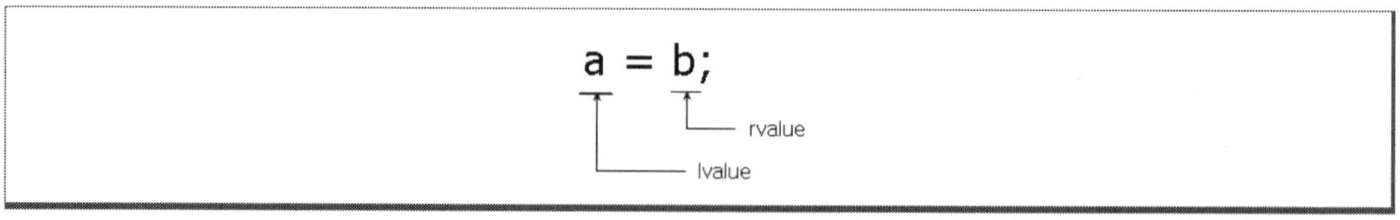

여러 개의 변수에 한 개의 값을 대입하는 경우에는 a = b = c와 같은 형식으로 사용할 수도 있다. 이 경우 a와 b는 반드시 변수를 사용해야 하는데, 간혹 b를 변수가 아닌 종류를 사용하여 문제가 발생하기도 하므로 이점에 주의하여 사용해야 한다.

[표 5-2] 대입 연산자

연산자	의미	사용 예
=	a에 b값을 대입	a = b
+=	a+b 값을 a에 대입	a += b
-=	a-b 값을 a에 대입	a -= b
*=	a*b 값을 a에 대입	a *= b
/=	a/b 값을 a에 대입	a /= b
%=	a%b 값을 a에 대입	a %= b

위의 [표 5-2]는 대입 연산자의 종류와 사용 예를 나타낸다. 여기에서 산술 연산자(+, -, *, /, %)와 기본적인 대입 연산자(=)를 함께 사용한 형태의 대입 연산자를 볼 수 있는데, 해당 연산자들을 축약 대입 연산자라고 부른다. 축약 대입 연산자는 lvalue와 rvalue로 양쪽 사이에 지정된 산술 연산을 실행하고, 실행결과를 왼쪽의 lvalue에 대입하라는 명령이다. 즉, a += b는 a = a+b와 동일한 결과를 갖게 된다. 축약 대입 연산자는 앞에서 설명한 산술 연산자와 동일하게 처리된다. 프로그램 따라하기의 16~22 라인에서 다양한 대입 연산자가 사용되었다. 16, 17 라인은 각각 산술 연산자로 계산된 분과 초의 값을 좌변의 변수 a, b로 대입하기 위한 대입식이다. 20, 21 라인에서는 a의 값에 30을 더하고 b의 값에 30을 더해서 각각 다시 a와 b에 저장하기 위한 축약 대입 연산자가 사용되었다.

```
16    a = sec1/60;
17    b = sec1%60;
18    printf("sec1은 %d분 %d초 \n\n", a,b);
19
20    a += 30;
21    b += 30;
22    printf("sec1의 30분 30초 후는 %d분 %d초\n\n", a,b);
```

다음은 대입 연산자의 실행결과를 알아보기 위한 프로그램 예이다.

```
01   /* EX_5_3 : 대입 연산자를 사용한 프로그램                    */
02   /*-----------------------------------------------------------*/
03
04   #include <stdio.h>
05
06   void main(int argc, char *argv[])
07   {
08        int a;
09        a = 5;
10        printf("a = 5    : %d \n", a);
11        a += 10;
12        printf("a += 10  : %d \n", a);
13        a -= 3+2;
14        printf("a -= 3+2 : %d \n", a);
15   }
```

```
a = 5    : 5
a += 10  : 15
a -= 3+2 : 10
Press any key to continue
```

우선 09 라인을 통해 기본적인 대입 연산자(=)의 기능은 rvalue의 값을 lvalue에 대입하는 것이다. 보통 기본 대입 연산자는 변수의 초기값을 설정할 때 사용되며, 여기서는 a의 초기값을 5로 설정한다.

```
09        a = 5;
10        printf("a = 5  : %d \n", a);
```

11 라인은 축약 대입 연산자를 사용해서 현재 5로 설정되어 있는 a에 10을 더해서 다시 a로 대입한다. 즉, a의 결과값은 15로 설정된다.

```
11        a += 10;
12        printf("a += 10  : %d \n", a);
```

13 라인의 결과를 주의 깊게 살펴보자. a -= 3+2의 결과가 a = (a-3)+2가 아닌 a = a-(3+2)로 계산되었음을 알 수 있다. 즉, 산술 연산자가 대입 연산자 보다 먼저 계산되고 계산된 결과를 대입 연산자를 통해 a에 할당한 것을 알 수 있다. 이는 산술 연산자가 대입 연산자보다 우선순위가 높기 때문이며, 축약 대입 연산자를 사용할 때에 반드시 연산자 우선순위를 고려하고 사용해야 한다. 연산자 우선순위에 대한 사항은 다음 절에서 살펴보기로 한다.

```
13        a -= 3+2;
14        printf("a -= 3+2 : %d \n", a);
```

Note.

대입 연산자에서 rvalue는 변수, 상수, 수식 등이 올 수 있으며, lvalue는 반드시 변수를 사용해야 한다. 특히 축약 대입 연산자를 사용할 경우에는 연산순서와 관련한 우선순위를 고려하여 사용해야 함을 명심하자.

증감 연산자

증감 연산자는 단항 연산자로 정수형 변수인 피연산자의 값을 1 증가(++) 또는 1 감소(--)하는 기능을 수행한다. 증감 연산자는 다음 [표 5-3]의 사용 예와 같이 피연산자의 왼쪽과 오른쪽에 위치할 수 있으며, 각각의 위치에 따라 문장에서 사용되는 값에 차이가 있다. 간단히 설명하자면, ++a는 a 값을 1 증가하고 문장에서 a가 사용되고, a++은 문장에서 a를 먼저 사용한 후 a 값을 1 증가하게 된다. 전자와 같은 형태를 선위 증감 연산자, 후자를 후위 증감 연산자라 부르기도 한다.

[표 5-3] 증감 연산자

연산자	의미	사용 예
++	a값을 1 증가	a++, ++a
--	a값을 1 감소	a--, --a

프로그램 따라하기의 24, 25 라인에서 sec1과 sec2의 값을 각각 1 증가, 1 감소시키기 위한 증감 연산자가 사용되었다. 다음의 경우는 증감 연산자가 sec1과 sec2의 앞이 아닌 뒤에 붙더라도 출력 결과에는 차이가 없다.

```
sec1++;
sec2--;
printf("sec1+1초=%d초,sec2-1초=%d초\n\n", sec1,sec2);
```

하지만 다음 프로그램은 증감 연산자의 사용 예를 나타낸 것으로, 증감 연산자의 위치에 따른 차이를 확실히 볼 수 있다.

```
01    /* EX_5_4 : 증감 연산자를 사용한 프로그램                    */
02    /*-----------------------------------------------*/
03
04    #include <stdio.h>
05
06    void main(int argc, char *argv[])
07    {
08          int a=10;
09          printf("a   : %d \n", a);
10          printf("a++ : %d \n", a++);
11          printf("++a : %d \n", ++a);
12    }
```

```
a   : 10
a++ : 10
++a : 12
Press any key to continue
```

09 라인에서는 초기값이 10으로 설정되어 있는 a를 출력하게 된다. 10 라인에서는 a++ 값을 출력하게 되는데 11이 아니라 10을 출력한 것을 볼 수 있다. 이는 후위 증감 연산자가 사용되었으므로 현재 a에 설정되어 있는 값인 10이 출력이 되고, a 값을 1 증가시켰기 때문에 나타난 결과이다. 즉, 10 라인이 실행된 후 a 값은 11로 설정된다.

```
10        printf("a++ : %d \n", a++);
```

11 라인에서는 현재 a에 설정된 값이 11인 상태에서 선위 증감 연산자가 사용되었으므로 a를 출력하기 전에 a 값을 1 증가하고 a 값을 출력한다.

```
printf("++a : %d \n", ++a);
```

Note.

증감 연산자가 독립적으로 사용될 경우는 연산자의 위치에 관계없이 1 증가(++) 또는 1 감소(--)의 기능만을 수행하지만 문장 내에서 사용될 경우는 서로 다른 값으로 사용되므로 주의해야 한다.

관계 연산자

두 개의 피연산자의 대소 관계를 비교하는 연산자를 관계 연산자라고 한다. 두 개의 피연산자에는 변수, 상수, 수식 등 크기를 비교할 수 있는 값이 올 수 있다. 관계 연산자에는 첫 번째 값이 두 번째 값보다 작다(<), 작거나 같다(<=), 같다(==), 크거나 같다(>=), 크다(>), 같지 않다(!=) 등을 표현할 수 있는 연산자들이 있다. 관계 연산자의 연산결과는 "참(true)" 또는 "거짓(false)"의 논리값으로 출력되는데, 참은 정수 "1"로, 거짓은 정수 "0"으로 출력된다. 참고로 관계 연산자의 출력값에서 참을 정수 "1"로 표현했지만, C언어에서 참의 값은 음수를 포함한 "0"을 제외한 모든 정수값으로 표현할 수 있다. 다음의 <표 5.4>는 관계 연산자의 종류와 사용 예를 정리한 것이다. 다음의 관계 연산자 중 <=, ==, >=, != 경우 기호 사이에 공백을 허용하지 않으므로 주의하여야 한다. 그리고 "=="(같다) 연산자는 대입 연산자 "="와 반드시 구분해서 사용해야 한다. 간혹 두 연산자를 혼동해서 사용함으로써 원치 않는 결과를 초래할 수도 있다.

[표 5-4] 관계 연산자

연산자	의미	사용 예
<	a가 b보다 작으면 1	a < b
<=	a가 b보다 작거나 같으면 1	a <= b
==	a가 b와 같으면 1	a == b
>=	a가 b보다 크거나 같으면 1	a >= b
>	a가 b보다 크면 1	a > b
!=	a가 b와 같지 않으면 1	a != b

프로그램 따라하기의 28~31 라인에서 sec1과 sec2를 비교하기 위해 관계 연산자가 사용되었다. 우리는 아직까지 선택문인 if문을 배우지는 않았다. 6장에서 자세히 배우게 되므로 간단히만 살펴보면, if문은 괄호 안의 조건식의 참/거짓에 따라 다음 문장을 선택적으로 수행해주는 함수를 나타낸다. 따라서 if문은 참/거짓의 결과값을 갖는 다양한 관계 연산자를 이용한 조건식과 함께 사용된다.

```
28    if(sec1==sec2)
29       printf("sec1과 sec2가 같습니다.\n\n");
30    if(sec1!=sec2)
31       printf("sec1과sec2가같지않습니다.\n\n");
```

다음은 관계 연산자의 실행결과를 알아보기 위한 프로그램이다. 관계 연산자의 계산결과는 "1"(참) 또는 "0"(거짓)의 정수로 출력됨을 알 수 있다.

```
01    /* EX_5_5 : 관계 연산자를 사용한 프로그램                    */
02    /*----------------------------------------------*/
03
04    #include <stdio.h>
05
06    void main(int argc, char *argv[])
07    {
08        int a=10, b=20;
09        printf("a<b : %d \n", a<b);
10        printf("a>b : %d \n", a>b);
11        printf("a==b: %d \n", a==b);
12        printf("a!=b: %d \n", a!=b);
13    }
```

```
a<b : 1
a>b : 0
a==b: 0
a!=b: 1
Press any key to continue_
```

위 프로그램의 11 라인을 사용자의 실수로 다음과 같이 입력했다면 어떤 결과가 출력될까? 다음과 같이 b의 값 20을 a에 대입한 후 a를 출력하게 된다.

```
11    printf("a=b: %d \n", a=b);
```

```
a<b : 1
a>b : 0
a=b: 20
a!=b: 0
Press any key to continue
```

논리 연산자

논리 연산자는 "참(true)" 또는 "거짓(false)"의 논리값을 피연산자로 하는 연산자로 논리곱(AND), 논리합(OR), 논리부정(NOT) 기능을 수행한다. 논리곱(AND)은 두 개의 피연산자 모두 참일 경우에만 "참"을 출력하며 나머지 경우는 모두 "거짓"을 출력한다. 논리합(OR)은 두 개의 피연산자 모두 거짓일 경우에만 "거짓"을 출력하며 나머지 경우는 모두 "참"을 출력한다. 논리부정(NOT)은 단항 연산자로 현재 논리값이 참이면 "거짓"을 거짓이면 "참"을 출력한다. C언어에서 논리곱은 &&, 논리합은 ||, 논리부정은 ! 연산자가 사용된다. 해당 연산자들의 결과값은 참은 정수 "1"로, 거짓은 정수 "0"으로 계산된다. 일반적으로 논리 연산자는 프로그램의 흐름을 제어하는 제어문에서 관계 연산자와 함께 사용된다.

[표 5-5] 논리 연산자

연산자	의미	사용 예
&&	a AND b	a && b
||	a OR b	a || b
!	NOT a	!a

다음의 프로그램 따라하기 33 라인에서는 관계 연산자를 이용한 두 관계식의 논리값을 비교하기 위해 논리 연산자 '||'를 사용하였다. 즉, sec1이 sec2보다 크거나 sec2가 sec1보다 큰 경우를 비교해 sec1과 sec2가 같지 않음을 판별한다.

```
33    if((sec1>sec2)||(sec1<sec2))
34        printf("sec1과 sec2가 같지 않습니다.\n\n");
```

다음은 관계 연산자를 사용한 수식이 출력하는 논리값을 피연산자로 하는 논리 연산자의 연산결과를 알아보기 위한 프로그램이다. 출력되는 결과를 예상해 보고, 직접 입력해서 그 결과를 확인해 보자.

```
printf("(2>1) && (2>3): %d \n", (2>1) && (2>3));
printf("(5>3) || (5<3) : %d \n", (5>3) || (5<3));
printf("!(2==1)         : %d \n", !(2==1));
```

```
(2>1) && (2>3): 0
(5>3) || (5<3) : 1
!(2==1)         : 1
Press any key to continue
```

조건 연산자

조건 연산자는 세 개의 항을 사용한다. 다음의 [표 5-6]에서 첫 번째 항 a는 참(true) 또는 거짓(false)값을 결과로 갖는 조건식이고, b와 c는 조건식 a가 참 또는 거짓일 때 각각 수행할 식을 나타낸다.

[표 5-6] 조건 연산자

연산자	의미	사용 예
?	조건식 a가 참이면 b, 거짓이면 c 수행	a ? b : c

다음은 조건 연산자를 사용하여 두 수 a와 b를 비교, 큰 값을 출력해 주는 프로그램이다. 조건 연산자는 다음 장에서 다루게 될 if 문과 유사하지만, 실행속도 면에서 if문보다 우수하다.

```
printf("a, b 중 큰 수는? %d \n", (a>b)? a : b);
```

프로그램 따라하기의 36, 37 라인에서는 sec1과 sec2의 크기 비교를 조건 연산자를 통해 수행하였다.

```
printf("sec1과 sec2 중 큰 초는? %d\n\n",
        sec1>sec2 ? sec1 : sec2);
```

5.3 연산자 우선순위

앞에서 우리는 다양한 연산자의 기능과 사용법에 대해서 살펴보았다. 원하는 계산을 위해 적당한 연산자를 선택하여 수식을 작성해 사용하였다. 오늘날에는 다양하고 세분화된 업무에 컴퓨터가 활용되고 있으며, 이를 처리하기 위해 다양한 연산자를 함께 사용한 복잡한 수식이 사용되기도 한다. 이와 같은 경우, 연산자가 적용되는 순서에 따라 결과값에 중요한 영향을 미친다. C언어에서는 다양한 연산자 사이에 다음 [표 5-7]과 같이 연산자 우선순위를 정의하고 있다. 연산자 우선순위를 살펴보면 기본적으로 괄호 ( ), [ ]가 가장 높은 우선순위를 갖는다. 괄호는 우선순위를 명확하게 하거나 우선순위를 임의로 변경할 때 사용된다. 표에서와 같이 연산자는 우선순위가 높을수록 먼저 계산되며 동일한 우선순위에서는 적용방향에 따라 계산된다.

[표 5-7] 연산자 우선순위

우선순위	종류	연산자	적용방향
높음 ↑	기본	( ) [ ]	왼쪽 → 오른쪽
	단항	++ -- !	오른쪽 → 왼쪽
	산술	* / %	왼쪽 → 오른쪽
	산술	+ -	왼쪽 → 오른쪽
	관계	〈 〈= 〉 〉=	왼쪽 → 오른쪽
	관계	== !=	왼쪽 → 오른쪽
	논리	&& ||	왼쪽 → 오른쪽
낮음	조건	? :	오른쪽 → 왼쪽
	대입	= += -= *= /= %=	오른쪽 → 왼쪽

다음의 프로그램 따라하기 33 라인에서는 관계 연산자를 이용한 두 관계식의 논리값을 비교하기 위해 논리 연산자 '||'를 사용하였다. 이 때 두 개의 조건식을 우선순위가 가장 높은 괄호를 사용하여 먼저 계산됨을 명시하였다. 하지만 여기서 만약 다음과 같이 괄호를 모두 지우고 실행하면 어떤 결과를 출력할까 결과를 예상해 보자. 결과에서 볼 수 있듯이 논리 연산자보다 우선순위가 높은 관계 연산자를 먼저 수행하고 논리 연산자를 적용하게 된다.

```
33    if(sec1>sec2||sec1<sec2)
34        printf("sec1과 sec2가 같지 않습니다.\n\n");
```

변수 a=5, b=2, c=1이 설정되어 있다고 가정할 때 다음 수식의 결과는 각각 어떻게 출력될까? 연산자의 우선순위를 염두에 두고 예측해 보자.

```
01    printf("a*b-c%3       : %d \n", a*b-c%3);
02    printf("a<=b && b>=c : %d \n", a<=b && b>=c);
```

```
a*b-c         : 9
a<=b && b>=c  : 0
Press any key to continue
```

01 라인은 산술 연산자 간의 우선순위를 보여주는 수식으로, 산술 연산자는 일반 수학에서의 우선순위가 동일하게 적용된다. 즉 연산자 *와 %가 우선순위가 더 높으므로 a*b(=10)와 c%3(=1)이 먼저 계산된 후 10-1를 계산하게 되므로 9라는 결과를 갖게 된다. 02 라인에서는 관계 연산자가 논리 연산자보다 우선순위가 높으므로 a<=b(결과는 0) 과 b>=c(결과는 1) 이 먼저 계산되고 0 && 1 식이 계산되므로 0이라는 결과를 갖게 된다.

5.4 자료형 변환

C언어의 자료형 변환에는 자동으로 자료형이 변환되는 경우와 사용자에 의해서 강제적으로 발생하는 경우가 있다. 자동으로 자료형 변환이 발생되는 경우 자료형 변환은 보통 대입 연산식 또는 산술 연산식에서 서로 다른 자료형을 갖는 피연산자들을 함께 사용할 경우에 발생한다. 이와 같은 경우 C언어에서는 자료형 변환 규칙에 따라 자동으로 자료형을 변환하게 된다. 사용자

에 의해 자료형 변환이 발생하는 경우는 다음의 캐스트(cast) 연산자를 사용하게 된다. 다음은 자료형 변환과 관련한 프로그램이다.

```
01   /* EX_5_6 : 자료형 변환 관련 프로그램                    */
02  /*---------------------------------------------------*/
03  #include <stdio.h>
04
05  void main(int argc, char *argv[])
06  {
07      int sum;
08      float a=1.4, b=1.8;
09
10      sum=a+b;
11      printf("%f+%f=%d \n", a,b,sum);
12      sum=(int)a+(int)b;
13      printf("%f+%f=%d \n", a,b,sum);
14      printf("%f+%d=%f \n", a,sum,a+sum);
15  }
```

```
1.400000+1.800000=3
1.400000+1.800000=2
1.400000+2=3.400000
Press any key to continue_
```

〈자료형 변환 규칙〉

① 대입 연산자(=)를 사용한 수식의 경우, rvalue의 자료형은 lvalue의 자료형으로 자동 변환된다. 10 라인에서 a+b의 실수형 결과값을 정수형 변수인 sum에 대입하면 소수점이 제거된 정수값이 저장된다.

② 산술 연산자를 사용한 수식의 경우, 피연산자의 자료형 중 큰 자료형으로 자동 변환된다. 14 라인에서 실수형인 a와 정수형인 sum과의 합은 실수형으로 계산되어진다.

③ 캐스트 연산자는 사용자가 변수나 수식의 자료형을 특정한 자료형으로 강제 변환할 때 사용되는 연산자를 말한다. (변환을 원하는 자료형)과 같은 형식을 갖으며 해당 연산자를 자료형 변환할 변수나 수식 앞에 붙여 사용한다. 12 라인에서는 캐스트 연산자 (int)를 사용하여 실수형을 정수형으로 변환한 후 sum에 저장하여 정수형 결과가 출력되었다.

연 습 문 제

1. 다음 중 a++과 결과가 다른 것은 무엇인가?

① a += 1　　② a = a+1　　③ a =+ 1　　④ ++a

2. 다음의 연산자들을 우선순위가 높은 순으로 나열하시오.

```
+, =, ( ), ++, ==, &&, +=
```

3. 다음은 C 프로그램의 일부이다. 문제점을 지적해 보시오.

```
float a, b;

a = 50;
b = 4;
printf("a를 b로 나눌 경우의 몫은      = %f \n", a/b);
printf("a를 b로 나눌 경우의 나머지는 = %f \n", a%b);
```

4. 증감 연산자와 관련한 프로그램이다. 출력결과를 예상해 보시오.

```
int a, b, c, d;

a = 10; b = 2;
c = ++a+b;
d = a--+b;
printf("c = %d, d = %d \n", c, d);
```

5. 다음의 수식 중에서 결과값이 참(true)이 아닌 것은 무엇인가?

① 10!=1 || 10==1 ② 100 ③ 5>3 ④ !0

⑥ 10<7 && 10>5

6. 다음 식을 처리하기 위한 수식을 작성 하시오.

$$\frac{a^2-4ac}{ab}+2b^2$$

7. 화씨온도를 입력받아 섭씨온도로 변환하여 출력하는 프로그램을 작성하시오.

```
섭씨온도 = (화씨온도 -32) ÷ 1.8
```

8. 원의 반지름을 입력받아 원의 면적을 출력하는 프로그램을 작성하시오.

```
PI=3.141592, r=원의 반지름 일 때, 원의 면적 = PI * r2
```

9. 임의의 정수를 입력받아 절대값을 출력하는 프로그램을 작성하시오.

(단, 조건 연산자를 사용하여야 함.)

10. 다음의 순서도에 대응하는 프로그램을 작성하시오.

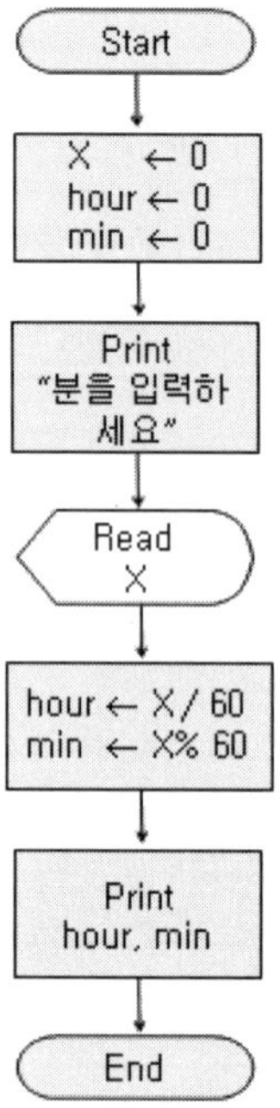

11. 다음 페이지의 프로그램 Study를 참고하여 임의의 년도를 입력하면 해당 년도가 윤년인지 평년인지 출력하는 프로그램을 작성하시오.

※ 윤년

- 400으로 나누어서 나머지가 0인 경우
- 100으로 나누어서 나머지가 0이 아니고 4로 나누어 나머지가 0인 경우

※ 사용자가 0을 입력하면 프로그램을 종료한다.

프로그램 Study

● **프로그램 개요 :** 임의의 숫자 값을 화면에서 입력 받아 홀수인지 짝수인지 판별하여 화면에 출력한다.

● **순서도**

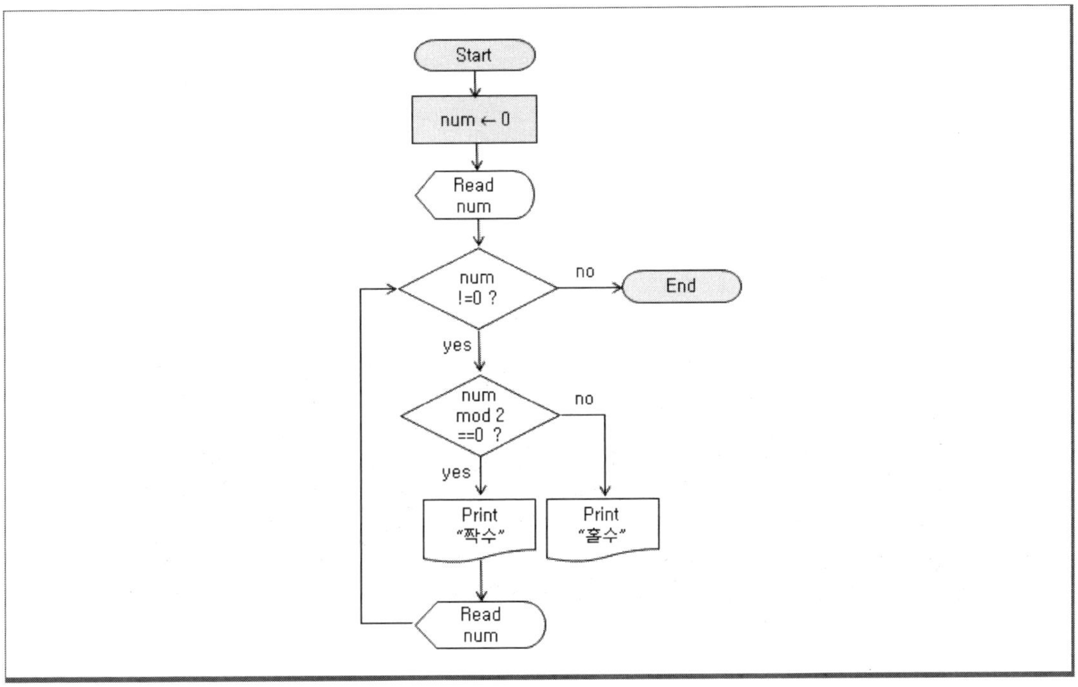

※ 홀수 : 2로 나누어 나머지가 1인 수

※ 짝수 : 2로 나누어 나머지가 0인 수

※ 사용자가 0을 입력하면 프로그램을 종료한다.

■ 프로그램

```
01  /* Case_Study_5 : 홀수/짝수 판별해서 출력          */
02  /*-----------------------------------------*/
03
04  #include <stdio.h>
05
06  void main(int argc, char *argv[])
07  {
08       int num=0;
09
10       printf("숫자를 입력하세요 : ");
11       scanf("%d", &num);
12
13       while (num != 0)
14       {
15             ((num%2 == 0) ? printf("%d는 짝수입니다.\n",num):
16                             printf("%d는 홀수입니다.\n",num));
17
18             printf("숫자를 입력하세요 : ");
19             scanf("%d", &num);
20       }
21  }
```

```
숫자를 입력하세요 : 2
2는 짝수입니다.
숫자를 입력하세요 : 1
1는 홀수입니다.
숫자를 입력하세요 : 5
5는 홀수입니다.
숫자를 입력하세요 : 8
8는 짝수입니다.
숫자를 입력하세요 : 0
Press any key to continue
```

08 : 홀수인지 짝수인지를 구별하기 위해 입력받는 변수를 선언하고 초기값으로 0을 저장한다.

10 : 숫자를 입력하라는 메시지를 화면에 출력한다.

11 : 화면에서 숫자를 입력 받아 num 변수에 저장한다.

13 : num 의 값이 0이 아닌 경우에만 15 ~ 20 라인을 반복한다.

15~16 : 입력받은 수를 2로 나눈 나머지가 0이면 "짝수"를 출력하고, 0이 아니면 "홀수"를 출력한다.

18 : 숫자를 입력하라는 메시지를 화면에 출력한다.

19 : 화면에서 숫자를 입력 받아 num 변수에 저장한다.

20 : 13 라인으로 돌아간다.

제 6 장

제어문

제6장

제어문

[단원목표]

- 프로그램에서 흐름을 제어하기 위한 제어문을 이해한다.
- 조건문의 종류와 사용법을 이해한다.
- 반복문의 종류와 사용법을 이해한다.
- 기타 유용한 흐름 제어문의 종류와 사용법을 이해한다.

6.1 프로그램 따라하기

다음은 제어문을 사용한 프로그램이다. 함께 따라해 보자.

```
/* EX_6_1 : 제어문을 사용한 프로그램                        */
/*-----------------------------------------------------*/

#include <stdio.h>

void main(int argc, char *argv[])
{
     int i, dan;

     while(1)
     {
          printf("\n출력을 원하는 단을 입력하시오. : \n");
          scanf("%d",&dan);

          if(dan==0)
             break;
          if((dan<2)||(dan>9))
          {
               printf("2~9단만 출력 가능합니다.\n");
               continue;
          }
```

```
22          for(i=1 ; i<10 ; i++)
23          {
24              printf("%d x %d = %d\n",dan, i, dan*i);
25          }
26      }
27  }
```

◉ **프로그램 주무르기**

① 위 프로그램을 실행한 결과는? 프로그램을 보고 왜 그러한 결과가 나왔는지 생각해 보자.

② 15, 16 라인을 생략한다면 어떤 일이 발생하겠는가? 예상과 실제로 실행한 결과를 비교해 보자.

③ 17~21 라인을 생략한다면 어떤 일이 발생하겠는가? 예상과 실제로 실행한 결과를 비교해 보자.

6.2 조건문

조건문은 주어진 조건식을 판단한 후 조건식이 참일 경우에만 주어진 명령문을 선택적으로 수행하기 위해 사용된다. 조건문에는 크게 if문과 switch문이 있으며, if문에는 if문을 확장한 if else문, 다중 if문 등이 있다.

if 문

if문은 조건문 중에서 가장 단순한 형태로 다음과 같이 조건식과 명령문으로 구성된다. 조건식에는 어떤 식도 올 수 있으며 해당 조건식이 참일 경우에만 선택적으로 명령문이 실행된다. 다음은 선택적으로 수행할 명령문이 단순문일 경우와 복합문일 경우의 if문 형식이다. 복합문일 경우에는 형식 ②와 같이 반드시 { }로 묶어 주어야 한다.

```
형식 ①: if(조건식)
            명령문;
형식 ②: if(조건식)
        {
            명령문;
        }
```

다음 그림은 if문의 실행 흐름을 순서도를 사용하여 표현한 것이다. if문은 조건식이 참인 경우에만 명령문이 선택적으로 수행되고, 거짓인 경우는 if문 다음 문장으로 흐름 제어가 넘어간다.

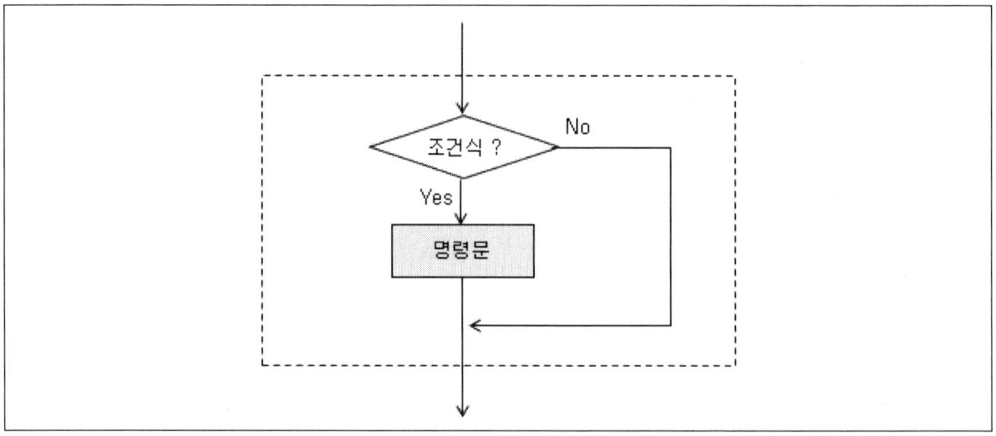

프로그램 따라하기의 EX_6_1을 가지고 if문에 대해 설명해보자. 우선 15, 16 라인은 if문의 가장 단순한 형태로 조건식이 참이면 if문 이하의 명령문을 선택적으로 수행하게 된다. 조건식은 관계 연산자를 사용하였으며, 입력받은 구구단 dan의 값이 0과 같으면 break문을 수행한다.

```
15      if(dan==0)
16          break;
```

17~21 라인은 조건식에 따라 단순문이 아닌 복합문을 선택 수행하기 위한 if문을 나타낸다. 복합문 경우에는 반드시 { }로 선택적으로 실행할 문장들을 묶어주어야 한다. 다음에서 16라인은 입력받은 구구단 dan 값이 2단~9단이 아닐 경우를 판단하기 위한 부분이다. 즉, 관계 연산자를 이용한 2개의 조건문의 결과에 대해 논리 연산자 ||(논리합)를 사용함으로써 두 조건 중 하나의 조건만 참이면 if문 이하 명령문을 수행하게 된다.

```
17      if((dan<2)||(dan>9))
18      {
19          printf("2~9단만 출력 가능합니다.\n");
20          continue;
21      }
```

다음은 if문을 사용하여 입력받은 임의의 정수에 대한 절대값을 출력하기 위한 프로그램이다. 입력받은 정수가 음수일 경우에만 선택적으로 09, 10라인을 수행하게 된다.

```
/* EX_6_2 : if문을 사용한 절대값 출력 프로그램            */
/*-----------------------------------------------*/
#include <stdio.h>
void main(int argc, char *argv[])
{
   int num;
   printf("임의의 수를 입력하세요.\n");
   scanf("%d", &num);
   if(num < 0)
      num *= (-1);
   printf("입력받은 수의 절대값은 %d\n",num);
}
```

```
임의의 수를 입력하세요.
-5
입력받은 수의 절대값은 5
Press any key to continue
```

if else 문

if문은 조건식이 참일 경우에만 실행할 명령문을 따로 지정한다. 하지만 간혹 하나의 조건으로 양자택일을 해야 하는 경우가 있는데, 이때 if ... else문이 유용하게 사용된다.

```
if(조건식)
{
      명령문1;
}
else
{
      명령문2;
}
```

다음 그림은 if ... else문의 실행 흐름을 순서도를 사용하여 표현한 것이다. 조건식이 참인 경우에는 명령문1이 수행되고, 거짓인 경우는 명령문2가 수행된다.

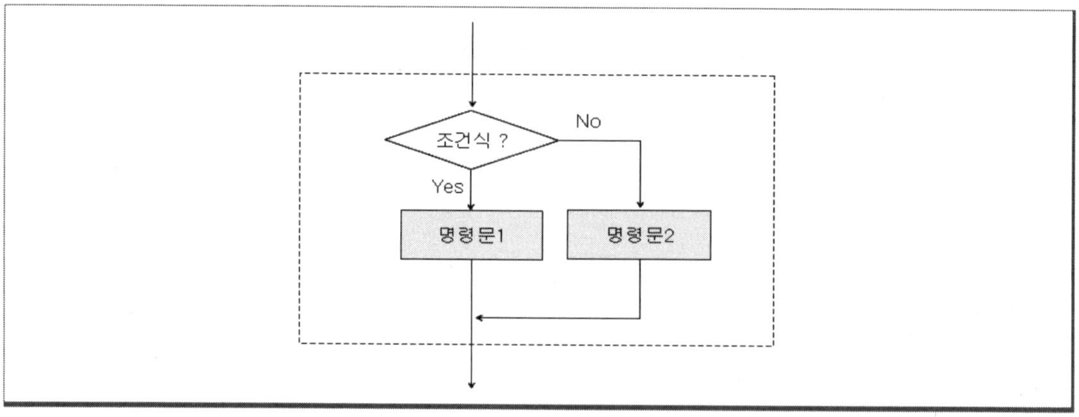

다음 프로그램은 사용자로부터 임의의 수를 입력받고 입력받은 수가 홀수인지 짝수인지를 판단하는 프로그램으로, 입력받은 수가 홀수이면 "홀수"를 출력하고 짝수이면 "짝수"를 출력하게 된다. 이 프로그램에서는 조건에 대한 결과의 경우의 수가 홀수 또는 짝수 2개가 존재한다. 이와 같이 하나의 조건으로 양자택일할 경우 if ... else문을 사용한다. 아래에서는 실행할 문장이 단순문이라 { }를 사용하지 않았지만 복합문일 경우에는 { }로 묶어주어야 한다.

```
/* EX_6_3 : if else문을 사용한 홀수/짝수 판별 프로그램     */
/*-----------------------------------------------*/

#include <stdio.h>

void main(int argc, char *argv[])
{
   int num;

   printf("임의의 수를 입력하세요.\n");
   scanf("%d", &num);
   if(num%2==0)
      printf("입력받은 수 %d는 짝수\n",num);
   else
      printf("입력받은 수 %d는 홀수\n",num);
}
```

```
임의의 수를 입력하세요.
59
입력받은 수 59는 홀수
Press any key to continue_
```

if~else문을 좀 더 연습하기 위해 다음의 프로그램을 살펴보자. 사용자로부터 입력받은 세 수 중에서 최대값을 출력하는 프로그램을 나타낸다. 입력받은 세 수를 차례로 비교하여 변수 max에 최대값을 저장하여 출력한다.

```
/* EX_6_4 : if else문을 사용한 최대값 판별 프로그램        */
/*--------------------------------------------------*/

#include <stdio.h>

void main(int argc, char *argv[])
{
   int num1, num2, num3, max;

   printf("임의의 세 수를 입력하세요.\n");
   scanf("%d%d%d", &num1, &num2, &num3);
   if(num1 > num2)
      max=num1;
   else
      max=num2;
   if(num3 > max)
      max=num3;
   printf("입력받은 수 중 최대값은 %d\n",max);
}
```

```
임의의 세 수를 입력하세요.
10 20 30
입력받은 수 중 최대값은 30
Press any key to continue
```

다중 if 문

if ... else문이 양자택일에는 유용하지만, 여러 조건들 중에서 만족하는 한 조건에 대한 명령문을 선택적으로 수행해야 하는 경우에는 다중 if문이 사용된다. 다중 if문에서는 조건식1이 참이면 명령문1을 수행하고, 참이 아니면 다음의 else if의 조건식2를 검사한다. 조건식2가 참이면 명령문2를 수행하고, 참이 아니면 다음의 else if문에서의 조건식을 검사한다. 마찬가지 방식으로 모든 else if문을 검사할 때까지 모든 조건식이 거짓일 경우에는 else 다음의 명령문을 수행하게 된다.

```
if(조건식1)
{
      명령문1;
}
      ...
else if(조건식n)
{
      명령문n;
}
else
{
      명령문n+1;
}
```

다음 그림은 다중 if문의 실행 흐름을 순서도를 사용하여 표현한 것이다. 다중 if문은 조건식이 참일 때까지 조건문 n까지 검사하며, 그 과정에서 참인 조건식이 있으면 해당 명령문을 수행한다. 하지만 마지막 조건식n까지 거짓일 경우에는 마지막 else의 n+1 명령문을 수행한다.

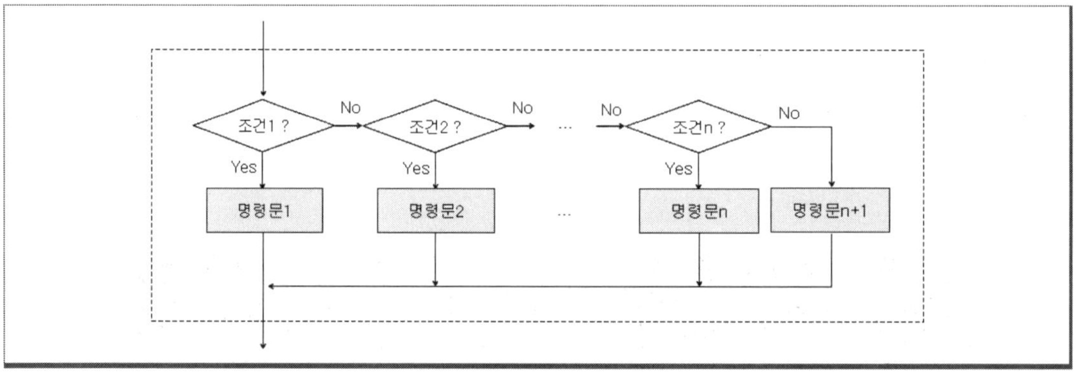

다음은 다중 if문의 사용법을 알아보기 위한 프로그램 예이다. 변수 a와 b에 각각 100과 5가 초기화되어 있고, 두 수에 대해 수행할 사칙 연산자를 입력받아 계산결과를 화면에 출력한다. 사용 가능한 연산자 '+', '-', '*', '/'를 입력한 경우는 a와 b에 대해 해당 연산을 수행한 후 출력해 주지만, 유효하지 않은 연산자를 선택한 경우에는 에러 메시지를 출력한다.

```
/* EX_6_5 : 다중 if문을 사용한 계산 프로그램          */
/*-----------------------------------------------*/

#include <stdio.h>

```

```
void main(int argc, char *argv[])
{
   int a=100,b=5;
   char ch;

   printf("사용할 연산자를 입력하세요.\n");
   scanf("%c", &ch);
   if(ch=='+')
      printf("%d+%d=%d\n",a,b,a+b);
   else if(ch=='-')
      printf("%d-%d=%d\n",a,b,a-b);
   else if(ch=='*')
      printf("%d*%d=%d\n",a,b,a*b);
   else if(ch=='/')
      printf("%d*%d=%f\n",a,b,a/b);
   else
      printf("가능한 연산자는 +,-,*,/입니다.\n");
}
```

```
사용할 연산자를 입력하세요.
+
100+5=105
Press any key to continue
```

다음 프로그램은 다중 if문을 사용하여 입력받은 점수에 대한 학점을 출력하는 프로그램 예이다. 입력받은 점수가 90점 이상이면 'A'학점을, 80점 이상이면 'B'학점을, 70점 이상이면 'C'학점을 출력하고 나머지 점수에 대해서는 'F'학점을 출력하게 된다.

```
/* EX_6_6 : 다중 if문을 사용한 학점 계산 프로그램          */
/*----------------------------------------------*/

#include <stdio.h>

void main(int argc, char *argv[])
{
   int score;
   printf("점수를 입력하세요.\n");
   scanf("%d", &score);
```

```
11      if(score>=90)
12         printf("A\n");
13      else if(score>=80)
14         printf("B\n");
15      else if(score>=70)
16         printf("C\n");
17      else
18         printf("F\n");
19   }
```

```
점수를 입력하세요.
98
A
19Press any key to continue_
```

위의 프로그램에서 11~16 라인의 조건식의 순서를 반대로 바꿔서 검사한다면 어떠한 결과가 나올지 예상해 보자. 그리고 직접 소스를 수정하여 그 결과를 확인해 본다. 다중 if문의 조건식에서 숫자 데이터의 크기를 비교해서 선택적으로 문장을 수행하고 싶은 경우 연산자의 종류(>, <, >=, <= 등)에 따라 조건식의 순서도 고려해서 사용해야 한다.

● switch 문

여러 조건들 중에서 조건을 만족하는 한 경우에 대해서만 명령문을 수행해야 하는 다중 선택의 경우에는 다중 if문과 함께 switch문이 사용된다. switch문에서 조건식은 정수 또는 문자나 정수 또는 정수를 결과로 갖는 수식만이 가능하며, case 다음에는 반드시 상수값을 사용해야 한다. switch문은 조건식이 어느 case의 상수값이 일치하는지를 위에서 아래로 순차적으로 검사하며, 검사 도중 일치하는 case를 만나면 해당 case 다음에 나오는 명령문을 수행하게 된다. 이 때 명령문 수행 후 break 명령을 만나게 되면 switch문을 끝낸다. 만약 모든 case 중 일치하는 경우가 없을 때에는 default 다음의 명령문을 수행하고 switch문을 마치게 된다.

```
switch(조건식)
{
      case 상수값1: 명령문1;
                    break;
      case 상수값2: 명령문2;
                    break;
            ...
      case 상수값n: 명령문n;
                    break;
      default:      명령문n+1;
                    break;
}
```

다음 그림은 switch문의 실행 흐름을 순서도를 사용하여 표현한 것이다. 다중 if문과 유사하게 동작하는 것을 볼 수 있다. 다중 if문과 switch문을 서로 변환하여 사용할 수 있어야겠다.

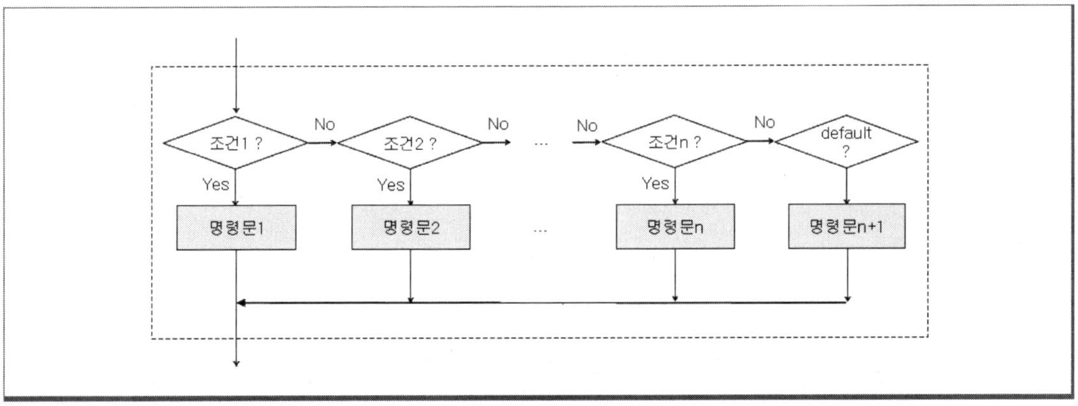

다중 if문에서의 사칙연산 프로그램은 다음과 같이 switch문으로 변경할 수 있다. 다중 if문에서의 if이하의 조건식은 switch문에서는 case문과 유사하게 사용되며 다중 if문의 마지막 else문은 switch문의 default문과 유사하게 사용된다. 다음 프로그램은 EX_6_5의 다중 if문을 사용한 계산 프로그램을 switch문으로 작성한 것이다.

```c
/* EX_6_7 : switch문을 사용한 계산 프로그램          */
/*---------------------------------------------*/

#include <stdio.h>

void main(int argc, char *argv[])
{
   int a=100,b=5;
   char ch;

   printf("사용할 연산자를 입력하세요.\n");
   scanf("%c", &ch);
   switch(ch)
   {
       case '+': printf("%d+%d=%d\n",a,b,a+b);
                 break;
       case '-': printf("%d-%d=%d\n",a,b,a-b);
                 break;
       case '*': printf("%d*%d=%d\n",a,b,a*b);
                 break;
       case '/': printf("%d*%d=%f\n",a,b,a/b);
                 break;
       default : printf("가능한 연산자는 +,-,*,/입니다.\n");
   }
}
```

```
사용할 연산자를 입력하세요.
+
100+5=105
Press any key to continue
```

다음은 switch문을 사용하여 EX_6_6의 학점 계산 프로그램을 작성한 것이다.

```
01  /* EX_6_8 : switch문을 사용한 학점 계산 프로그램          */
02  /*--------------------------------------------------*/
03
04  #include <stdio.h>
05
06  void main(int argc, char *argv[])
07  {
08     int score;
09     printf("점수를 입력하세요.\n");
10     scanf("%d", &score);
11
12     switch(score/10)
13     {
14        case 10:
15        case  9: printf("A\n");
16                 break;
17        case  8: printf("B\n");
18                 break;
19        case  7: printf("C\n");
20                 break;
21        default: printf("F\n");
22     }
23  }
```

```
점수를 입력하세요.
98
A
Press any key to continue
```

switch문에는 정수값이나 정수값을 결과값으로 갖는 식이 올 수 있다. 따라서 12 라인에서는 입력 받은 점수를 10으로 나눠 각 점수에 대한 학점을 계산한다. 즉, 정수형과 정수형의 나눗셈을 사용하면 결과값도 정수형으로 출력되므로 switch문에서 에러없이 사용할 수 있게 된다. 12 라인을 다음과 같이 수정한 후 프로그램을 실행시켜 보자. 수식의 결과값이 정수가 아닌 실수값이므로 컴파일 에러가 나게 된다.

```
12   switch(score/10.0)
```

```
error C2050: switch expression not integral
```

위의 프로그램에서 다음과 같이 16, 18, 20 라인의 break문을 생략한 후 프로그램을 실행시킨다면 어떠한 결과가 출력되는지 예상해 보자. 또한 실제 프로그램을 수정하여 그 결과를 확인해 보자.

```
12    switch(score/10)
13    {
14         case 10:
15         case  9: printf("A\n");
16         case  8: printf("B\n");
17         case  7: printf("C\n");
18         default: printf("F\n");
19      }
```

```
점수를 입력하세요.
98
A
B
C
F
Press any key to continue
```

6.3 반복문

프로그램을 작성하다보면 동일한 작업을 여러 번 반복해야 할 경우가 있다. 이와 같은 경우 일정한 명령문을 여러 번 작성하지 않고, 원하는 만큼 반복 수행할 수 있는데, 이것이 반복문의 기능이다. 반복문에는 while문, do while문, for문 등이 있다. for문은 주로 횟수가 정해진 반복문에 자주 사용되고, while문과 do while문은 횟수가 정해지지 않은 반복문에 주로 사용된다.

● while 문

while문은 조건식에 따라 일정한 명령문을 반복 수행한다. 조건식을 검사하여 참이 아닌 경우는 단 한 번의 명령문도 수행되지 않지만, 조건식이 참인 동안은 명령문이 계속 수행된다. while문을 사용할 때 무한루프에 빠질 수 있으므로 유의해야 한다. 즉, 조건식이 항상 참일 경우는 반복문을 빠져나갈 수 있도록 반드시 조건문을 추가해야 한다.

```
while(조건식)
{
      명령문;
}
```

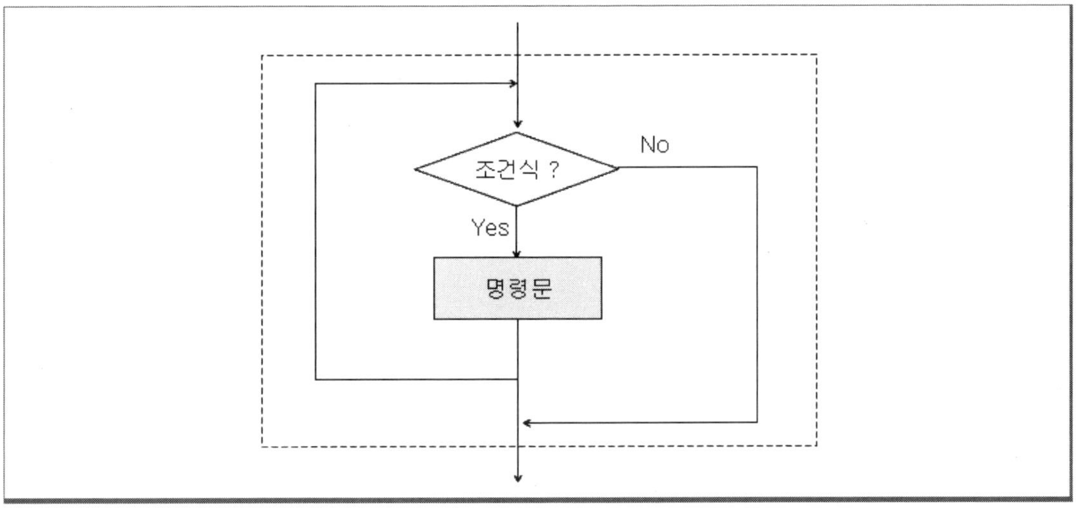

다음은 예제 EX_6_1에서 사용한 while문이다. 10 라인에서는 while문의 조건식이 참일 때까지 { }안의 문장들이 반복적으로 수행된다. 여기서는 조건식에 항상 참인 1을 넣음으로써 무한적으로 블록 안의 문장들이 실행된다. 따라서 while문을 빠져나오지 못하는 무한루프 문제점을 방지하기 위해서는 반드시 블록 안에 루프를 끝내는 제어문을 포함해야 하며, 15, 16 라인이 바로 반복문을 종료하기 위한 제어문이다. 사용자가 입력한 구구단 dan 값이 0이면 while문을 빠져나가게 된다. 이 프로그램에서 만약 15, 16라인이 생략된다면 아래의 반복문은 무한루프에 빠지게 된다.

```
10    while(1)
11    {
…         ...
15        if(dan==0)
16           break;
…         ...
26    }
```

다음은 while문을 사용해서 입력된 1부터 100까지의 합계를 계산하는 프로그램이다. 10 라인에서 초기값이 1로 설정되어 있는 i가 100이 될 때까지 변수 tot에 합계를 계산한 후 계산된 결과를 화면에 출력한다.

```
01    /* EX_6_9 : while문을 사용하여 1~100까지 합 프로그램    */
02    /*-----------------------------------------------*/
03
04    #include <stdio.h>
```

```
05
06    void main(int argc, char *argv[])
07    {
08        int i, tot;
09
10        i=1;
11        tot=0;
12        while(i<=100)
13        {
14            tot=tot+i;
15            i++;
16        }
17        printf("1부터 100까지의 합은 %d\n",tot);
18    }
```

```
1부터 100까지의 합은 5050
Press any key to continue
```

위의 프로그램에서 만약 10 라인의 값을 101로 설정했다고 가정해보자. 이 경우에는 while문의 조건식이 거짓이 되므로 while문 안에 있는 문장은 단 한번도 수행되지 않고 while문 이하의 문장으로 흐름 제어가 이동하게 된다. 이와는 대조적으로 다음에서 소개할 do while문은 반복문 내의 문장을 적어도 한번은 수행하고 순차적으로 조건식을 검사한다는 차이점이 있다.

다음은 1~100 사이의 홀수의 합을 계산하기 위한 프로그램이다. 여러 가지 방법에 의해 1~100 사이의 홀수의 합을 계산할 수 있다. 여기에서는 증감식을 2씩 증가함으로써 홀수의 합을 계산한다.

```
/* EX_6_10 : while문을 사용하여 1~100까지의 홀수의 합    */
/*------------------------------------------------*/

#include <stdio.h>

void main(int argc, char *argv[])
{
     int i, tot;

     i=1;

     tot=0;
     while(i<=100)
     {
          tot=tot+i;
          i+=2;
     }
     printf("1부터 100까지의 홀수의 합은 %d\n",tot);
}
```

```
1부터 100까지의 홀수의 합은 2500
Press any key to continue_
```

EX_6_10 프로그램을 참고하여 1~100 사이의 짝수의 합을 계산하여 출력하는 프로그램을 작성해 보자.

do while 문

while문은 조건식을 먼저 검사하고 조건이 참인 경우에만 반복문을 수행한다. 반면, do while 문은 먼저 반복문을 한번 수행한 후, 조건식을 검사하여 반복문 수행 여부를 결정한다. 즉, do while문의 경우 조건식이 만족하지 않더라도 최소한 한 번의 반복문이 실행된다.

```
do
{
        명령문;
}
while(조건식);
```

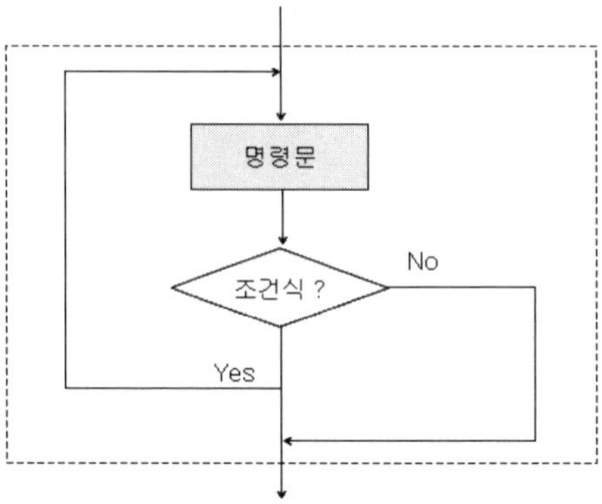

while문을 이용하여 1부터 100까지의 합을 계산하는 프로그램을 do while문을 사용하여 다음과 같이 수정할 수 있다. 다음에서 보는 것과 같이 do while문은 한 번의 실행 후 조건식을 검사하는 것이 while문과의 차이점이다.

```
/* EX_6_11 : do while문을 사용하여 1~100까지의 합 계산 */
/*----------------------------------------------*/

#include <stdio.h>

void main(int argc, char *argv[])
{
    int i, tot;

    i=1;
    tot=0;
    do
    {
        tot=tot+i;
        i++;
    }while(i<=100);
    printf("1부터 100까지의 합은 %d\n",tot);
}
```

```
1부터 100까지의 합은 5050
Press any key to continue
```

● for 문

for문은 주로 일정한 횟수만큼 반복하는 목적으로 사용되며, 조건식이 참일 동안 명령문을 반복 수행한다. 아래의 for문 형식에서는 초기식, 조건식, 증감식이 있는데 for문은 가장 먼저 초기식을 수행한 후 조건식을 검사한다. 조건식이 참일 경우에 명령문을 수행하고 증감식을 수행한 후 다시 조건식을 검사한다.

```
for(초기식 ; 조건식 ; 증감식)
{
        명령문;
}
```

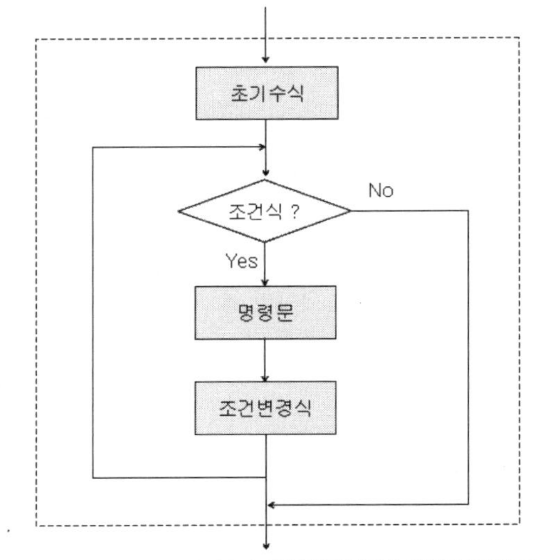

EX_6_1에서 for문은 입력된 구구단 표를 출력하기 위해 사용 되었다. 초기수식에서 i값을 1로 설정하고 조건식이 만족되면 for문 블록 내의 명령문을 반복 실행하게 된다. 블록 내의 명령문을 실행한 후에는 i를 1씩 증가하는 조건 변경식이 수행되고, 다시 조건식을 검사하여 i가 10보다 작을 동안 for문이 반복된다.

```
for(i=1 ; i<10 ; i++)
{
    printf("%d x %d = %d\n",dan, i, dan*i);
}
```

다음 프로그램은 while문과 do while문에서 사용했던 1부터 100까지 합을 계산하는 프로그램을 for문으로 수정한 것이다. 사용법은 다르지만 동일한 결과를 산출하는 것을 볼 수 있다. while문과 do while문에서는 명령 블록 안에서 명령문으로 위치하던 초기 수식과 조건 변경식이 for문에서는 11 라인에서 초기수식, 조건 변경식으로 지정되어 사용된다.

```
01  /* EX_6_12 : for문을 사용하여 1~100까지의 합 계산        */
02  /*---------------------------------------------------*/
03
04  #include <stdio.h>
05
06  void main(int argc, char *argv[])
17  {
18      int i, tot;
19
10      tot=0;
11      for(i=1 ; i<=100 ; i++)
12      {
13          tot=tot+i;
14      }
15      printf("1부터 100까지의 합은 %d\n",tot);
16  }
```

```
1부터 100까지의 합은 5050
Press any key to continue
```

다음 프로그램은 앞에서 while문과 do while문을 사용하여 1~100 사이의 홀수의 합을 출력하는 프로그램을 for문을 사용하여 작성해 본 것이다.

```
/* EX_6_13 : for문을 사용하여 1~100까지의 홀수의 합 계산 */
/*---------------------------------------------*/

#include <stdio.h>

void main(int argc, char *argv[])
{
     int i, tot;

     tot=0;
     for(i=1 ; i<=100 ; i+=2)
     {
          tot=tot+i;
     }
     printf("1부터 100까지의 홀수의 합은 %d\n",tot);
}
```

```
1부터 100까지의 홀수의 합은 2500
Press any key to continue
```

프로그램을 작성하다보면 반복문 안에 또 다른 반복문이 필요한 경우가 있다. 이와 같은 경우 반복문을 중첩하여 사용할 수 있다. 반복문이 중첩될 때에는 밖의 반복문 조건식이 참이면 안의 반복문 조건식이 참일 동안 안의 명령문이 수행되고, 안의 반복문이 종료되면 다시 밖의 조건식을 검사해서 안의 반복문을 수행할지를 결정한다. 프로그램 따라하기의 경우 while문과 for문을 함께 사용하여 중첩 반복문을 구현하였다.

다음은 2단부터 9단까지의 구구단을 자동으로 출력해주는 프로그램이다. 10 라인의 밖의 for문은 2단부터 9단까지의 단수를 위한 반복문이고, 12 라인의 안의 for문은 각 구구단을 출력하기 위한 반복문으로 사용된다. 두 개의 for문을 사용할 경우 각각의 조건식에서 사용되는 변수는 서로 다른 변수를 사용해야 한다.

```c
/* EX_6_14 : 중첩 for문을 사용하여 구구단 출력하는 프로그램 */
/*----------------------------------------------*/

#include <stdio.h>

void main(int argc, char *argv[])
{
     int i, j;

     for(i=2 ; i<10 ; i++)
     {
          for(j=1 ; j<10 ; j++)
          {
               printf("%d x %d = %d\n",i, j, i*j);
          }
     }
}
```

```
2 x 1 = 2
2 x 2 = 4
2 x 3 = 6
2 x 4 = 8
2 x 5 = 10
2 x 6 = 12
2 x 7 = 14
2 x 8 = 16
2 x 9 = 18
```

```
9 x 1 = 9
9 x 2 = 18
9 x 3 = 27
9 x 4 = 36
9 x 5 = 45
9 x 6 = 54
9 x 7 = 63
9 x 8 = 72
9 x 9 = 81
Press any key to continue
```

6.4 기타 제어문

앞서 소개한 조건문, 반복문 등과 함께 사용하여 프로그램의 흐름을 제어하기 위한 명령문에는 continue문, break문, goto문 등이 있다. continue문과 break문은 주로 반복문에서 흐름을 제어하기 위해 사용되며, goto문은 지정한 위치로 프로그램의 흐름제어를 이동하기 위해 사용된다.

● continue 문

while문, do while문, for문 등의 반복문에서 사용되는 제어문으로, 반복문에서 continue문을 만나면 continue문 이하의 부분을 수행하지 않고 반복문의 처음으로 프로그램 흐름제어를 이동하게 된다.

프로그램 따라하기 EX_6_1에서 20 라인의 continue문은 입력된 구구단이 출력 범위를 벗어난 경우 새로운 구구단을 입력할 수 있도록 프로그램 제어를 반복문의 처음으로 이동하기 위해 사용되었다.

```
17    if((dan<2)||(dan>9))
18    {
19        printf("2~9단만 출력 가능합니다.\n");
20        continue;
21    }
```

다음 프로그램은 1~100까지의 홀수의 합을 출력해주기 EX_6_10 프로그램과 다른 방법으로 접근한 예이다. 증감식을 사용하여 홀수의 합을 계산하는 것이 아니라 continue문을 사용하여 다음과 같이 작성하여 보자.

```
/* EX_6_15 : while문과 continue문을 사용한 프로그램      */
/*----------------------------------------------*/

#include <stdio.h>

void main(int argc, char *argv[])
{
     int i, tot;

     i=1;
     tot=0;
     while(i<=100)
     {
          if(i%2 ==0){
              i++;
              continue;
          }
          tot=tot+i;
          i++;
     }
     printf("1부터 100까지의 홀수의 합은 %d\n",tot);
}
```

```
1부터 100까지의 홀수의 합은 2500
Press any key to continue
```

break 문

break문은 주로 반복문이나 switch문에서 흐름을 제어하기 위해 사용된다. break문을 만나면 break문 이하의 부분을 수행하지 않고 반복문이나 switch문을 빠져나가게 된다. EX_6_1의 15 라인에서 break문은 다음과 같이 반복문 안에서 입력된 구구단 dan 값이 0일 경우 반복문을 빠져나오기 위해 사용되었다.

```
15     if(dan==0)
16        break;
```

● goto 문

goto문은 프로그램에서 동일한 함수 내에서 특정한 위치로 무조건 분기하는 명령으로, goto문 다음에 지정한 레이블(label)로 프로그램의 흐름제어를 이동하게 된다. goto 문을 사용하기 위해서는 분기할 위치인 레이블이 반드시 지정되어 있어야 하며, 만약 해당 레이블이 없거나 두 개 이상 존재하면 에러(error)가 발생한다. 보통 goto문은 여러 반복문을 한 번에 빠져나가기 위해 유용하게 사용되지만, 프로그램의 가독성을 위해 빈번히 사용하는 것은 피해야 할 것이다. 다음 프로그램 05, 06 라인에서는 j가 9이면 Exit로 지정된 레이블로 무조건 분기하는 goto문이 사용되었다.

```
01    for(i=2 ; i<10 ; i++)
02    {
03         for(j=1 ; j<10 ; j++)
04         {
05              if(j == 9)
06                 goto Exit;
07              printf("%d x %d = %d\n",i, j, i*j);
08         }
09    }
10    Exit: printf("end...\n");
```

연습문제

1. 다음 중 for 문에서 loop의 처음으로 제어를 이동시키는 명령은 무엇인가?

① loop ② return ③ break ④ continue

2. while 문과 do-while 문의 차이점을 설명하시오.

3. 다음은 while 문을 사용한 반복문이다. 실행 시 문제점을 지적해 보시오.

```
i=0;
while(1)
{
    printf("%d\n",i);
    i++;
}
```

4. 다음의 출력결과를 예상해 보시오.

```
int i, ecnt, ocnt;

ecnt=ocnt=0;
for(i=1 ; i<=10 ; i++)
{
    if(i%2 == 0)
       ecnt++;
    else
       ocnt++;
}
printf("홀수갯수:%d, 짝수갯수:%d\n", ocnt,ecnt);
```

5. 다음의 별 모양을 반복문을 사용해 출력하려고 한다. 프로그램을 작성하시오.

```
   *
  ***
 *****
*******
```

6. 다음의 프로그램에서 { } 안의 문장들은 몇 번 수행되는가?

```
for(i=0 ; i<=100 ; i++)
{
    printf("*");
}
```

① 99 ② 100 ③ 101 ④ 102

7. 다음의 while문을 사용한 반복문을 for를 사용한 반복문으로 바꾸시오.

```
cnt = 0;

while(cnt<10)
{
    printf("반복횟수: %d\n",cnt);
    cnt++;
}
```

8. 사용자로부터 입력 받은 월에 해당하는 계절을 출력해주는 프로그램을 다중 if문을 사용해서 작성하시오.

```
[조건 1] 3월 ~ 5월이면 "봄" 출력
[조건 2] 6월 ~ 8월이면 "여름" 출력
[조건 3] 9월 ~ 11월이면 "가을" 출력
[조건 4] 12월 ~ 2월이면 "겨울" 출력
```

9. 다음 프로그램의 문제점을 지적하고 문제점을 수정해 보시오.

```
switch(i)
{
    case 1 : printf("1\n");
    case 2 : printf("2\n");
    default: printf("default\n");
}
```

10. 두 수를 입력 받아 큰 수를 출력하는 프로그램을 작성하시오.

11. 점수를 입력하여 80점 이상이면 "합격"을 출력하고, 80점 미만이면 "불합격"을 출력하는 프로그램을 작성하시오.

12. 사용자가 임의의 정수를 입력하여 100보다 크면 "100보다 큰 수"를 출력하고, 100보다 작으면 "100보다 작은 수"를 출력하고, 100이면 "100인 수"를 출력하는 프로그램을 작성하시오.

13. 알파벳 한 자리 학점을 입력받아 'A'이면 "수"를, 'B'이면 "우"를, 'C'이면 "미"를, 'D'이면 "양"을, 나머지는 "가"를 출력하는 프로그램을 작성하시오. (단, switch문 사용할 것.)

14. 사용자가 임의의 알파벳을 입력하면 해당 알파벳이 대문자이면 "대문자"를 출력하고, 소문자이면 "소문자"를 출력하는 프로그램을 작성하시오.

15. 사용자가 입력한 임의의 값이 소수인지 여부를 판별하여 출력하는 프로그램을 작성하시오. (소수는 자기 자신과 1만을 약수로 가지는 수를 말함.)

16. 1~10까지의 합을 계산하는 프로그램을 for문을 사용하여 작성하시오.

17. 3개의 정수값을 for문을 사용하여 입력받아, 총점과 평균을 계산하여 출력하는 프로그램을 작성하시오.

18. 1~100의 수 중 3 또는 5의 배수를 출력하는 프로그램을 for문을 사용하여 작성하시오.

19. 18번 문제를 while문과 do while문을 사용하여 작성하시오.

20. 사용자가 입력받은 임의의 정수까지 존재하는 소수를 모두 출력하는 프로그램을 작성하시오. (단, 0을 입력할 때까지 계속 사용자로부터 정수를 입력받음.)

21. 다음의 순서도에 대응하는 프로그램을 작성하시오.

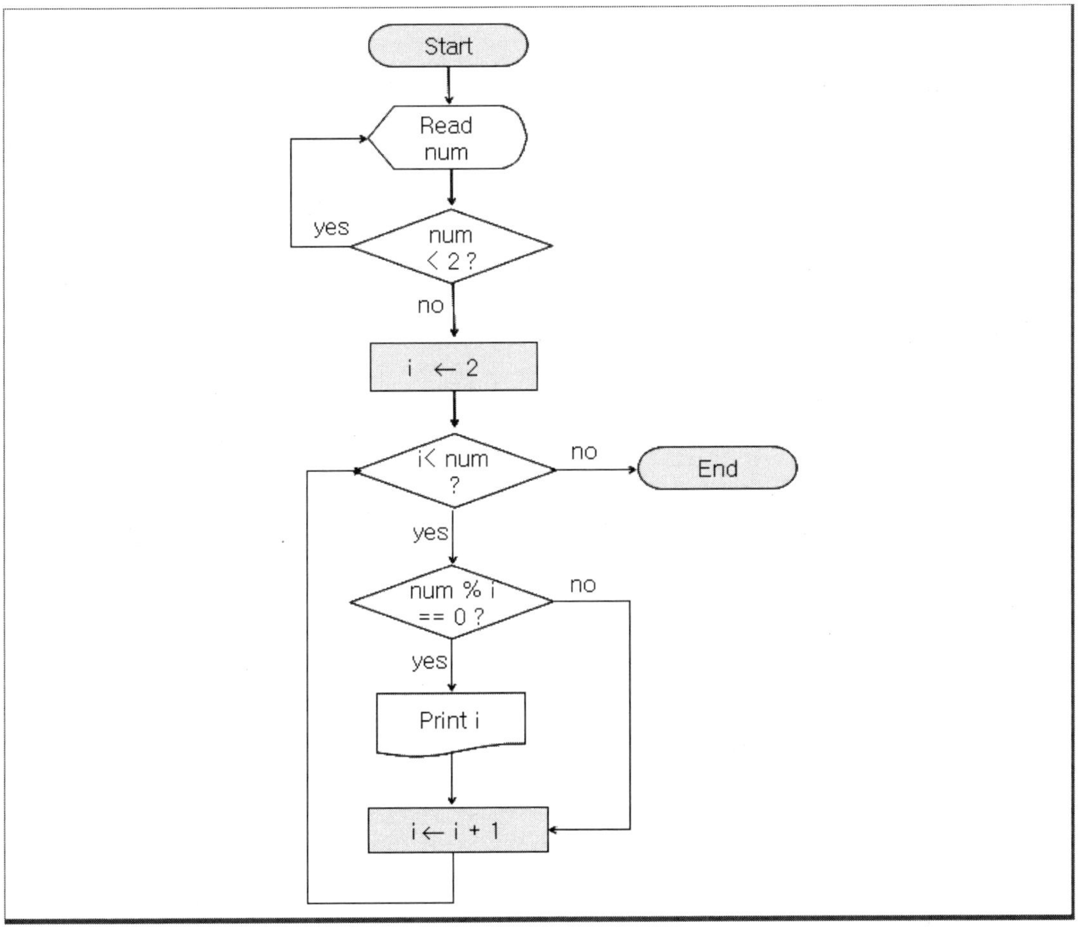

22. 다음 페이지의 프로그램 Study를 참고하여 임의의 수를 입력하면 해당 수까지에서 홀수와 짝수의 합을 계산하여 출력하는 프로그램을 작성하시오.

> ※ while, for, continue, break 문을 모두 사용한다.
> ※ 음수를 입력한 경우에는 합을 출력하지 않고 다시 수를 입력한다.
> ※ 사용자가 0을 입력하면 프로그램을 종료한다.

프로그램 Study

● **프로그램 개요 :** 임의의 숫자 값을 화면에서 입력 받아 1부터 입력 숫자까지의 합계를 계산하여 화면에 출력한다.

● **순서도**

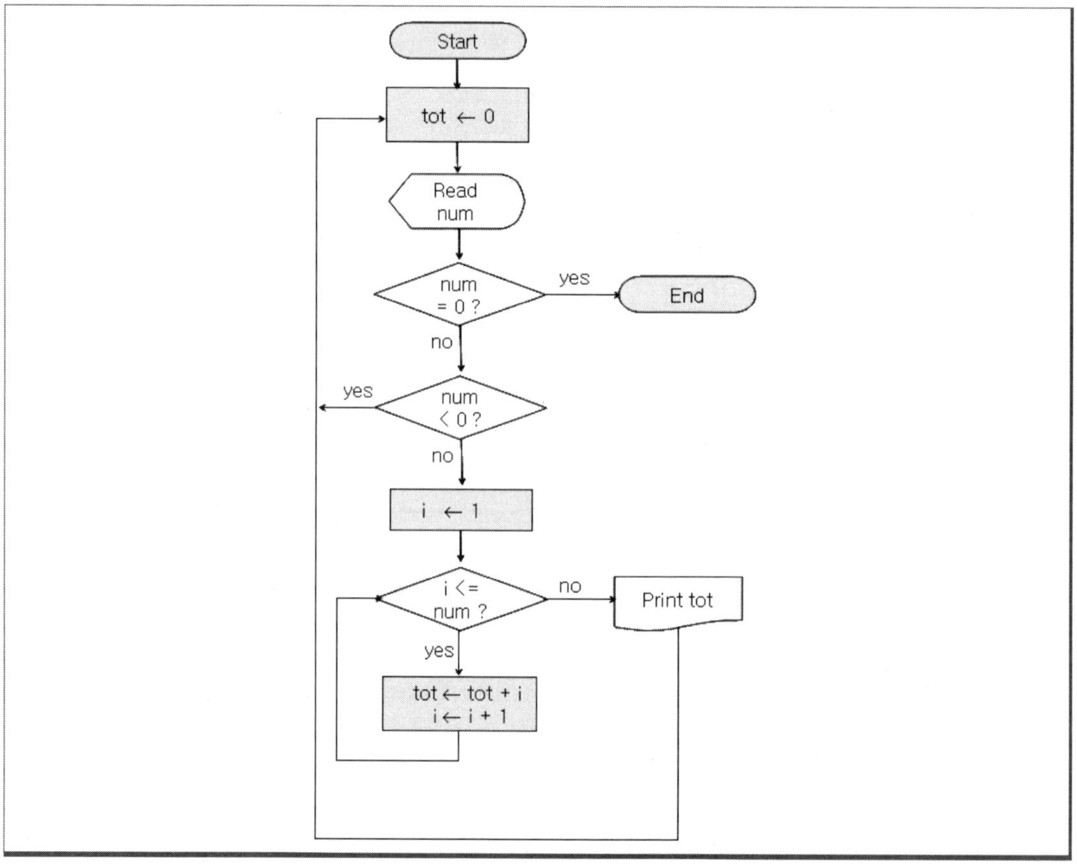

※ while, for, continue, break 문을 모두 사용한다.

※ 음수를 입력한 경우에는 합을 출력하지 않고 다시 수를 입력한다.

※ 사용자가 0을 입력하면 프로그램을 종료한다.

■ 프로그램

```
/* Case_Study_6 : 임의의 수까지 합계 출력         */
/*-----------------------------------------*/

#include <stdio.h>

void main(int argc, char *argv[])
{
     int i, num, tot;

     while(1)
     {
            tot=0;
            printf("\n숫자를 입력하세요 : ");
            scanf("%d", &num);

            if(num==0)
               break;
            if(num<0)
            {
               printf("음수입니다. 다시 입력하세요.\n");
               continue;
            }
            for(i=1 ; i<=num ; i++)
            {
                 tot=tot+i;
            }
            printf("1부터 %d까지의 합은 %d입니다.\n",num,tot);
     }
}
```

```
숫자를 입력하세요 : 5
1부터 5까지의 합은 15입니다.

숫자를 입력하세요 : 10
1부터 10까지의 합은 55입니다.

숫자를 입력하세요 : -10
다시 입력하세요.

숫자를 입력하세요 : 100
1부터 100까지의 합은 5050입니다.

숫자를 입력하세요 : 0
Press any key to continue
```

10 : 사용자가 0을 입력할 때까지 반복하여 임의의 수까지의 합계를 계산하기 위한 while문으로 조건식에 1을 입력함으로써 무한실행을 하게 된다.

12 : 합계를 저장할 변수 tot를 0으로 초기화시킨다.

13 : 숫자를 입력하라는 메시지를 화면에 출력한다.

14 : 화면에서 숫자를 입력 받아 num 변수에 저장한다.

16~17 : num이 0이면 반복문을 빠져나가고 0이 아닌 경우는 다음 문장을 수행한다.

18~22 : 입력받은 수가 음수이면 다음 문장을 수행하지 않고 반복문의 처음으로 흐름 제어를 넘긴다.

18 : num이 0보다 작은지를 검사한다.

20 : 다시 입력하라는 메시지를 출력한다.

21 : 프로그램의 흐름을 반복문 처음으로 이동시킨다.

23~26 : 1부터 입력받은 수까지의 합계를 계산한다.

23 : 1부터 입력받은 수까지 반복문을 수행한다.

25 : 합계를 계산하기 위한 변수 tot에 1부터 num까지의 합계를 저장한다.

26 : 22 라인으로 프로그램 제어를 이동한다.

27 : 계산된 결과인 tot를 화면에 출력한다.

28 : 10 라인으로 프로그램 제어를 이동한다.

제 7 장

배열

제7장

배열

[단원목표]

- 배열의 개념을 이해한다.
- 배열의 선언과 구조를 이해하고 사용법을 이해한다.
- 다차원 배열에 대해 구조와 사용법을 이해한다.

7.1 프로그램 따라하기

다음은 배열을 사용한 프로그램이다. 함께 따라해 보자.

```
/* EX_7_1 : 배열을 사용한 프로그램                          */
/*----------------------------------------------------*/

#include <stdio.h>

void main(int argc, char *argv[])
{
    int arr[5];
    int arr1[5]={1,2,3,4,5};

    for(int i=0 ; i<5 ; i++)
    {
        arr[i]=0;
    }
    for(i=0 ; i<5 ; i++)
    {
        arr1[i]=arr1[i]+1;
        printf("arr:%d, arr1:%d\n",arr[i],arr1[i]);
    }
}
```

◉ **프로그램 주무르기**

① 위 프로그램을 실행한 결과는? 프로그램을 보고 왜 그러한 결과가 나왔는지 생각해 보자.

② 11~14 라인을 삭제하고 프로그램을 실행한다면 어떤 결과가 나오겠는가? 예상과 실제로 실행한 결과를 비교해 보자.

7.2 배열의 개념

배열의 개념을 설명하기 위해 다음의 문제를 생각해 보자. 30명으로 구성된 학급의 있다고 가정하자. 성적관리를 위해 모든 학생의 점수를 저장해야 한다면 어떻게 저장할 수 있을까? 쉽게 생각할 수 있는 방법은 정수형 변수를 30개 선언하고 해당 변수에 각 학생의 점수를 저장하는 것이다. 하지만 이 방법은 30개의 변수명을 만들고 기억해야 하는 번거로움이 있다. 이와 같은 경우 만약 하나의 변수명으로 연속된 메모리 공간에 모든 학생의 점수를 저장할 수 있다면 매우 효율적일 것이다. 이와 같은 개념이 바로 배열이다. 이번 절에서는 기본적으로 1차원 배열의 선언과 구조를 살펴보고 배열의 사용방법에 대해 살펴보기로 한다.

배열의 기본 개념

배열이란 동일한 자료형으로 구성된 자료의 집합을 하나의 대표 변수명을 사용하기 위하여 연속적인 메모리에 기억 공간을 확보해 놓는 것을 말한다. 위에서 언급한 문제 해결을 위해 정수형 데이터 30개를 저장할 수 있는 하나의 이름을 가진 배열을 선언해서 사용할 수 있다. 배열은 여러 원소를 첨자를 이용한 하나의 이름으로 표현할 수 있으며, 이를 배열 요소라고 한다. 배열은 그 첨자의 수에 따라 1차원 배열과 2차원 배열 등의 다차원 배열이 있다. 배열을 사용하면 for문, while문을 통해 배열 내의 원소를 쉽게 참조할 수도 있다.

배열의 선언

배열을 사용하기 위해서는 사용 전에 미리 선언해야 한다. 배열이 선언되면 메모리 상에 지정된 자료형 데이터를 배열크기만큼 연속적으로 저장하기 위한 공간이 확보된다. 다음은 배열이 선언되는 형식을 나타낸다. 여기서 자료형은 정수형, 실수형, 문자형 등 모든 자료형이 올 수 있으며, 배열명은 변수명을 주는 규칙과 동일하게 작성되어야 한다. 배열의 크기는 반드시 정수값을 사용해야 한다.

```
자료형 배열명[배열크기];
```

예제 EX_7_1에서 08 라인은 배열을 선언하는 예를 나타낸다. 선언된 배열은 단순 정수형 변수 5개를 각각 선언한 것과 동일한 효과를 갖는다. 08 라인의 수행으로 시작주소를 1000이라 가정할 때, 메모리 상에는 다음과 같은 연속적인 저장 공간이 확보된다. 배열의 각 요소는 다음과 같이 배열 이름에 첨자를 이용하여 표현되며, 배열의 첨자는 0부터 시작한다.

```
08    int arr[5];
```

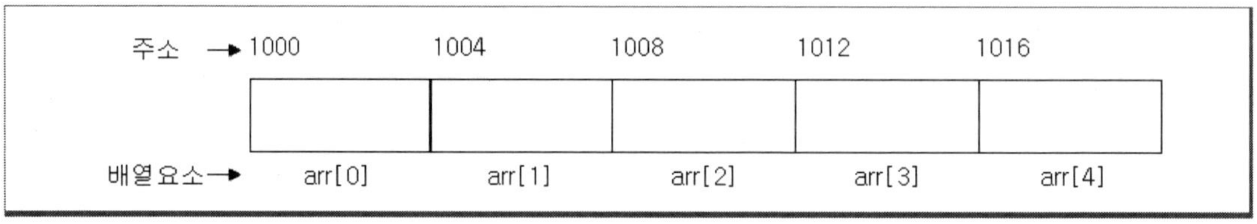

배열의 초기화

배열을 선언하면 지정된 데이터 형의 배열크기 만큼의 저장 공간이 확보되지만 각각의 배열요소가 초기화 되지는 않는다. 그래서 간혹 배열을 초기화하지 않고 사용하게 되면 알 수 없는 값으로 엉뚱한 결과를 생성하기도 한다. 따라서 배열은 반드시 초기화한 후에 사용해야 한다. 예제 EX_7_1에서 11~14 라인은 선언된 배열을 초기화하는 방법을 나타낸다. 예제와 같이 for문을 사용하면 배열을 쉽게 초기화할 수 있으며 배열의 첨자에 유의하여 사용해야 한다. 다음 그림은 메모리 상의 배열구조와 각각의 배열요소에 설정된 값을 나타낸다.

```
11    for(int i=0 ; i<5 ; i++)
12    {
13        arr[i]=0;
14    }
```

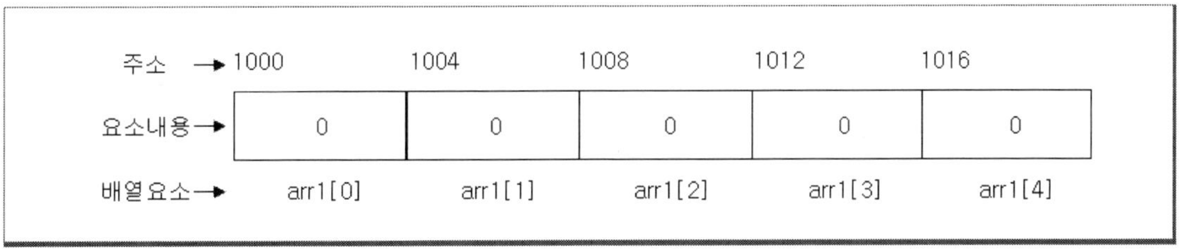

배열을 초기화 하는 방법에는 위와 같이 배열 초기화 시 각각의 배열요소에 직접 임의의 값을 설정하는 방법이 있다. 이 경우는 각각의 원소별로 다양한 값을 초기화할 수 있다. 또 다른 방법으로는 배열 선언시 큰 괄호 { } 안에 각 요소의 초기값을 나열하는 방법이 있다. 예제 EX_7_1에서 09 라인은 배열을 선언함과 동시에 초기화하는 방법을 나타낸다. 만약 09 라인에서 다음과 같이 배열의 크기보다 많은 초기값을 준다면 에러가 발생하므로 주의하여야 한다.

```
09    int arr1[5]={1, 2, 3, 4, 5};
```

```
09    int arr1[5]={1, 2, 3, 4, 5, 6};      //에러
```

배열을 선언할 때 초기화하는 방법에는 다음과 같이 배열크기를 따로 지정하지 않는 방법도 있다. 이 경우에는 초기값의 개수만큼 배열의 크기가 정해진다. 이와 같이 배열의 크기를 지정하지 않고 배열을 선언할 경우, 배열의 선언과 함께 초기값을 설정하지 않을 경우는 에러가 발생하므로 반드시 초기값을 설정하고 사용해야 한다.

```
int arr1[]={1, 2, 3, 4, 5};
```

```
int arr1[];                    //에러
```

배열을 초기화할 수 있는 방법을 정리해 보면 다음과 같다.

① 배열을 선언한 뒤 초기화 하는 방법

```
int arr[3];                        // 배열선언
for(int i=0 ; i<3 ; i++)           // 초기화
{
     arr[i]=0;
}
```

② 배열을 선언하면서 동시에 초기화 하는 방법

```
int arr[3]={1,2,3};              // 배열선언 및 초기화
```

배열의 사용

배열 선언 후 배열의 각 요소는 배열명과 요소의 위치를 나타내는 첨자로 표시한다. 첨자는 정수값이 사용되며 배열요소의 범위는 0부터 배열크기-1까지이다. 각 요소는 하나의 변수처럼 사용할 수 있다. 즉, 각 요소에 값을 대입할 수 있으며, 일반 수식에서 연산자와 함께 사용될 수도 있다. 예제 EX_7_1에서 17 라인에서는 배열 요소의 값으로 수식 계산 후 결과값을 배열요소에 대입하였다.

```
17    arr1[i]=arr1[i]+1;
```

배열의 사용법을 정확히 이해하기 위해 다음의 간단한 예제를 실행하여 보고 결과를 확인해 보자. 다음 프로그램은 사용자로부터 3개의 숫자를 입력받아 배열에 저장하였다가 다시 배열에 있는 숫자를 화면상에 출력해 주는 비교적 간단한 프로그램이다. 09 라인은 3개의 정수형 데이터를 저장하기 위한 배열을 선언하는 부분이다. 11~15 라인은 선언된 배열에 사용자로부터 정수형 데이터를 입력받는 부분이다. 여기서 주목해야 할 점은 scanf 함수에서는 입력받는 변수의 주소값을 인수로 받는데, 배열요소의 경우 일반 변수와 마찬가지로 주소값을 나타내는 '&'를 붙여 사용한다는 점을 알아두자. 16~19 라인은 배열에 저장되어 있는 정수 데이터를 화면에 출력하는 부분으로 배열에 저장되어 있는 값을 사용하기 위해서는 18 라인과 같이 첨자를 통해 배열요소를 사용할 수 있다.

```c
/* EX_7_2 : 간단한 배열을 사용한 프로그램                    */
/*-----------------------------------------------------------*/

#include <stdio.h>

void main(int argc, char *argv[])
{
    int i;
    int num[3];

    for(i=0 ; i<3 ; i++)
    {
        printf("%d번째 데이터를 입력하세요\n",i+1);
        scanf("%d",&num[i]);
    }
    for(i=0 ; i<3 ; i++)
    {
        printf("%d번째 입력받은 수는 %d\n",i+1,num[i]);
    }
}
```

```
1번째 데이터를 입력하세요
10
2번째 데이터를 입력하세요
20
3번째 데이터를 입력하세요
30
1번째 입력받은 수는 10
2번째 입력받은 수는 20
3번째 입력받은 수는 30
Press any key to continue
```

다음 프로그램은 좀 더 다양하게 배열을 활용하기 위한 예이다. 이번 장 처음에서 가정하였던 문제를 배열을 사용해서 해결해 보자. 즉, 30명으로 구성된 학급의 성적을 관리하기 위한 배열을 선언하고, 각 배열 요소에 점수를 입력 받은 후 학급의 총점과 평균을 구하는 프로그램이다.

```
01  /* EX_7_3 : 배열을 사용한 성적관리 프로그램              */
02  /*----------------------------------------------------*/
03
04  #include <stdio.h>
05  #define CNT   30
06
07  void main(int argc, char *argv[])
08  {
09      int arr[CNT];
10      int i, tot=0;
11      double avg;
12
13      for(i=0 ; i<CNT ; i++)
14      {
15          scanf("%d",&arr[i]);
16          tot= tot + arr[i];
17      }
18      avg = tot/CNT;
19      printf("총점=%d, 평균=%f\n",tot,avg);
20  }
```

```
50
55
88
90
95
92
45
77
99
40
68
96
65
45
99
100
59
45
총점=2062, 평균=68.000000
Press any key to continue
```

프로그램의 05 라인은 프로그램 내에서 사용될 학생수에 대해 매크로를 이용하여 상수를 선언하는 방법을 나타낸다. 프로그램 내에서 학생수가 쓰일 경우 상수를 사용하면 차후 학생수가 변할 경우 상수 선언 부분만 수정하면 되므로 프로그램 수정이 용이해진다.

```
05    #define CNT   30
```

위 프로그램의 15 라인은 각 배열 요소에 저장할 각 학생 점수를 입력받는 부분이다. scanf()는 화면에서 사용자가 입력한 값을 읽어 들여 지정된 변수에 저장하는 함수로, 첫 번째 인수는 정수형을 입력값의 형식으로 사용하였고 두 번째 인수는 입력값을 저장할 변수의 주소로서 배열의 주소는 배열 요소 앞에 '&'를 붙여 사용한다.

```
15    scanf("%d",&arr[i]);
16    tot= tot + arr[i];
```

16 라인은 총점을 계산하기 위해 0으로 초기화된 변수 tot에 입력 받은 점수를 더하여 계산되며, 계산된 총점은 18 라인에서 학생수로 나눠서 평균을 계산하게 된다.

```
18    avg = tot/CNT;
```

앞에서 사용한 배열들은 모두 자료형이 정수형이었다. 실수형의 경우는 정수형과 동일하게 사용된다. 하지만 문자형의 경우는 사용하는데 약간의 차이가 있다. 문자형 배열을 단순히 배열 크기에서 지정한 문자들을 저장하고 참조하기 위한 목적으로 사용한다면 정수형과 동일하게 사용하면 된다. 즉, 문자형 배열을 선언하면 메모리에 각 배열 요소에 대해 1바이트의 기억공간을 할당되며 첨자를 이용하여 각 배열 요소를 변수와 같이 사용하면 된다. 예를 들면 다음과 같은 문자 배열을 선언한다면 연속된 메모리 공간에 5개의 문자를 저장할 기억 공간을 할당하고, 각 배열 요소에는 지정한 문자로 초기화된다. 다음의 그림은 위와 같이 문자 배열을 선언하고 초기화했을 경우의 메모리 모습을 나타낸다.

```
01    char ch[5]={'a','b','c','d','e'};
```

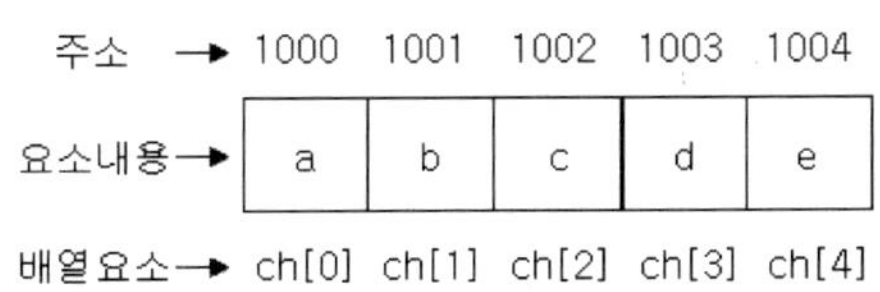

다음 프로그램은 문자형 배열의 사용법을 알 수 있는 프로그램 예이다. 사용자로부터 임의의 10개 문자를 입력받고, 입력받은 문자 데이터를 대문자로 변환하여 출력하는 프로그램이다. 입력받은 문자형 데이터는 문자형 배열에 저장하게 되며 문자형 배열요소를 대문자로 변환하여 출력하게 된다.

```
01    /* EX_7_4 : 문자형 배열을 사용한 프로그램                    */
02    /*----------------------------------------------*/
03
04    #include <stdio.h>
05
06    void main(int argc, char *argv[])
07    {
08         int i;
09         char ch[10];
10
11         printf("10개의 문자를 입력하세요\n");
12         for(i=0 ; i<10 ; i++)
13         {
14              scanf("%c",&ch[i]);
15         }
16
17         printf("\n입력받은 10개의 문자를 대문자로 변환합니다. \n");
18         for(i=0 ; i<10 ; i++)
19         {
20           if(ch[i]>96 && ch[i]<123)
21              printf("%c",ch[i]-32);
22           else
23              printf("%c",ch[i]);
24         }
25         printf("\n");
26    }
```

```
10개의 문자를 입력하세요
abCDefGHij

입력받은 10개의 문자를 대문자로 변환합니다.
ABCDEFGHIJ
Press any key to continue_
```

위 프로그램의 09 라인에서는 문자형 데이터 10개를 저장할 수 있는 문자형 배열을 선언한다. 그리고 11~15 라인에서는 선언된 문자형 배열에 입력된 10개의 문자형 데이터를 저장하게 된다. 위 프로그램에서 20~23 라인을 주목하여 보자. 이 부분은 배열에 저장되어 있는 문자를 소문자인 경우를 검사하여 대문자로 변환하여 출력해 주는 부분이다. 아스키 코드값에서 알파벳 대문자 'A'는 65이고, 소문자 'a'는 97이다. 따라서 입력받은 문자가 소문자 범위인 97~122인 경우에 대해서만 32를 빼고 출력함으로써 대문자로 변환시키는 작업을 수행하게 된다.

```
if(ch[i]>96 && ch[i]<123)
   printf("%c",ch[i]-32);
else
   printf("%c",ch[i]);
```

하지만 만약 문자 배열을 문자열을 저장하기 위해 사용할 경우는 배열 크기를 실제 저장될 문자수 보다 하나 더 크게 설정해야 한다. 왜냐하면 문자열은 마지막에 문자열의 끝을 나타내는 문자 '\0'(null)를 반드시 포함해야 하기 때문이다. C언어는 문자열을 읽을 때 문자 배열의 첫 주소부터 null 문자가 나올 때까지 읽는데, 만약 문자열의 마지막에 null 문자가 없다면 null 문자가 나올 때까지 계속해서 읽을 것이다. 본 교재 뒷부분에서 문자열과 문자열 함수에 대해 자세히 배우게 되므로 여기에서는 문자열 배열의 선언과 초기화 방법만을 언급하기로 한다.

다음 프로그램은 문자 배열에 문자열을 초기화 시키고 해당 문자열을 출력해주는 것이다. 프로그램 08 라인에서는 문자의 개수는 6개이지만 문자 배열의 크기는 하나 더 큰 7로 지정한다. 바로 문자열 마지막에 null 문자를 저장하여야 하기 때문이다. 만약 여기서 문자 배열의 크기를 6으로 설정해서 배열을 선언한다면 어떤 결과가 나올까? 실제 프로그램을 수정하고 실행해서 예상한 결과와 비교해 보자.

```
01  /* EX_7_5 : 문자 배열을 사용한 프로그램                    */
02  /*-----------------------------------------------------*/
03
04  #include <stdio.h>
05
06  void main(int argc, char *argv[])
07  {
08      char str[7]="string";
09
10      printf("입력된 문자열은? %s\n",str);
11  }
```

```
입력된 문자열은? string
Press any key to continue
```

7.3 다차원 배열

다차원 배열은 2차원 이상의 배열을 말하며, 첨자의 수에 따라 배열의 차원이 결정된다. 이번 절에서는 다차원 배열 중 2차원 배열에 대해서만 설명하기로 한다. 2차원 배열의 필요성을 설명하기 위해 앞 절에서의 문제를 확장하여 생각해 보자. 즉, 30명으로 구성된 C언어 강좌가 3분반 개설되었다고 가정하자. 성적을 관리하기 위해 각 분반 모든 학생의 점수를 저장해야 한다면 어떻게 저장할 수 있을까? 물론 앞서 배운 1차원 배열을 3개 선언한 후 사용할 수도 있다. 하지만 이와 같은 경우 각각 3분반의 점수를 하나의 이름으로 연속적인 메모리 공간에 저장하기를 원한다면 2차원 배열을 사용하면 된다. 아래에서 2차원 배열의 선언과 사용법을 살펴보자.

2차원 배열의 선언

2차원 배열에서는 배열의 선언과 각 배열요소를 사용하기 위해서는 다음과 같이 두 개의 첨자를 사용한다.

```
자료형 배열명[행 크기][열 크기];
```

위에서 언급한 문제를 해결하기 위해 2차원 배열을 다음과 같이 선언할 수 있다. 각 30명으로 구성된 3개 분반의 점수를 저장하기 위해서 배열의 행 크기에는 분반의 수를, 열 크기에는 학생 수를 지정하여 선언한다. 선언된 배열의 이해를 돕기 위해 메모리에 확보된 배열의 구조를 살펴보면 다음과 같다. 즉, 열을 기준으로 모든 배열 요소가 메모리 상에 존재하게 된다.

```
int math[3][30];
```

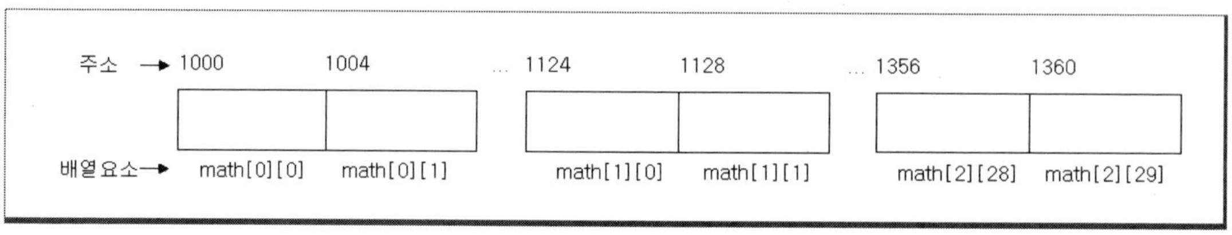

2차원 배열의 초기화

2차원 배열 역시 선언 후 초기화하지 않으면 임의의 값이 설정되어 있다. 따라서 반드시 초기화 후 사용해야 한다. 2차원 배열은 2개의 for문을 중첩하여 사용함으로써 쉽게 초기화할 수 있다. 처음 for문은 배열을 초기화하기 위해 배열의 행을 증가시키기 위한 부분이고 두 번째 for문은 배열의 열을 증가시키기 위한 반복문이다. 배열의 행과 열 첨자가 모두 0부터 시작함을 유의하자. 위에서 선언한 배열 math의 모든 요소를 0으로 초기화하기 위해 다음과 같이 작성한다.

```
for(i=0 ; i<3 ; i++)
{
     for(j=0 ; j<30 ; j++)
     {
          math[i][j]=0;
     }
}
```

2차원 배열의 사용

2차원 배열의 각 요소는 배열명과 요소의 위치를 나타내는 2개의 첨자로 표시한다. 행과 열을 나타내는 첨자는 각각 정수값이 사용되며, 0부터 행 크기-1, 열 크기-1까지 지정할 수 있다. 각 배열요소는 하나의 변수처럼 사용할 수 있다. 즉, 각 배열요소에 값을 대입할 수 있으며, 배열요소는 일반 수식에서 연산자와 함께 사용될 수도 있다. 다음 프로그램은 가장 기본적인 2차원 배열의 사용법을 보여준다. 두 개의 2차원 배열을 선언하고 2행 2열 행렬을 저장한 후 두 행렬과 두 행렬의 합을 출력하는 프로그램이다. 프로그램의 08, 09 라인에서는 각각의 2차원 배열을 선언하고 각 배열의 행렬값을 초기화한다. 12~20 라인은 초기화된 행렬 a를 출력하기 위한 부분, 21~29 라인은 행렬 b를 출력하기 위한 부분, 30~38 라인은 행렬 a와 행렬 b의 배열요소의 합을 출력하는 부분이다. 각 부분에서 2차원 배열을 사용하고 각 배열요소를 사용하기 위해서 반복문인 중첩 for문을 사용하였다. 첫 번째 for문은 배열의 행방향을 참조하기 위한 것이고, 두 번째 for문은 배열의 열방향을 참조하기 위한 것이다.

```
/* EX_7_6 : 2차원 배열을 사용한 프로그램                    */
/*-------------------------------------------------*/

#include <stdio.h>

void main(int argc, char *argv[])
{
     int a[2][2]={{3,5},{2,5}};
     int b[2][2]={{1,3},{2,2}};
     int i, j;

     printf("\n행렬 a----------\n");
     for(i=0 ; i<2 ; i++)
     {
          for(j=0 ; j<2 ; j++)
          {
               printf("%d  ",a[i][j]);
          }
          printf("\n");
     }
     printf("\n행렬 b----------\n");
     for(i=0 ; i<2 ; i++)
     {
          for(j=0 ; j<2 ; j++)
          {
               printf("%d  ",b[i][j]);
          }
          printf("\n");
     }
     printf("\n행렬 a+b--------\n");
     for(i=0 ; i<2 ; i++)
     {
          for(j=0 ; j<2 ; j++)
          {
               printf("%d  ",a[i][j]+b[i][j]);
          }
          printf("\n");
     }
}
```

```
행렬 a----------
3    5
2    5

행렬 b----------
1    3
2    2

행렬 a+b--------
4    8
4    7
Press any key to continue
```

다음 프로그램에서 2차원 배열을 활용하는 방법을 좀 더 살펴보자. 다음 프로그램은 30명으로 구성된 C언어 강좌 3분반의 성적을 관리하기 위해 배열을 사용한 예이다. 2차원 배열을 선언 하여 3분반의 학생 점수를 입력 받은 후 각각 분반별로 총점과 평균을 구해 비교하기 위한 프로그램으로 EX_7_3 프로그램과 유사하다. EX_7_3에서는 1차원 배열을 선언하고 하나의 반복문으로 점수를 입력 받았다면 여기에서는 분반을 위한 2차원 배열을 선언하고 2개의 반복문을 활용하여 점수를 입력 받는다. 입력 받은 점수를 분반별로 합산하기 위해 switch문을 사용하였으며, 분반별로 계산된 총점은 학생수로 나눠 평균을 계산하고 계산된 총점과 평균을 출력함으로써 분반별 성적을 비교하게 된다.

```
/* EX_7_7 : 2차원 배열을 사용한 프로그램                    */
/*-----------------------------------------------*/

#include <stdio.h>
#define CNT   30
#define BCNT  3

void main(int argc, char *argv[])
{
     int arr[BCNT][CNT];
     int i, j, tot1=0, tot2=0, tot3=0;
     double avg1, avg2, avg3;

     for(i=0 ; i<BCNT ; i++)
     {
          for(j=0 ; j<CNT ; j++)
          {
               scanf("%d",&arr[i][j]);
               switch(i){
```

```
                        case 0: tot1= tot1 + arr[i][j];
                                break;
                        case 1: tot2= tot2 + arr[i][j];
                                break;
                        case 2: tot3= tot3 + arr[i][j];
                                break;
                    }
                }
        }
        avg1 = tot1/CNT;
        avg2 = tot2/CNT;
        avg3 = tot3/CNT;
        printf("1분반 총점=%d, 평균=%f\n",tot1,avg1);
        printf("2분반 총점=%d, 평균=%f\n",tot2,avg2);
        printf("3분반 총점=%d, 평균=%f\n",tot3,avg3);
}
```

```
65
90
95
100
98
55
80
95
80
1분반 총점=250, 평균=83.000000
2분반 총점=253, 평균=84.000000
3분반 총점=255, 평균=85.000000
Press any key to continue
```

연 습 문 제

1. int arr[]={1, 2, 3, 4, 5, 6, 7} 선언된 배열에서 arr[5]의 값은 무엇인가?

① 1　　② 3　　③ 5　　④ 6

2. 여러 개의 변수를 사용하는 대신 배열을 사용할 경우의 장점은 무엇인가?

3. 다음 프로그램의 실행 결과를 예상해 보시오.

(단, sizeof(인수)는 인수가 차지하는 메모리의 크기를 출력해주는 함수이다.)

```
int  arr1[10];
char arr2[10];

printf("배열 크기: %10d %10d\n", sizeof(arr1), sizeof(arr2));
```

4. 배열 사용에 관한 프로그램이다. 문제점을 지적하고 이유를 설명해 보시오.

```
int math[5];

math[0] = math[1]+math[2];
math[3] = math[4]+math[5];
printf("math[0]=%d, math[3]=%d\n",math[0],math[3]);
```

5. 다음 중 배열을 잘못 선언한 경우를 모두 고르시오.

① int arr[10];

② int arr[1.5];

③ int arr={1,3,5,7,9};

④ char ch[]={'a','b','c'};

④ char ch[3]={'a','b','c'};

⑤ char ch[3]="abc";

6. 중간, 기말, 과제, 출석, 평소 점수를 저장할 수 있는 배열을 선언하고, 0의 값으로 초기화하시오.

7. 모두 3과목의 성적을 입력할 수 있는 배열을 선언하고 사용자로부터 점수를 입력받아 배열에 저장, 총점과 평균을 출력하는 프로그램을 작성하시오.

8. 문자열 "I am your man"을 저장할 수 있는 배열을 선언하시오.

9. 사용자가 이름을 입력하면 배열에 저장하고, 저장된 배열을 5번 출력하는 프로그램을 작성하시오.

10. 크기가 10인 정수형 배열 선언, 임의의 값을 사용자로부터 입력 받은 후, 입력 받은 역순으로 출력하는 프로그램을 작성하시오.

11. 10번에서 입력받은 배열요소 중 크기가 큰 순으로 배열요소를 정렬하여 출력하는 프로그램을 작성하시오.

12. 다음의 프로그램을 하나의 배열을 선언하여 작성하려 한다. 필요한 배열을 선언하시오.

> 모모 고등학교 1학년은 5 학급이 있는데, 각 학급에는 45명의 학생이 있다. 각 반 담임 선생님은 학생들의 국어, 영어, 수학 점수를 각각 입력받아 반 총점과 평균을 계산하는 프로그램을 작성하려 한다.

13. 1주(7일) 동안의 기온을 입력 받아 주간 평균 기온을 구하기 위한 프로그램이다. 잘못된 부분을 찾아 옳게 수정하시오.

```
int i;
float temp[7], tot=0.0, avg;

printf("주간 기온을 입력하시오.\n");
for(i=0 ; i<7 ; i++)
{
    scanf("%f",temp[i]);
    tot = tot + temp[i];
}
avg = tot/12;
printf("주간 평균기온 =%f 도\n", avg);
```

14. 배열에 1월~12월 각 달의 일수를 저장하고, 사용자가 원하는 달을 입력하면 해당 달의 일수를 출력해주는 프로그램을 작성하시오.

15. 다음 페이지의 프로그램 Study를 참고하여 2차원 배열을 선언하여 임의의 수를 입력받은 후 배열의 행과 열을 바꾸어 저장한 후 출력하는 프로그램을 작성하시오.

> ※ 2차원 배열은 3x3으로 한다.

프로그램 Study

- **프로그램 개요 :** 2개의 2x2 행렬에 임의의 값을 입력 받아 두 행렬의 합을 계산하여 화면에 출력한다.

- **순서도**

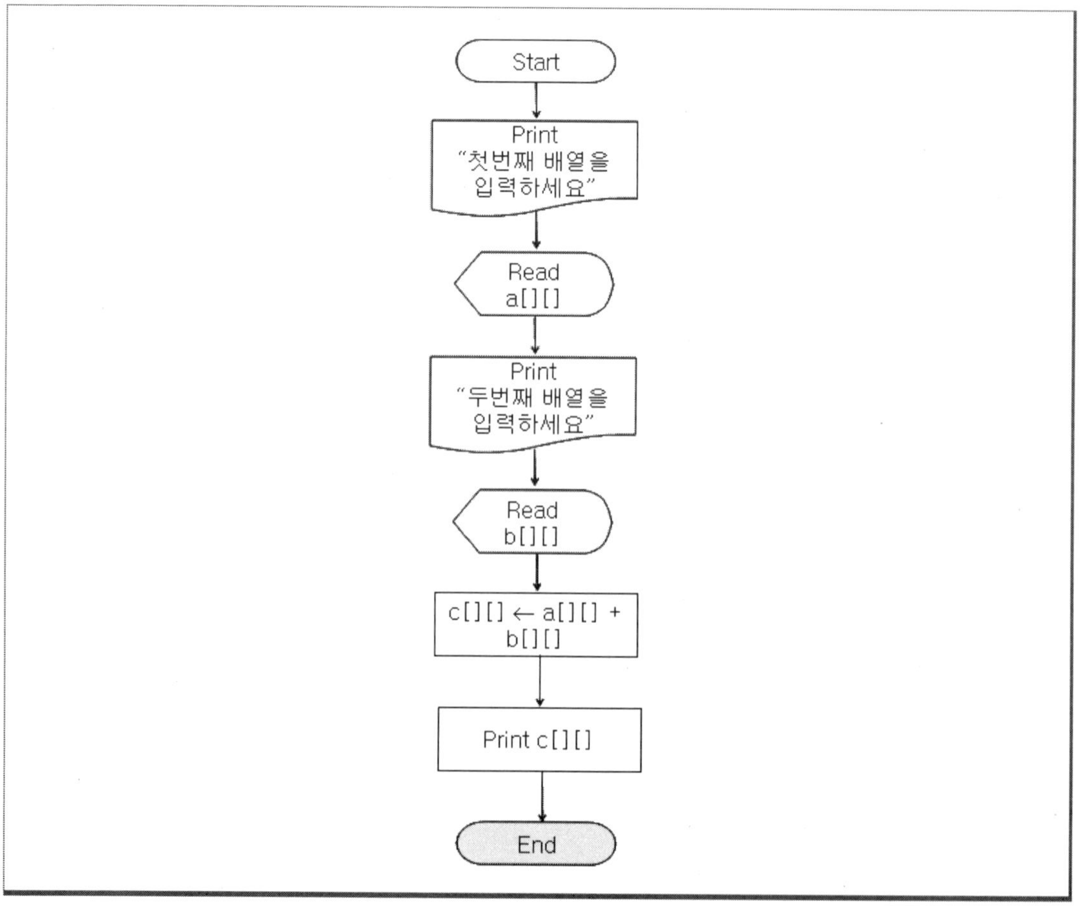

■ 프로그램

```
/* Case_Study_7 : 두 행렬의 합 계산해서 출력       */
/*----------------------------------------*/

#include <stdio.h>

void main(int argc, char *argv[])
{
     int i, j;
     int a[2][2], b[2][2], c[2][2];

     printf("첫번째 배열을 입력하세요.\n");
     for(i=0 ; i<2 ; i++)
     {
          for(j=0 ; j<2 ; j++)
          {
               printf("[%d][%d]: ",i+1,j+1);
               scanf("%d",&a[i][j]);
          }
     }
     printf("\n두번째 배열을 입력하세요.\n");
     for(i=0 ; i<2 ; i++)
     {
          for(j=0 ; j<2 ; j++)
          {
               printf("[%d][%d]: ",i+1,j+1);
               scanf("%d",&b[i][j]);
          }
     }
     printf("\n두 배열의 합입니다.\n");
     for(i=0 ; i<2 ; i++)
     {
          for(j=0 ; j<2 ; j++)
          {
               c[i][j] = a[i][j]+b[i][j];
               printf("[%d][%d]: %d\n",i+1,j+1,c[i][j]);
          }
     }
}
```

```
첫번째 배열을 입력하세요.
[1][1]: 2
[1][2]: 4
[2][1]: 1
[2][2]: 5

두번째 배열을 입력하세요.
[1][1]: 4
[1][2]: 3
[2][1]: 2
[2][2]: 6

두 배열의 합입니다.
[1][1]: 6
[1][2]: 7
[2][1]: 3
[2][2]: 11
Press any key to continue
```

09 : 임의의 값을 저장하기 위한 2개의 2x2 행렬과 두 행렬의 합을 계산해서 저장하기 위한 정수형 변수를 선언한다.

11 : 첫 번째 배열을 입력하라는 메시지를 화면에 출력한다.

12 : 첫 번째 배열의 행 방향을 입력받기 위한 반복문을 수행한다.

14 : 첫 번째 배열의 열 방향을 입력받기 위한 반복문을 수행한다.

16 : 화면에서 현재 입력받을 행 번호와 열 번호를 출력한다.

17 : 3화면에서 현재의 행 번호와 열 번호에 대한 값을 입력하여 배열에 저장한다.

18 : 12 라인으로 프로그램 제어를 이동한다.

19 : 12 라인으로 프로그램 제어를 이동한다.

21~28 : 첫 번째 배열과 동일한 과정으로 화면에서 행렬 값을 입력받아 두 번째 배열에 저장한다.

27 : 23 라인으로 프로그램 제어를 이동한다.

28 : 21 라인으로 프로그램 제어를 이동한다.

34 : 앞에서 입력받은 두 배열을 행 번호와 열 번호에 맞춰서 합계를 계산한다.

35 : 34 라인에서 계산한 두 배열의 합을 출력한다.

36 : 32 라인으로 프로그램 제어를 이동한다.

37 : 30 라인으로 프로그램 제어를 이동한다.

제 8 장

포인터

제8장

포인터

[단원목표]

- 포인터의 기본 개념을 이해한다.
- 포인터의 선언방법과 참조방식을 이해한다.
- 포인터와 배열을 연동시키는 방법을 이해한다.
- 포인터와 문자열을 연동시키는 방법을 이해한다.
- 포인터 배열을 이해한다.
- 메모리 할당함수의 사용방법을 이해한다.

8.1 프로그램 따라하기

다음은 간단한 포인터 관련 프로그램이다. 함께 따라해 보자.

```
/* EX_8_1 : 포인터 프로그램                        */
/*-----------------------------------------------*/

#include <stdio.h>

void main(int argc, char *argv[])
{
   int twodan[9]={2,4,6,8,10,12,14,16,18};
   int *ptwodan;

    ptwodan = twodan;

    printf("배열을 이용한 구구단 2단 결과 출력\n");
    for(int i=0; i<9; i++)
```

```
15                printf("%d \t", twodan[i]);
16            printf("\n\n");
17
18            printf("포인터를 이용한 구구단 2단 결과 출력\n");
19            for(i=0; i<9; i++)
20                printf("%d \t", *(ptwodan+i));
21            printf("\n");
22    }
```

◉ 프로그램 주무르기

① 위 프로그램을 실행한 결과는? 프로그램을 보고 왜 그러한 결과가 나왔는지 생각해 보자.

② 15라인과 20라인에서 출력하는 값인 twodan[i]와 *(ptwodan+i)에서 출력하는 값은 어떤 값들인지 비교해 보자.

③ 예상되는 결과 값이 나왔는지 확인해 보고, twodan[i]와 *(ptwodan+i)의 의미를 생각해 보자.

8.2 포인터의 개념

컴퓨터의 메모리 구조

컴퓨터의 메모리는 어떤 정보를 저장하는 연속적인 메모리 셀로 구성된다. 메모리 셀은 일정한 크기로 구성되며, 각 셀마다 '주소(address)' 가 부여된다. 메모리 셀의 크기보다 큰 자료를 저장하려면 여러 셀에 걸쳐서 저장해야 한다. 실제로 C언어에서 제공하는 어떤 자료형의 크기는 컴퓨터나 컴파일러에 따라 다를 수 있다. 어떤 자료형에 대한 메모리 셀 수는 sizeof(자료형) 또는 sizeof(변수명)으로 알 수 있다. 컴퓨터의 메모리 구조를 살펴보자.

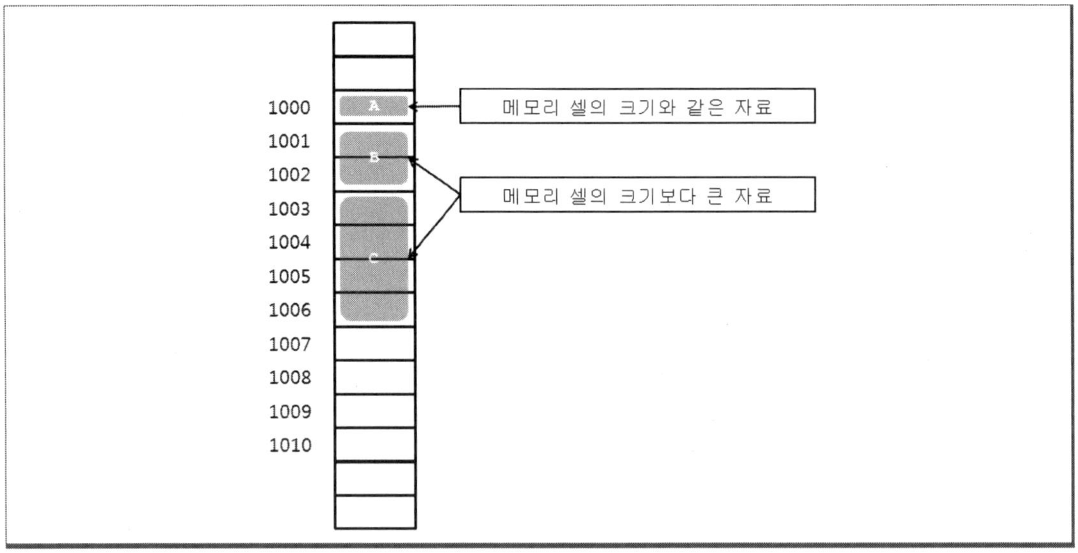

위의 메모리 구조를 살펴보면, A는 메모리 셀의 크기와 같은 크기지만 B나 C는 메모리 셀의 크기보다 큰 자료가 된다. 이 때 각각 A, B, C의 자료형의 크기는 sizeof(A), sizeof(B), sizeof(C)로 알 수 있다.

● 포인터의 기본 개념

포인터(pointer)는 메모리에 부여된 주소이다. 포인터도 일반 변수와 마찬가지로 상수와 변수로 구분한다. 포인터 상수는 주소 값 자체 즉, 데이터가 저장된 위치를 가리킬 뿐이다. 하지만, 포인터 변수의 경우에는 어떤 변수가 위치한 메모리 주소를 저장할 수 있다. 따라서 포인터 변수는 시작주소 값을 가지게 된다. 메모리 셀의 크기가 넘는 변수에 접근하기 위하여 포인터 변수는 자료형의 크기를 알려주는 자료형으로 접근할 수 있는 변수의 크기를 지정한다.

EX_8_1의 예제 프로그램을 보고 포인터 변수에 대해 설명해 보자. 우선 08번 라인은 정수형 배열로 구구단의 2단의 결과 값으로 각 배열의 요소 값을 초기화한다. 정수형 배열 즉 9개의 정수형 방에 9개의 정수형 결과 값을 저장하였다는 의미이다. 08번 라인이 실행되면 다음과 같이 9개의 정수형 결과 값이 메모리상에 저장된다. 이 때 배열의 이름은 twodan이라는 배열의 시작 주소를 나타내는 포인터 상수가 된다.

```
08          int twodan[9]={2,4,6,8,10,12,14,16,18};
```

08번 라인이 실행된 후 메모리의 상태는 다음과 같다. twodan의 시작번지가 1000번지 이므로 배열의 첫 번째 요소인 twodan[0]의 번지값은 1000번지가 되고, 두 번째 요소인 twodan[1]의 번지값은 1004번지가 된다. 여기에서 첨자는 1씩 증가하지만, 실제로 메모리의 번지수는 twodan의 자료형의 크기가 4바이트이므로 4바이트를 증가시킨 1004번지가 된다.

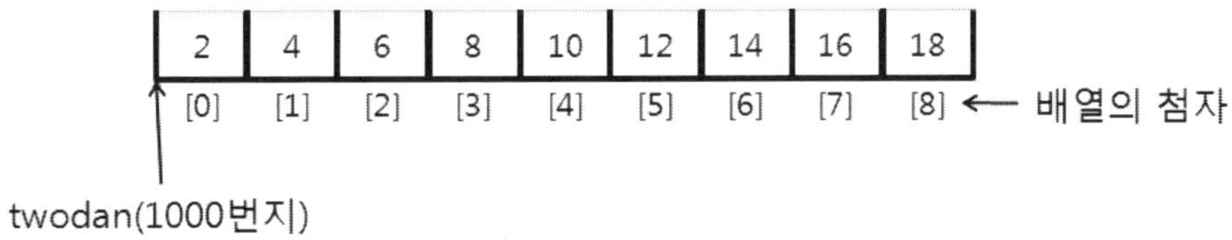

09번 라인은 twodan이라는 배열의 요소에 접근하기 위하여 포인터 변수를 선언한 것이다.

```
09        int *ptwodan;
```

09번 라인이 실행되면 메모리에는 정수형 변수를 가리키는 주소값을 저장하기 위한 공간이 다음과 같이 할당된다. 아직 포인터 변수 ptwodan의 메모리에는 어떤 값도 할당되지 않았기 때문에 알 수 없는 쓰레기 값이 들어있다.

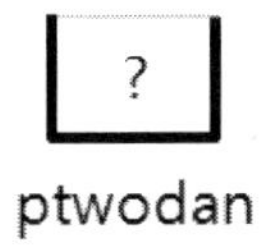

다음으로 11번 라인의 코드가 어떤 의미인지에 대해 살펴보자.

```
11        ptwodan = twodan;
```

있는 그대로의 코드를 살펴보면 포인터 변수인 ptwodan에 twodan배열의 시작주소인 1000번지를 넣어주겠다는 의미이다. 따라서 11번 라인이 실행된 후에는 다음과 같이 ptwodan 변수의 메모리에 변화가 생기게 된다.

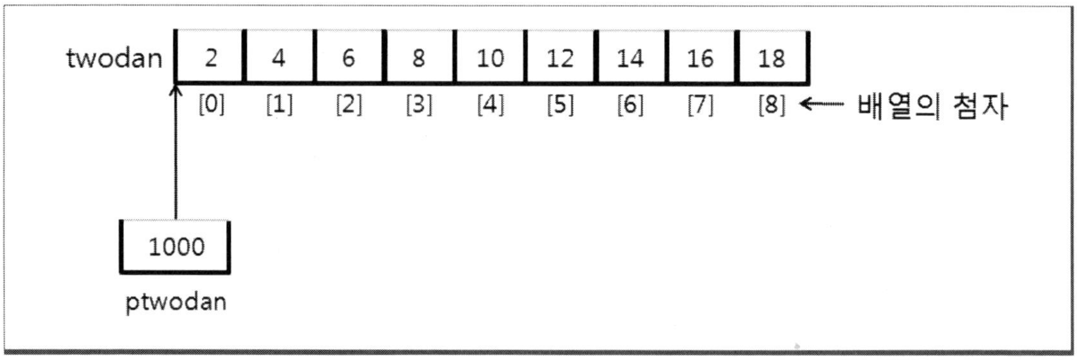

위의 그림과 같은 메모리의 변화를 살펴보면 결국 ptwodan은 자신이 가리킬 곳의 값으로 1000번지라는 값을 가지게 되고 이는 곧 ptwodan이 twodan의 시작번지를 가리키게 됨을 의미한다.

```
14        for(int i=0; i<9; i++)
15                    printf("%d \t", twodan[i]);
```

14~15번 라인은 twodan배열에 들어 있는 9개 요소의 값을 첨자를 이용하여 차례대로 화면에 출력하는 코드이다.

다음은 14~15번 라인의 실행결과와 같이 배열의 9개 요소를 출력하는 코드이다. 19~20번 라인의 코드를 살펴보면 배열의 시작주소를 가지고 있는 포인터 변수를 이용하여 각 배열의 요소 값을 출력하고 있다.

```
19        for(i=0; i<9; i++)
20                    printf("%d \t", *(ptwodan+i));
```

결국 twodan[i]나 *(ptwodan+i)는 같은 값을 의미한다는 것을 알 수 있다.

Note.

예제 프로그램에서 알 수 있는 것처럼 프로그램 내에서 포인터 변수를 사용하고 싶다면 09번 라인과 같이 사용하기 전에 먼저 '포인터 변수를 선언' 하는 과정이 있어야 하고, 반드시 11번 라인과 같이 포인터 변수가 가리킬 곳의 주소값을 포인터 변수에 할당해야 한다.

8.3 포인터의 선언과 초기화

포인터 변수의 선언

포인터변수를 사용하기 위해서는 위의 예에서 선언한 것과 같이 컴파일러에게 "ptwodan은 포인터이다" 라고 알려 주어야 한다. 그렇게 하기 위해서 변수를 선언하듯 포인터 변수를 선언하여 사용한다. 포인터 변수를 선언하는 방법은 다음과 같다.

〈포인터 변수의 선언 방법〉

```
데이터형 *포인터변수명;
```

〈포인터 변수의 선언 예〉

```
char *pchar;
int *pint;
long *plong;
```

(*pchar)는 char형의 변수를 가리키고 (*pint)는 int형의 변수를 가리킨다는 의미이다. 그리고, 포인터 변수가 가리키고 있는 곳의 값을 사용하고자 할 때는 * 연산자를 붙여 포인터 변수가 가리키는 곳의 값을 사용할 수 있다.

```
c = *pchar; → pchar로 가리키는 번지에서 1바이트의 내용이 c에 들어감
i = *pint;  → pint로 가리키는 번지에서 4바이트의 내용이 i에 들어감
l = *plong; → plong으로 가리키는 번지에서 4바이트의 내용이 l에 들어감
```

다음으로 포인터 연산자의 위치에 대해 살펴보자. 컴파일러는 "*"를 독립된 토큰으로 식별하기 때문에 다음의 3가지 선언방식 모두가 가능하다.

```
1) int *pt;
2) int * pt;
3) int* pt;
```

하지만, 하나의 선언문으로 여러 개의 포인터 변수를 선언할 때는 반드시 각 변수의 앞에 *를 개별적으로 붙여야 한다. 다음 두 개의 선언문의 형태를 살펴보자.

```
1) int *pt1, *pt2;
2) int* pt1, pt2;
```

1)의 경우에서는 pt1과 pt2 모두 포인터 변수로서 선언이 되지만, 2)의 경우에는 그 결과가 다음과 같이 pt1만 포인터 변수로 선언되고 pt2는 일반변수로 선언되기 때문에 주의해야 한다.

```
int* pt1;
int pt2;
```

주소 연산자 &와 간접 참조 연산자 *

위의 프로그램에서 포인터 변수가 배열의 시작주소를 가지게 되면 그 시작 주소를 이용하여 배열의 요소들에 접근할 수 있다는 사실에 대하여 알아보았다. 배열의 경우에는 시작주소에 대한 포인터상수로 배열의 이름을 이용한다. 그렇다면, 배열이 아닌 일반 변수에 접근하기 위해 포인터 변수를 사용하는 경우에는 어떻게 포인터 변수에 일반 변수의 주소 값을 넣을 수 있을까? C언어에서는 일반변수의 주소를 결과 값으로 하는 주소 연산자 &를 제공한다. 주소 연산자 &의 쓰임새를 다음의 프로그램에서 알아보자.

```
/* EX_8_2 : 주소연산자 & 와 포인터                         */
/*-----------------------------------------------*/
#include <stdio.h>
void main()
{
        int val1 = 3;
        int *pval1;
        pval1=&val1;

        /* 주소 출력 */
        printf("%p\n" , &val1);
        printf("%p\n" , pval1);

        /* 값 출력 */
        printf("%d\n" , val1);
```

```
16          printf("%d\n" , *pval1);
17    }
```

결과)

```
0013FF7C
0013FF7C
3
3
```

위 프로그램의 결과를 살펴보면 11~12번 라인의 주소를 출력하는 값이 0013FF7C로 같고 값을 출력하는 부분의 두 값이 val1에 들어 있는 값으로 같다. 이 관계를 그림으로 그려보면 다음과 같다.

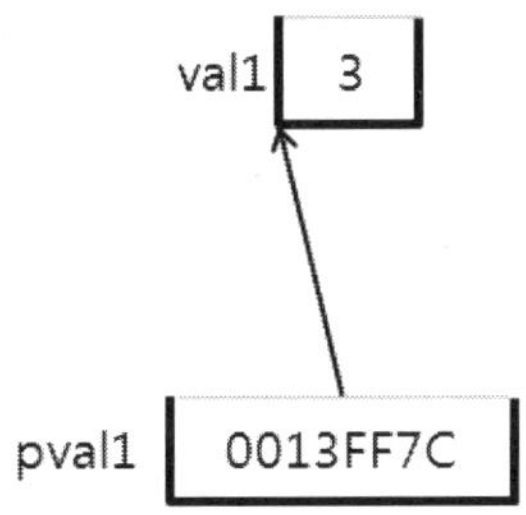

위와 같은 관계가 성립하기 위해서는 반드시 아래의 8번 라인의 코드가 실행되어야 한다. 8번 라인의 코드에서 =연산자의 오른쪽에 있는 수식이 먼저 수행되는데 &는 val1의 시작주소 값을 결과 값으로 넘겨주는 연산자이다. 따라서 &val1가 수행된 후의 결과 값인 0013FF7C이 pval1 포인터 변수에 할당된다.

```
8          pval1 = &val1;
```

다음으로는 간접 연산자 *에 대해 알아보자. & 연산자가 변수의 주소를 알려주는 연산자였다면, 간접 참조 연산자 *는 포인터 변수 pval1이 가지고 있는 포인터를 참조하여 해당 메모리로 이동하고 그 곳에서 자료를 가져온다. 다음의 16번 라인의 출력문의 결과로 확인할 수 있다.

```
16          printf("%d\n" , *pval1);
```

위에서 살펴본 바와 같이 8번 라인의 코드가 실행되면 다음과 같은 등식이 성립하게 됨을 알 수 있다.

```
pval1 == &val1
*pval1 == val1
```

포인터 변수의 초기화

포인터 변수는 메모리의 주소를 다루기 위한 것으로 시스템에서 허락하는 범위내에서 프로그래머가 설정해서 사용한다. 만일 포인터 변수가 가리킬 곳을 정확하게 초기화하지 않은 곳에 어떤 값을 입력하였을 경우에는 메모리에 치명적인 손상을 입힐 수 있다. 따라서 반드시 포인터 변수는 컴파일러가 확보한 의미있는 변수들의 주소로 설정한다.

절대주소로 초기화를 하고자 하는 경우에는 다음과 같이 원하는 포인터형 변수에 캐스트하여 주소값을 대입하면 된다.

```
int *pt;
pt=(int *)0xffff;
```

다음은 포인터 변수의 초기화에 대한 다양한 예제들이다.

1) 변수의 주소를 &연산자로 대입

```
int d;
int *p;
p=&d;
```

2) 배열의 시작주소 값을 대입(배열명은 배열의 시작주소값 자체 즉 포인터 상수이므로 &연산자를 사용하지 않는다.)

```
char s[80];
char *p;
p=s;
```

3) 배열의 첫 번째 요소의 주소를 & 연산자로 대입(배열의 첫 번째 요소의 주소는 배열의 시작 주소와 같다.)

```
char s[80];
char *p;
p=&s[0];
```

4) char형 포인터에 문자열의 시작주소 값을 대입(" "로 묶인 문자열 자료는 "apple"이라는 문자열을 메모리에 저장하고 그 시작주소와 Null을 이용하여 문자열을 처리한다. 문자열의 시작주소부터 Null로 표시되기 직전까지의 데이터를 읽어오도록 한 것이다. 이것은 매번 길이가 달라지는 문자열을 효율적으로 처리하기 위한 방법이다.)

```
char *p;
p="apple";
```

8.4 포인터 연산

다음은 포인터 변수의 연산을 알아보기 위한 프로그램이다. 포인터 변수도 보통 변수와 같이 연산이 가능하다. 하지만, 'p+1' 또는 '++p'의 개념이 단순히 메모리의 한 번지를 증가하는 개념은 아니라는 것이다. 포인터 연산에서는 '+1'의 개념을 한 번지가 아닌 한 요소의 증가로 생각해야 한다.

다음의 예를 살펴보자.

```
/* EX_8_3 : 포인터 연산을 이용한 배열출력                */
/*-----------------------------------------------*/
#include <stdio.h>
void main()
{
        int s[10];
        int *p;
        s[0]=100;
        s[1]=200;
        s[2]=300;

```

```
12        p=s;
13        printf("s[0]=%d s[1]=%d s[2]=%d",s[0],s[1],s[2]);
14
15        printf("*p=%d\n",*p);
16        ++p;
17        printf("*p=%d\n",*p);
18        ++p;
19        printf("*p=%d\n",*p);
20    }
```

EX_8_3 프로그램에서 포인터를 증가시키는 ++p는 어떻게 작동하고 있는지 살펴보도록 하자.

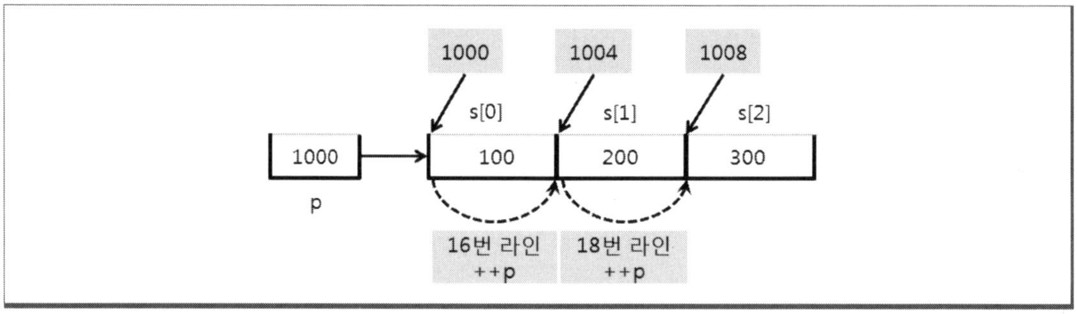

15번 라인의 printf()를 살펴보자. p가 가리키고 있는 곳은 1000번지로 가서 간접 참조 연산자 *를 사용하여 그 곳의 값 100을 출력한다.

```
15        printf("*p=%d\n",*p);
```

12번 라인의 p = s 이후 바로 출력을 하므로 배열의 시작주소인 s에서 int형의 크기만큼 메모리를 읽어 십진형 정수의 형태로 출력한다. 다음으로 16번 라인을 살펴보자.

```
16        ++p;
17        printf("*p=%d\n",*p);
```

만일 포인터 변수 p가 char형인 경우에는 char형의 크기가 1바이트이므로 1바이트씩 증가하게 된다. 포인터 변수 p가 가지는 변수를 1000번지라 가정할 때, 자료형에 따른 포인터 연산 ++p를 정리해 보면 다음과 같다.

자료형	크기	연산 실행	연산 후 주소값
char	1	++p;	1001
int	4	++p;	1004
long	4	++p;	1004

결과적으로 한 요소씩 포인터를 움직이는 ++p연산과 *p만으로 모든 배열요소의 출력이 가능함을 알 수 있다. 포인터 변수에 사용하는 연산자에는 제한이 있다. 가능한 연산의 예는 다음과 같다.

```
1)p = &a          : 포인터에 변수의 주소를 할당(p와 a는 포인터 변수)
2)*pt             : * 연산자로 포인터가 가리키고 있는 값을 참조
3)p++, p--        : 증감 연산자를 이용한 포인터 p의 증가, 감소
4)p1 - p2         : 두 개의 포인터(주소 값)의 뺄셈
5)p+4, p-2        : 포인터 변수와 정수 상수의 덧셈, 뺄셈
6)if( pa < pb ) : 두 포인터를 비교하는 관계연산자
```

여기에서 6)의 경우에는 포인터 변수가 가지고 있는 번지에 대한 비교연산은 가능하다. 하지만 포인터가 가리키는 곳의 자료에 대한 비교가 아니므로 무의미한 연산이 될 수도 있다.

다음은 불가능한 포인터의 연산이다.

```
1)p*3 : 포인터 변수에 대한 곱셈
2)p/5 : 포인터 변수에 대한 나눗셈
3)p+1.5,p-1.5 : 포인터 변수에 대한 실수형 상수의 덧셈, 뺄셈
```

위와 같이 사용자가 사용할 수 있는 범위를 크게 벗어날 수 있는 곱셈이나 나눗셈 연산은 불가능하다. 포인터 변수에 대한 모든 실수형 상수값에 대한 연산도 불가능하다.

8.5 포인터와 문자열

C언어에는 문자열을 나타내는 자료형이 없기 때문에 char형을 이용하여 문자열을 표현한다. 문자열을 처리하는 방법으로는 배열을 사용하는 방법과 포인터를 사용하는 방법 두 가지가 있다. 배열로 처리하는 경우에는 문자열 변수 자체를 저장하고 포인터로 처리하는 경우에는 문자열의 시작 주소만을 가지고도 그 문자열을 처리할 수 있다.

우선 문자열의 초기화부터 알아보자.

```
char s[]="apple";
char *p="apple";
```

배열 s에는 문자열 "apple" 자체가 배열의 요소에 차례로 저장된다. 포인터 p의 경우에는 "apple"을 메모리상의 어딘가에 저장한 후, 그 시작번지를 p에게 할당한다.

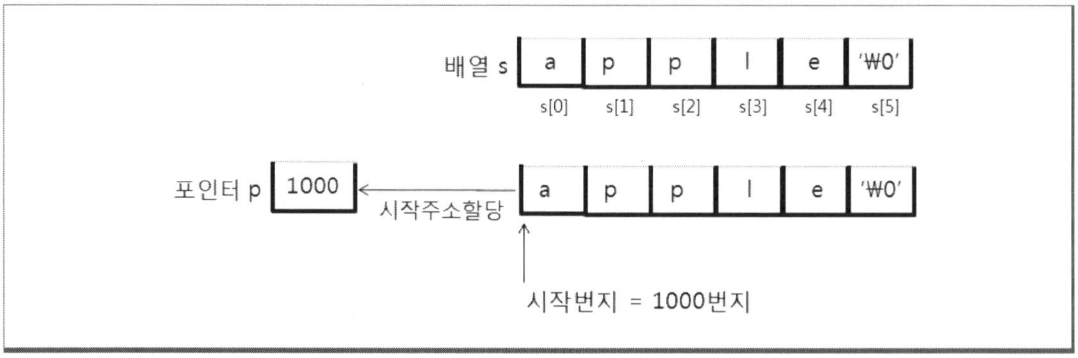

위의 그림에서 보는 것과 같이 포인터 변수를 사용하는 경우에는 시작주소를 가지고 문자열을 처리하는 것이 가능하다. 포인터 변수는 시작주소를 가지는 포인터 변수와 문자열의 끝을 알리는 Null('\0')문자를 통하여 문자열의 길이와 상관없이 처리가 가능하다는 장점을 가진다.

다음의 EX_8_4 프로그램은 포인터를 이용하여 문자열을 출력하는 프로그램이다. 포인터 연산의 결과에 주의하여 프로그램을 살펴보도록 하자.

```
01   /* EX_8_4 : 포인터로 문자열 출력하는 프로그램              */
02   /*-----------------------------------------------------*/
03
04   #include<stdio.h>
05
06   void main()
07   {
08           char *string = "C Programming!";
09
10           printf("%s\n", string);
11           printf("%s\n", (string+2));
12
13           printf("%s\n", (string));
14           string +=2;
15           printf("%s\n", (string));
16   }
```

<결과>

```
C Programming!
Programming!
C Programming!
Programming!
```

EX_8_4 프로그램의 08번 라인이 실행되면 포인터 변수 string은 문자열 "C Programming!"을 다음과 같이 가리키게 된다.

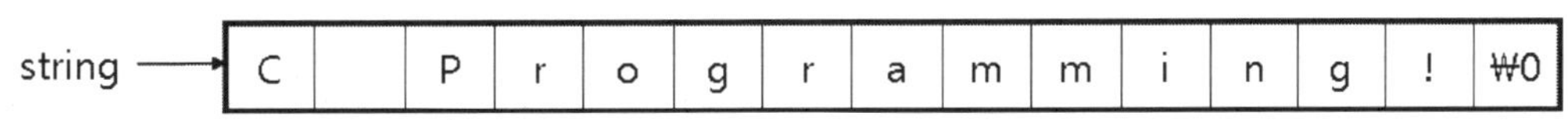

문자열을 가리키고 있는 string을 이용하여 출력하는 코드 부분을 살펴보자.

```
10           printf("%s\n", string);
11           printf("%s\n", (string+2));
```

10번 라인에서는 printf()에서 치환문자 %s를 사용하여 string이 가리키는 곳을 문자열의 끝인 '\0'가 나올 때까지 출력할 것을 예상할 수 있다. 11번 라인의 printf()에서 (string+2)이 하는 역할을 살펴보도록 한다. 08번 라인의 실행으로 string은 문자열의 처음 번지를 가리키게 된다. (string +2)는 아래 그림과 같이 string의 위치보다 2바이트 뒤쪽의 위치를 가리키게 된다.

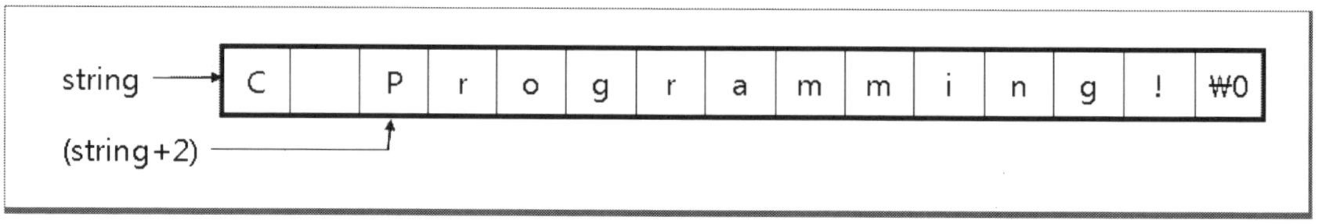

따라서 아래의 결과의 2행과 같이 출력된다. 하지만, 여전히 string은 문자열의 시작주소를 가리키고 있다는 것을 13번 라인의 결과인 결과화면의 세 번째 라인을 통해 알 수 있다. (string+2)는 string의 값 자체를 변경하는 것이 아니라는 것을 알 수 있다.

```
13          printf("%s\n", (string));
14          string +=2;
15          printf("%s\n", (string));
```

14번 라인의 코드의 stirng +=2는 stirng=string+2를 의미한다. 14번 라인의 코드가 실행된 후에 string의 변화를 살펴보면 다음의 그림과 같다.

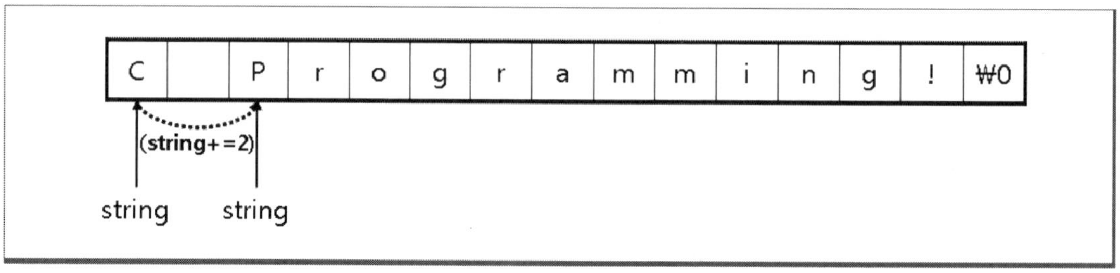

string 포인터 변수의 값에 대하여 +2한 값을 다시 포인터 변수 string에 넣어주기 때문에 10라인의 (string+2)와는 다른 코드임을 알 수 있다. 14번 라인의 실행으로 인해 15번 코드의 string은 문자열의 처음 주소에서 2바이트 이동된 곳의 주소를 가진다. 따라서 15번 라인의 결과는 string이 가리키는 곳을 출력하였을 때 결과의 4행과 같이 출력된다.

● 포인터 배열을 이용한 이차원 배열과 문자열 처리

비슷한 종류의 여러 개의 자료들을 처리할 때 배열을 사용하면 여러 개의 변수를 선언하지 않아도 가능하게 된다. 포인터 변수도 비슷한 종류의 포인터 여러 개를 사용하는 경우라면 포인터의 배열을 사용할 것을 고려해 보자. 포인터 변수도 일반 변수와 마찬가지로 배열로서 선언될 수 있다. 포인터 배열은 다음과 같이 선언된다.

```
char *s[5];
```

포인터 배열의 요소값인 s[0]는 어떤 번지를 가리킬 수 있는 포인터 변수와 같은 용도로 사용된다. 그렇다면 포인터 배열을 이용하여 2차원 문자형 배열을 처리하는 방법과 메모리 할당량에 대하여 살펴보자.

다음은 3개의 문자열을 처리할 수 있는 2차원 문자형 배열을 초기화하는 코드이다.

```
char color[3][10]={ "Red",
                    "Yellow",
                    "Magenta"}
```

이차원배열의 초기화가 위와 같이 실행되면 나타나는 메모리의 할당상태는 다음과 같다. 아래의 그림에서 보는 바와 같이 이차원 배열 color는 총 30바이트의 메모리를 할당한다. 각 배열 요소에는 실제 자료가 들어가게 되며, 문자열의 길이가 "Red"와 같이 짧은 경우에는 10바이트가 할당된 color[0]부분의 절반을 채우지도 못하고 회색 부분만큼의 6바이트는 할당하였지만 사용은 되지 않고 메모리의 낭비를 초래한다.

	[0]	[1]	[2]	[3]	[4]	[5]	[6]	[7]	[8]	[9]
color[0]	R	e	d	₩0	?	?	?	?	?	?
color[1]	Y	e	l	l	o	w	₩0	?	?	?
color[2]	M	a	g	e	n	t	a	₩0	?	?

위와 같이 문자열을 처리하기 위하여 포인터 배열을 이용한 코드로 수정해보면 다음과 같다.

```
char *pcolor[3]={ "Red",
                  "Yellow",
                  "Magenta"}
```

아래의 그림을 살펴보면 문자열들은 메모리의 어딘가에 문자열의 크기만큼만 할당된다. 그리고 각 문자열을 가리킬 포인터 변수를 위한 메모리 영역이 할당된다.

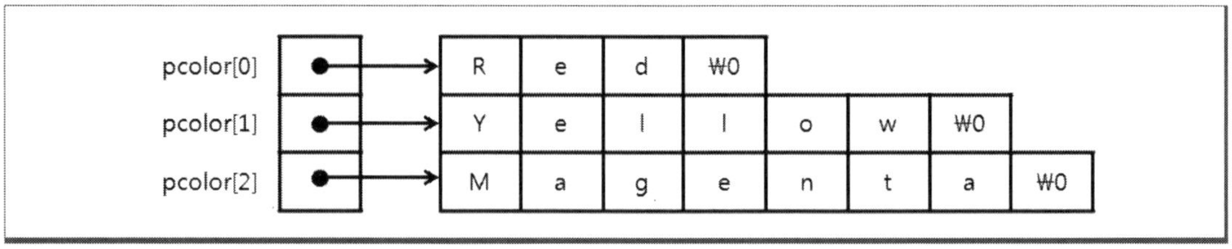

문자열을 처리할 때는 포인터 변수를 사용하면 메모리 낭비 없이 메모리를 효율적으로 사용할 수 있다. 위와 같이 선언된 문자열들을 출력시키는 프로그램을 살펴 보자.

```
01    /* EX_8_5 : 포인터로 문자열 출력하는 프로그램                    */
02    /*-------------------------------------------------*/
03    #include<stdio.h>
04    void main()
05    {
06            char color[3][10]={ "Red",
07                                "Yellow",
08                                "Magenta"};
09            char *pcolor[3]={ "Red",
10                              "Yellow",
11                              "Magenta"};
12
13            for(int i=0; i<3; i++)
14                    printf("%s\n", color[i]);
15            for(i=0; i<3; i++)
16                    printf("%s\n", pcolor[i]);
17    }
```

13~16번 라인과 같이 문자열들을 출력할 수 있다. 그렇다면 각 문자열의 첫 글자를 출력하려면 14번과 16번 라인의 코드를 다음과 같이 수정하면 된다.

```
13            for(int i=0; i<3; i++)
14                    printf("%c\n", color[i][0]);
15            for(i=0; i<3; i++)
16                    printf("%c\n", *pcolor[i]);
```

14번 라인은 하나의 문자를 출력하기 위해 %s를 %c로 바꾸고 2차원배열의 각 행의 첫 열을 출력하기 위해 두 번째 첨자를 [0]로 설정한다. 16번 라인에서는 포인터 배열 pcolor[i]를 이용하여 각 라인의 처음을 가리키게 하고 그 주소로부터 한 바이트를 읽어올 수 있도록 간접 연산자 *를 사용하도록 한다.

8.6 포인터의 포인터(이중 포인터)

포인터의 포인터란 포인터 변수에 다시 포인터를 지정하는 것으로 어떤 변수의 포인터를 가리키는 포인터 변수의 번지를 기억하는 변수이다. 포인터의 포인터를 선언할 때에는 초기화에 주의해야 한다. 포인터의 포인터를 선언하는 방법은 다음과 같다.

```
자료형 **포인터명;
```

```
/* EX_8_4 : 포인터의 포인터                         */
/*-----------------------------------------------*/
#include<stdio.h>
void main()
{
        int x, *px, **ppx ;
        x = 10;
        px = &x;
        ppx = &px;

        printf("x = %d \n", x);
        printf("*px = %d \n", *px);
        printf("**ppx = %d \n", **ppx);

        printf("px = %d \n", px);
        printf("&x = %d \n", &x);
        printf("ppx = %d \n", ppx);
        printf("&px = %d \n", &px);
}
```

<결과>

```
x = 10
*px = 10
**ppx = 10
px = 2293620
&x = 2293620
ppx = 2293616
&px = 2293616
```

위의 결과를 살펴보면 x, *px, **ppx는 결국 같은 값을 출력하게 되는데, 어떠한 과정을 거쳐 같은 값을 출력하게 되었는지 생각해 보자.

```
08          px = &x;
09          ppx = &px;
```

08번 라인은 포인터 변수의 초기화에서 보았듯이 변수 x를 px가 가리키게 된다. 09번 라인의 코드를 단순히 생각해 보면 메모리 상의 어딘가에 있는 포인터 변수 px의 주소 값을 ppx가 가리키도록 한다. 이런 세 변수간의 관계를 살펴보면 다음과 같다.

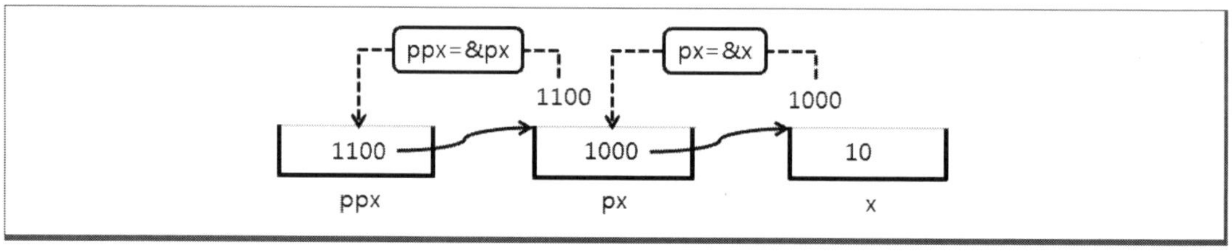

결국 점선에 표시된 대입문의 실행으로 포인터 변수 px는 변수 x의 주소를, ppx는 포인터 변수 x를 가리키고 있는 포인터 변수 px의 주소를 가지게 된다. 그렇다면, 이렇게 이중으로 연결되어 있는 구조에서 우리가 원하는 변수 x의 값을 출력하기 위해서는 어떻게 해야 하는지 살펴보도록 하자.

```
printf("x = %d \n", x);
printf("*px = %d \n", *px);
printf("**ppx = %d \n", **ppx);
```

아래의 그림에서 보는 바와 같이 *px는 한 번의 간접연산을 거쳐 변수 x의 메모리에 접근한다. **ppx는 두 번의 간접연산을 거쳐 변수 x의 메모리에 접근한다.

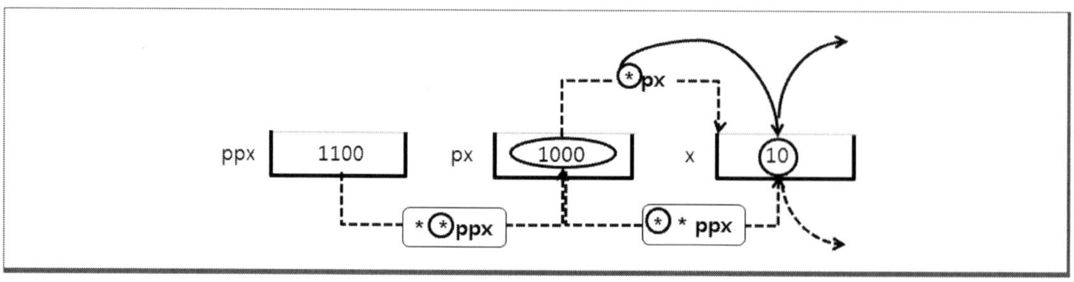

Note.

포인터를 이용하면 좋은 점은 데이터 접근 속도가 빠르고, 어떤 연산의 경우에는 포인터를 이용해서 해결을 해야하는 경우도 있다.
포인터를 이용하여 할 수 있는 일은 배열의 요소 다루기, 문자열 다루기 등이 있다.

연습문제

1. int a;로 선언된 변수 a에 대하여 &a는 무엇을 의미하는가?

① a에 대입된 값　② a의 메모리상의 주소

③ a에 저장된 데이터　④ a가 가리키는 곳의 데이터

2. 다음과 같이 변수를 선언했을 때 값이 다른 것은?

```
int a[4] = {4, 3, 2, 1};
int *pt = a;
```

① *a+1　② *(a+1)　③ *(pt+1)

④ a[1]　⑤ *++pt

3. 우체부 아저씨가 배달할 편지에 적혀 있는 희망대학교의 위치를 A라는 사람에게 물어서 알게 되었다면, A라는 사람은 희망대학교의 위치를 알려준 포인터에 해당된다. 이것을 간접 참조라 하면, 우체부가 B라는 사람에게 A라는 사람의 위치를 묻고 다시 A에게 학교의 위치를 물었다면 이것은 이중 간접 참조가 된다. 이러한 관계를 도식화하여 설명하라.

4. 포인터 연산은 주소 값에 대한 연산으로 일반 연산과는 다른 점이 있다. 그 이유를 설명하고, 가능한 연산과 불가능한 연산의 예를 들어 설명하라.

5. 포인터 변수를 반드시 초기화해야하는 이유는 무엇인가?

6. 위의 예제 프로그램인 Ex_8_4의 06~08번 라인의 코드를 분석하여 각 변수간의 메모리 할당 관계를 그림으로 설명하라.

7. 다음은 잘못된 배열과 포인터의 사용방법이 포함되어 있는 프로그램이다. 잘못된 곳을 찾아보고 그 이유를 설명하라.

```
#include <stdio.h>
int main(void)
{
        int a1[10];
        int a2[10];
        int *ptr = a2;
        a1 = a2;
        a2 += 1;
        a1 = ptr
        a1 = a2 + 1;
        a2 = &a1[1];
        ++a1;
        a2++;
        return 0;
}
```

8. 다음 프로그램의 printf문에 의해 출력되는 실행결과를 예측하시오.

```
#include <stdio.h>
void main(void)
{
 int a[]={1, 2, 3, 4};
 int *p;
 p = &a[0];

 printf("%d₩n",*p);
 p++;
 printf("%d₩n",*p);
 printf("%d₩n",*p+1);
 printf("%d₩n",*(p+1));
}
```

9. 생년월일을 주민등록번호의 앞 6자리와 같이 문자열로 731023와 같은 형태로 입력한 후 다음과 같이 처리하는 프로그램을 작성하시오.

1) 연월일을 분리해서 출력한다.

2) 현재의 나이를 계산하여 무슨 띠인가를 출력한다.

<실행결과>

```
생년월일 입력 -> 731023
1973년 10월 23일 생이고, 저는 소띠입니다.
```

프로그램 Study

● **프로그램 개요 :** "University" 라는 단어를 문자열 배열에 할당하고 왼쪽문자를 하나씩 지워가면서 삼각형의 형태로 출력한다.

● **순서도**

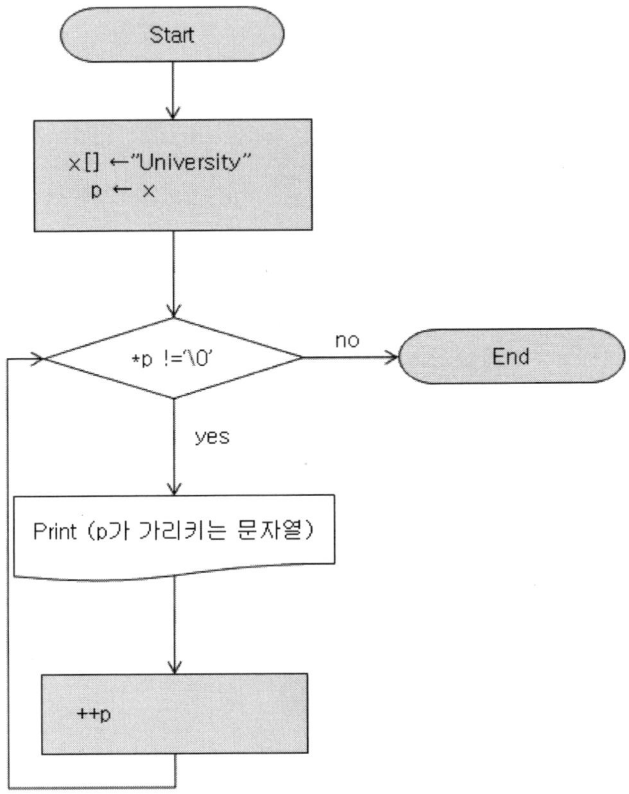

※ 문자열은 길이가 가변적이므로 포인터 변수와 이벤트에 의해 반복횟수가 결정되는 while문을 사용한다.

※ 포인터 변수 증가 연산자를 사용한다.

※ 현재 위치부터 '₩0'가 이전까지를 출력하는 %s를 사용한다.

프로그램

```
01    /* Case_Study_8 : 문자열 삼각형 모양으로 출력하기  */
02    /*------------------------------------------*/
03
04    #include <stdio.h>
05
06    void main(void)
07    {
08
09        char x[]="University";
10        char *p;
11
12        p=x;
13        while (*p != '₩0') {
14            printf(%s₩n",p);
15            ++p;
16        }
17        printf("\n");
18    }
```

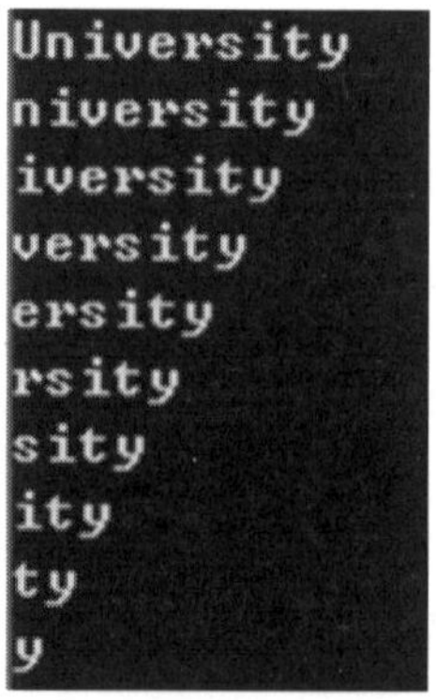

09 : 문자열을 크기가 정해지지 않은 문자열에 할당한다.

10 : 문자열을 처리하기 위한 포인터 변수를 선언한다.

12 : 포인터 변수에 문자열의 시작위치를 넘겨준다.

13 : 포인터 변수 p가 가리키는 곳의 문자가 '\0'(널문자)인지 아닌지를 비교한다.

14 : 포인터변수 p가 가리키는 곳부터 '\0'의 바로 전까지 출력하기 위해 %s를 사용하여 출력한다.

15 : 한글자씩 지우며 출력되는 효과를 만들기 위해 포인터의 위치를 하나씩 증가시킨다.

제 9 장

함수

제9장

함수

[단원목표]

- 함수의 필요성을 이해한다.
- 함수의 개념을 이해한다.
- 함수의 정의와 호출에 대해 이해한다.
- 인수 전달방법인 Call by value와 Call by reference를 이해한다.

9.1 프로그램 따라하기

다음은 함수를 사용하여 두 수를 더하는 프로그램이다. 함수에서 어떻게 값을 주고 받는지에 관한 자료처리 과정을 살펴보자.

```
/* EX_9_1 : 두 수를 더하는 함수 프로그램                    */
/*----------------------------------------------------*/
#include <stdio.h>

int calculate( int x, int y )
{
        int  sum;
        sum  =  x  +  y ;
        return  sum ;
}

void main(void)
{
        int x=2, y=3, result;

        result = calculate(x,y);
        printf("Result: %d\n", result);
}
```

◉ **프로그램 주무르기**

① 위 프로그램을 실행한 결과는? 프로그램을 보고 왜 그러한 결과가 나왔는지 생각해 보자.

② 05~10라인의 코드를 보고 함수를 정의하는 부분의 요소들을 이해하자.

③ 16번 라인의 result = calculate(x,y);가 수행되면서 main()의 x, y값이 어떻게 함수 calculate()함수에 전달될 것인가에 대해 생각해 보자.

9.2 함수의 필요성 및 개념

프로그램을 작성하다 보면 프로그램이 방대해지며 코드가 반복되기도 한다. 이러한 문제점을 해결하기 위해 프로그램들을 조각내기도 한다. 이렇게 관련이 있는 기능들을 조각내어 필요한 경우에 불러 사용할 수 있도록 하는 프로그래밍 기법을 모듈화 프로그래밍이라고 한다.

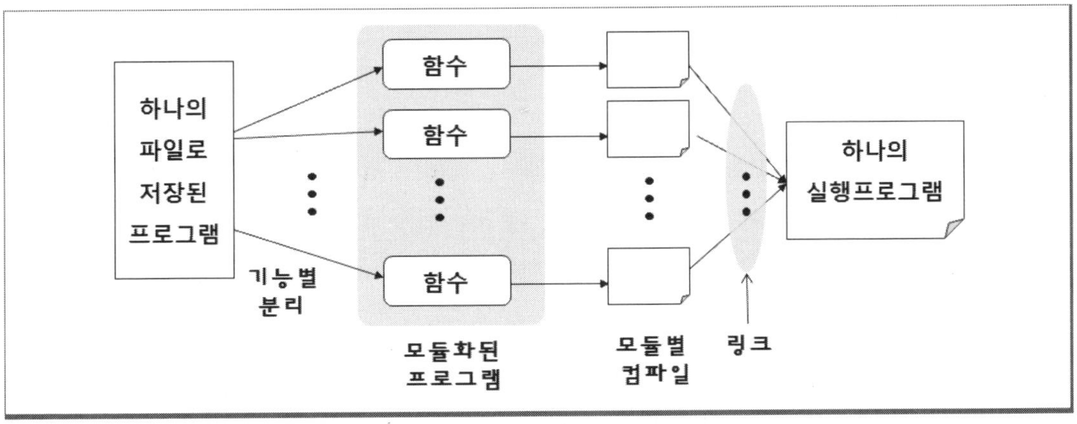

위와 같이 함수를 모듈화하면 가독성(readability)이 좋아지고, 프로그램의 코드가 기능별로 분리되어 있어 프로그램의 수정이 용이해진다. 반복되는 코드들은 하나의 모듈로 만들어 독립적으로 재사용(reusability)이 가능하기 때문에 불필요한 반복을 피할 수 있고 메모리를 절약할 수 있다. 함수는 독립적으로 작동하기 때문에 특정 모듈에서 발생하는 오류의 발견과 수정이 용이하다.

이런 함수와 구조적 기법은 1969년 NATO 소프트웨어 공학 협의회에서 dijkstra에 의해 처음으로 도입되었다. 구조적 기법의 목적은 수정과 유지보수가 쉬워야 하고 프로그램 및 프로그램 개발 과정을 간략화할 수 있어야 한다. 오류가 적고 품질이 높은 프로그램을 작성함으로써 프로그램의 개발 시간을 단축하고, 개발비용의 절감에 그 목적이 있다.

우리가 앞부분에서 학습한 많은 예제들 속에는 이미 main()함수가 존재하고 있다. main()함수에 대하여 상세히 알아보지는 않았지만 main()함수 안에는 컴퓨터에게 내리는 코드들이 들어있다는 정도는 알고 있다. C언어 프로그램에 함수가 여러 개 있다고 해도 프로그램은 항상 main()으로 시작한다. 이런 점을 제외하고는 다른 함수들과 아무런 차이점이 없다.

C언어에서 함수는 프로그래머가 직접 함수를 만들어 사용하는 방법과 컴파일러에서 제공하는 라이브러리 함수를 사용하는 방법이 있다. 라이브러리 함수는 자주 사용되는 함수들이 기능별로 정리되어 보관되어 있고, 원하는 함수를 사용하기 위해서는 함수가 정의되어 있는 헤더파일을 #include를 이용하여 포함시켜야 한다. 사용자 정의함수는 C언어에 정해진 형식에 맞추어 작성할 수 있다.

9.3 함수의 정의와 호출

● 함수의 정의

어떤 기능을 수행하는 함수를 만들기 위해서는 C 언어에서 정한 형식에 맞추어 만들어야 한다. EX_9_1 프로그램의 함수를 통해 알아보도록 한다. EX_9_1 프로그램의 05~10번 라인에 정의된 calculate()는 두 수를 넘겨받아 더한 후, 더한 결과 값을 되돌려주는 기능을 가진 함수이다.

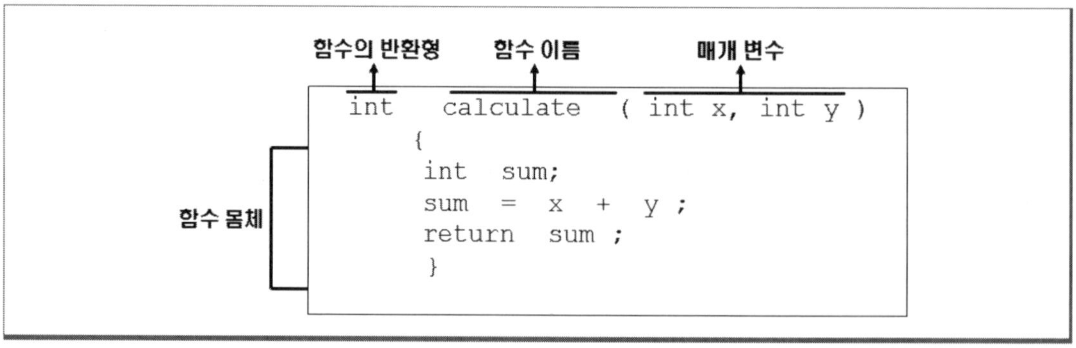

위 그림에서 보는 바와 같이 calculate()는 함수의 이름이다. 함수의 이름 옆에 있는 ()안의 변수 x와 y를 매개변수 또는 가인수라고 한다. main() 함수의 16번 라인에서 calculate(x, y)를 호출하여 main()함수에서 초기화된 변수 x와 y의 값 인 2와 3을 전달해 주는 역할을 한다.

함수의 몸체부분에서는 매개변수 x와 y로 넘겨받은 값을 더한다. 그 후 return문을 이용하여 두 수의 결과값이 들어있는 sum의 값을 호출한 곳으로 돌려준다. return문은 생략하면 정수형을 되돌려주고, 반환값이 없으면 void형이다. 하지만, return문을 사용하여 값을 돌려주는 경우에는 반드시 돌려주는 값과 일치하는 자료형으로 함수의 반환 자료형을 함수 이름 앞에 반드시 써주어야 한다.

위에서 정의된 함수에 대하여 살펴 보았는데, 함수를 정의하는 방법을 정리해 보면 다음과 같이 정리할 수 있다.

```
[반환 자료형] 함수이름 ( [매개변수 리스트] )
  {                                      ──────→ 함수의 시작
        함수의 몸체;

        return(식);                      ──────→ 연산결과 반환
  }                                      ──────→ 함수의 끝
```

〈함수의 정의 방법〉

위에서 함수의 기능을 코드화하는 함수의 정의에 대하여 알아 보았고, 그 다음으로 만들어진 함수를 호출하여 사용하는 방법인 함수의 호출에 대하여 알아보도록 하자.

함수의 호출

위에서 살펴본 바와 같이 정의된 함수를 사용하려면 반드시 함수를 호출해야 한다. 넘겨야 할 인수가 없을 경우에는 비어있는 괄호 또는 (void)를 사용하고, 넘겨야 할 인수가 있는 경우에는 매개변수 리스트를 만드는 형식에 맞추어 작성하도록 한다. 함수의 호출방법에 대해 알아보자.

〈함수의 호출방법〉

```
함수 이름 ( 실인수 리스트 ) ;
```

〈함수의 호출 과정〉

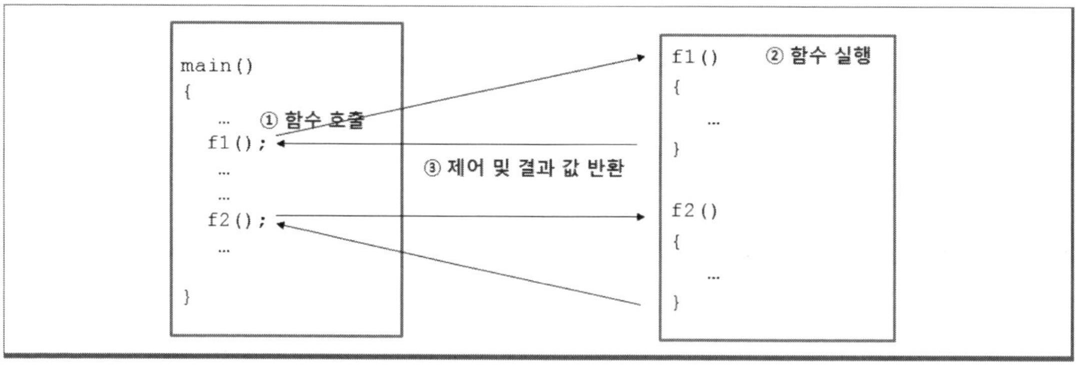

위의 그림과 같이 함수의 호출 과정을 살펴보면, 함수가 호출되고 정의된 함수쪽으로 제어권이 넘어간 후 정의된 함수가 실행된다. 함수의 실행이 끝나고 제어권이 다시 호출한 쪽으로 넘어가는 시점은 함수의 몸체 부분의 }를 만나거나 return문을 만났을 때이다.

함수의 인수 전달 과정

함수에서 자료를 전하는 방법으로는 Call by value(값에 의한 전달)와 Call by reference(주소에 의한 전달) 두 가지가 있다. Call by value는 C언어에서 일반적인 인수전달 방식이다. 호출함수의 인수의 값을 정의함수의 매개변수에 대입하고 나서 함수의 자료처리가 시작된다. 이 때 메모리 상의 매개변수에 복사되어 데이터의 전달이 끝나면 정의함수 쪽의 매개변수 값이 호출함수의 변수에는 영향을 미칠 수가 없다. 따라서 이것은 함수의 독립성과 안정성 면에서 유익하다.

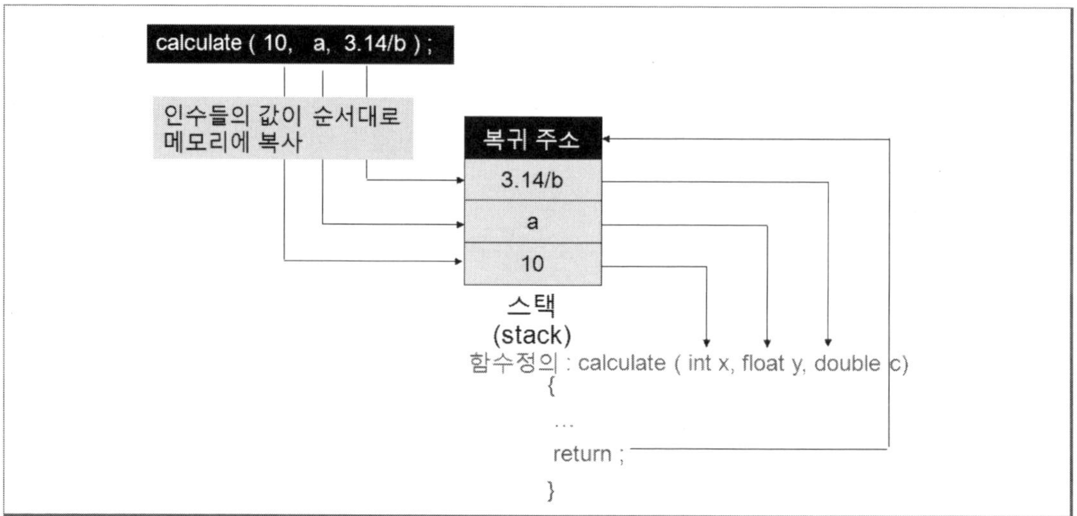

```
01	/* EX_9_2 :사칙연산 함수로 구성된 프로그램	*/
02	/*----------------------------------------------*/
03	#include <stdio.h>
04	int sum(int,int);
05	int sub(int,int);
06	int mul(int,int);
07	double div(int,int);
08
09	void main(void)
10	{
11		int x=2, y=3;
12
13		printf("sum()의 결과: %d\n", sum(x, y));
14		printf("sub()의 결과: %d\n", sub(x, y));
15		printf("mul()의 결과: %d\n", mul(x, y));
16		printf("div()의 결과: %f\n", div(x, y));
17	}
18
19	int sum( int x, int y )
20	{
21		return  x+y ;
22	}
23	int sub( int x, int y )
24	{
25		return  x-y ;
26	}
27	int mul( int x, int y )
28	{
29		return  x*y ;
30	}
31	double div( int x, int y )
32	{
33		return  (double)x/(double)y ;
34	}
```

위의 프로그램은 두 개의 정수를 넘겨주고 각 함수에서 사칙 연산 중의 하나를 수행한 결과를 main()함수에서 받아 출력한다.

우선 31~34번 라인의 div함수의 정의 부분을 살펴보자.

```
31    double div( int x, int y )
32    {
33            return  (double)x/(double)y ;
34    }
```

31번 라인은 매개변수 x, y를 만들어 호출할 때 넘겨주는 정수형 변수를 넘겨받도록 되어 있다. 33번 라인에서는 return으로 넘겨 주는 값을 수식으로 기술하였다. return 문의 반환값은 수식이나 단일한 변수 혹은 상수 모두가 가능하다. 33번 라인에서는 정수형으로 넘겨받은 x, y를 모두 double형으로 형변환하여 정확한 나눗셈의 결과값을 얻도록 하였다. 그렇기 때문에 div()의 함수의 반환형은 double로 지정되어야 한다. 다음으로 div()함수의 결과값을 출력하는 부분을 살펴보자.

```
15            printf("mul()의 결과: %d\n", mul(x, y));
16            printf("div()의 결과: %f\n", div(x, y));
```

곱셈과 나눗셈 함수의 결과 값을 출력하는 15~16번 라인을 살펴보면 함수를 직접 printf()문에서 출력되도록 넣어 주었다. EX_9_1 프로그램의 16번 라인에서는 함수의 반환값을 변수에 넣은 후 출력하도록 하고 있다. 하지만 간단히 함수의 결과를 출력만 할 때는 printf()문에 직접 넣어도 된다.

함수의 프로토타입(Prototype)

C언어는 함수의 인수 확인 기능을 명백히 하기 위해 함수의 프로토타입을 선언한다. 함수의 프로토타입은 매개변수의 수와 자료형, 함수의 반환자료형을 컴파일러에게 알려준다.

〈함수의 프로토타입 선언방법〉

```
반환자료형 함수명( 자료형 매개변수1, 자료형 매개변수2, ... );
```

위와 같은 방식으로 선언된 함수의 원형은 반드시 정의된 함수를 호출하는 부분의 위쪽에 선언되어 있어야 한다. C언어는 원패스 컴파일러이기 때문에 반드시 호출되는 시점 이전에 선언되어야 한다. 만일 함수를 호출하는 부분이 함수 정의 부분보다 먼저 컴파일이 된 경우에는 에러가 발생한다.

EX_9_1의 프로그램을 보면 함수의 프로토타입은 어디에도 없다. 그렇다면 EX_9_1의 프로그램은 문제가 없을 것인가에 대해 생각해 보아야 한다. EX_9_1의 프로그램은 아무런 문제도 일으키지 않고 에러없이 컴파일 된다. 그 이유는 함수의 정의 부분이 함수 호출문보다 위쪽에 정의되어 있기 때문이다.

다음은 EX-9_1의 프로그램의 함수 정의 부분을 main()이하로 이동시킨 후 함수의 프로토타입을 선언한 형태로 수정한 프로그램이다.

```
/* EX_9_3 : 두 수를 더하는 함수 프로그램                    */
/*-----------------------------------------------------*/
#include <stdio.h>

int calculate( int x, int y );

void main(void)
{
        int x=2, y=3, result;

        result = calculate(x,y);
        printf("Result: %d\n", result);
}

int calculate( int x, int y )
{
        int  sum;
        sum  =  x  +  y ;
        return  sum ;
}
```

다음은 함수의 인수와 리턴 반환문이 없는 경우의 프로그램이다. inputName() 함수는 인수와 반환값이 없는 함수이다. inputName() 함수는 단지 "이름을 입력하시오 -->" 라는 문자열을 출력하는 함수로써 사용된다.

```
01  /* EX_9_4 : 인수와 반환값이 없는 함수                  */
02  /*------------------------------------------------*/
03  #include <stdio.h>
04  void inputName(void);
05  void main()
06  {
07    char name[20];
08
09    inputName();
10    scanf("%s",name);
11  }
12
13  void inputName(void)
14  {
15    printf("이름을 입력하시오 -->");
16  }
```

이젠 입력받은 이름을 출력하는 outputName()함수를 만들어 보도록 하자.

outputName()은 EX_9_4의 07번 라인에서 입력받아 name이라는 문자열배열에 저장한 이름을 넘겨받아 출력하는 함수로 만들어야 한다. 다음의 EX_9_5라는 프로그램은 이런 기능을 수행하는 outputName()이라는 함수가 추가된 프로그램이다. name이라는 문자열을 어떻게 인수로 넘겨주었는지를 잘 살펴보도록 한다.

```
/* EX_9_5: EX_9_4에 이름 출력함수를 추가한 프로그램        */
/*-------------------------------------------------*/
#include <stdio.h>
void inputName(void);
void outputName(char *);
void main()
{
  char name[20];

  inputName();
  scanf("%s",name);
  outputName(name);
}
void inputName(void)
{
  printf("이름을 입력하시오 -->");
}
```

```
void outputName(char *str)
{
        printf("Input name is %s\n",str);
}
```

9.4 Call by Value와 Call by Reference

Call by value와 Call by reference는 함수의 인수를 넘겨주는 방식이다. Call by value로 인수를 전달하는 방법에 대하여 먼저 알아보도록 하자.

Call by Value

다음은 main()함수의 두 수 a1과 a2의 값을 넘겨 받아 둘 중 더 큰 수를 골라 결과값으로 돌려주는 max()함수에 관한 프로그램이다.

```
01   /* EX_9_6: 큰 값을 구하는 함수 프로그램                    */
02   /*-------------------------------------------------------*/
03   #include <stdio.h>
04   int max(int x, int y);
05   void main(void)
06   {
07           int a1 = 10;
08           int a2 = 20;
09
10           printf("Max number: %d.\n",max(a1,a2));
11   }
12
13   int max(int x, int y)
14   {
15           return x>y ? x:y;
16   }
```

EX_9_6 프로그램의 main()의 07~08번 라인이 실행되면 아래 그림의 왼쪽부분과 같이 메모리가 할당된다. main()함수에서 max(a1,a2)와 같이 호출하면 max()가 호출된다. max()가 호출되면서 다음 그림의 오른쪽과 같이 200번지와 204번지에 정수형의 숫자를 저장할 공간이 마련된 후,

main()의 a1과 a2에 들어있던 값인 10과 20이 각각 max()의 매개변수인 x와 y에 전달된다. 그 후, max()함수에서 x,y에 전달받은 두 수 중 큰 수를 골라 반환하게 된다.

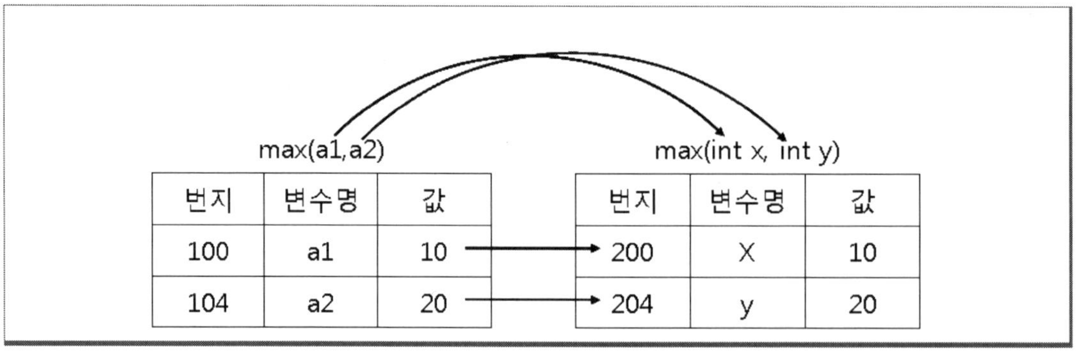

위의 그림에서 보는 바와 같이 Call by value로 인수를 전달하는 경우에는 서로 다른 메모리에 그 값을 복사하여 사용하게 된다. 이것은 인자와 매개변수는 서로 다른 메모리 공간에 자리잡고 있는 서로 다른 변수라는 것을 의미한다. 이렇게 Call by value 방식으로 값을 전달하여 처리가 가능한 경우도 있지만, Call by Reference 방식으로 처리를 해야하는 경우도 있다. 반드시 Call by Reference를 사용해야 하는 경우를 알아보기 앞서 Call by Value를 사용하면 생기게 되는 문제점에 대해 알아보도록 하자.

```
/* EX_9_7: 두 수를 고환하는 합수 프로그램                      */
/*            고환합수에서 직접 출력하는 프로그램               */
/*-----------------------------------------------------------*/
#include<stdio.h>
void swap( int a, int b);

void main()
{
        int n1=3, n2=5;
        swap( n1, n2 );
}
void swap( int a, int b ){
        int temp;
        printf("바꿔기 전 : %d\t%d\n",a, b);
        temp = a;
        a = b;
        b = temp;
        printf("바뀐  후 : %d\t%d\n",a, b);
}
```

EX_9_7 프로그램의 10번 라인에서 swap()함수가 호출되면 n1과 n2의 값이 그대로 12번 라인의 swap()함수의 인수 a와 b에게 전달된다.

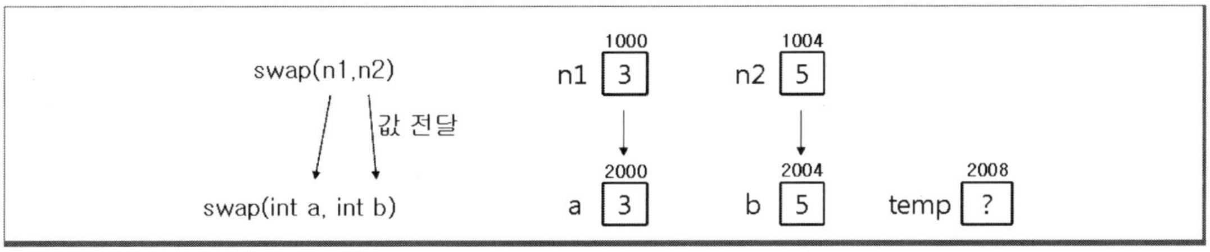

14번 라인의 printf()에서 바뀌기 전 값을 출력한다. 현재 swap()의 a와 b는 각각 3과 5를 전달받았기 때문에 3과 5가 출력된다.

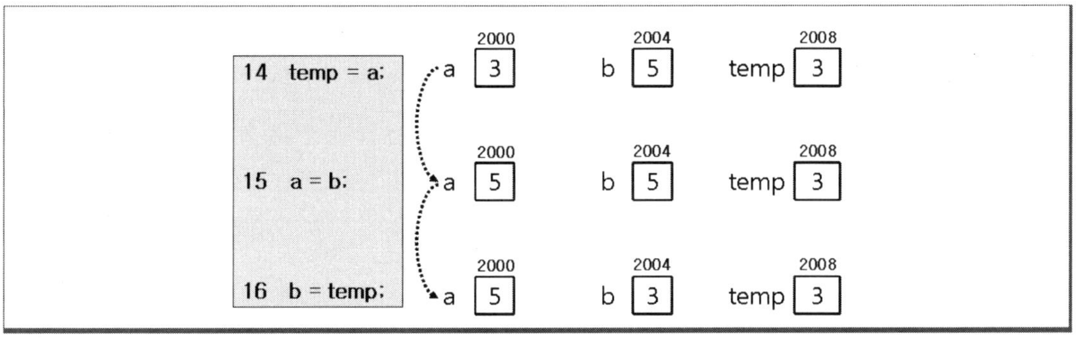

15번~17번 라인이 수행되고 나면 a와 b의 값이 서로 교환된다. 그렇다면 swap()함수의 출력 부분을 main()함수의 위치로 옮겨지는 경우를 생각해 보자.

```
/* EX_9_8: 두 수를 교환하는 함수 프로그램                    */
/*         main()함수에서 출력하는 프로그램                    */
/*------------------------------------------------*/
#include<stdio.h>
void swap( int a, int b);
void main()
{
        int n1=3, n2=5;

        printf("바꿔기 전 : %d\t%d\n",n1, n2);
        swap( n1, n2 );
        printf("바뀐  후 : %d\t%d\n",n1, n2);
}
```

```
14    void swap( int a, int b )
15    {
16            int temp;
17
18            temp = a;
19            a = b;
20            b = temp;
21    }
```

EX_9_8 프로그램을 실행시킨 결과는 다음과 같다.

```
바뀌기 전 : 3   5
바뀐   후 : 3   5
```

프로그램에서 swap()함수의 목적은 n1과 n2의 값을 교환하여 출력하는데 있다. 그러나, EX_9_8 프로그램은 그 목적을 충족하지 못한다. 그 이유를 알아보도록 하자.

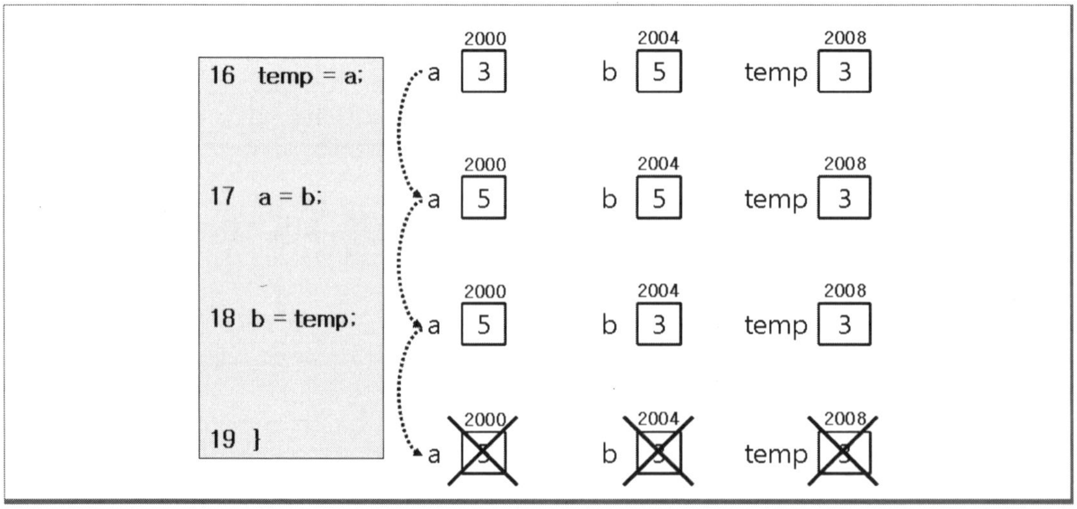

swap()함수의 18번~20번 라인에서는 EX_9_7과 같이 넘겨받은 두 수를 잘 교환한다. 그러나 출력하기 전에 21번 라인의 }를 만나게 된다. }를 만나게 되면 제어권이 swap()함수를 호출한 곳으로 넘어가게 된다. 따라서 swap()함수가 실행되면서 만들어진 변수인 a, b, temp들은 메모리 상에서 사라지기 때문에 main()함수의 변수에 대한 교환은 불가능하다.

출력부분을 main()함수에 그대로 두면서 swap()함수를 이용하여 두 수를 변경할 수는 없을까? 하는 의문을 가지게 될 것이다.

Call by Reference

```
01  /* EX_9_9: 두 수를 교환하는 함수 프로그램                    */
02  /*          Call by Reference 방식                          */
03  /*-------------------------------------------------------*/
04  #include<stdio.h>
05  void swap( int *a, int *b);
06  void main()
07  {
08          int n1=3, n2=5;
09
10          printf("바꿔기 전 : %d\t%d\n",n1, n2);
11          swap( &n1, &n2 );
12          printf("바뀐   후 : %d\t%d\n",n1, n2);
13  }
14  void swap( int *a, int *b ){
15          int temp;
16
17          temp = *a;
18          *a = *b;
19          *b = temp;
20  }
```

EX_9_9 프로그램에서 swap()함수를 호출하는 11번 라인이 실행되면 main()함수의 n1과 n2의 주소 값을 13번 라인의 swap()함수의 매개변수인 포인터 변수 a와 b에 넘겨준다.

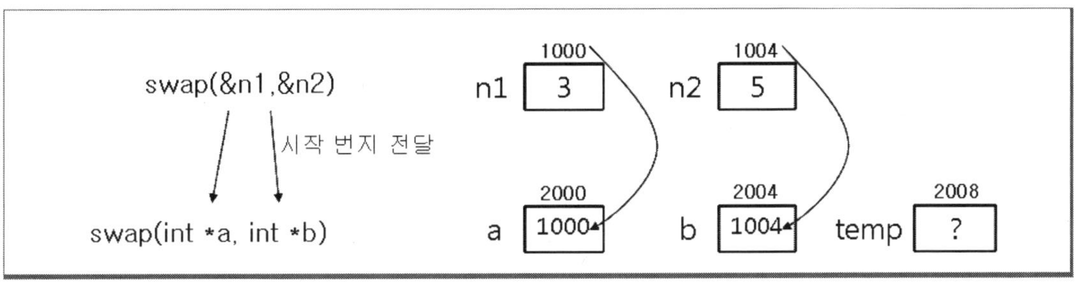

다음으로 swap()함수에서 두 수를 교환하는 17번~19번 라인의 코드가 실행되는 과정의 메모리의 변화는 다음과 같다.

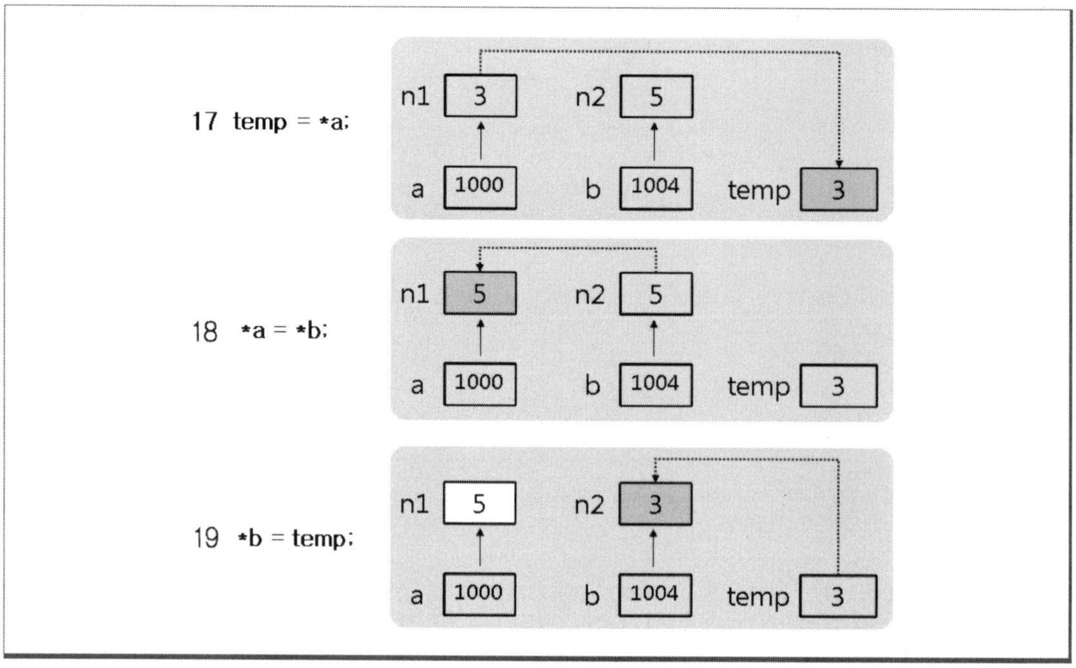

swap()함수는 포인터 변수를 이용하여 결과적으로는 main()함수의 n1과 n2의 값을 교환한다. 위의 프로그램과 같이 Call by Reference 방식을 사용하면 다른 함수의 변수에도 접근할 수 있다.

● 배열을 함수의 인수로 넘겨주는 방법

배열은 하나 이상의 요소를 가지고 있기 때문에 모든 요소를 call by value의 형태로 넘겨주는 것은 현실적으로 불가능하다. 그렇기 때문에 포인터를 이용한 call by reference 방식을 사용한다. 이것은 문자열을 처리하는 방식과 비슷한 방식으로 배열의 시작주소와 배열의 요소의 개수를 같이 인수로 넘겨주면 시작주소를 기준으로 배열에서 정한 요소의 개수까지 접근이 가능하게 된다. 또 다른 하나의 방법으로는 배열의 시작과 끝을 나타내는 주소값을 포인터 변수로 넘겨 받아 처리하는 방법이 있다.

10개의 요소를 가지는 배열 no에 들어 있는 값들을 각 함수에 넘겨주고 그 결과값을 얻도록 하는 코드인 EX_9_10 프로그램을 살펴 보도록 한다.

```
/* EX_9_10: 배열인 인수인 함수 프로그램              */
/*-------------------------------------------------*/

#include <stdio.h>
#define SIZE 10

int max(int x[], int y);
long sumArray(int [], int);
long sumPointer(int *, int *);
void main(void)
{
   int no[SIZE]={98, 84, 85, 96, 37, 48, 57, 27, 37, 48};
   printf(" Max-> %d\n", max(no, SIZE));
   printf(" Sum-> %d (by Array)\n", sumArray(no, SIZE));
   printf(" Sum-> %d (by Pointer)\n", sumPointer(no, no+SIZE));
}
int max(int x[], int y)
{
   int i, temp = 0;
   for(i=0; i<y; i++)
        if( x[i] > temp) temp = x[i];
   return temp;
}
long sumArray(int x[], int y)
{
        int i;
        long sum=0;
        for(i=0; i<y; i++)
                sum += x[i];
        return sum;
}
long sumPointer(int *start, int *end)
{
        long sum=0;
        while(start < end)
        {
                sum += *start;
                start++;
        }
        return sum;
}
```

배열의 시작주소와 크기를 넘겨받아 배열의 요소들 중 최대값을 구하여 반환하는 함수인 max()에 대해 알아보자.

```
int max(int x[], int y)
{
   int i, temp = 0;
   for(i=0; i<y; i++)
       if( x[i] > temp) temp = x[i];
   return temp;
}
```

max()함수는 max(no, SIZE)에 의해 호출된다. 이 때 넘겨지는 인수 배열의 시작주소인 no는 매개변수인 x에 값을 전달하고, 배열의 크기인 SIZE는 두 번째 매개변수인 y에 전달된다. max()함수 안의 for문에서는 배열 x[i]에 들어 있는 값을 현재의 temp값과 비교하여 x[i]에 들어있는 값이 temp보다 큰 경우에만 temp의 값을 x[i]로 변경하고 모든 요소들에 대한 비교가 끝난 후 temp에 들어 있는 최대값을 반환한다.

배열의 시작주소와 크기를 넘겨받아 배열요소들의 합을 구하는 함수 sumArray()에 대해 알아보자.

```
long sumArray(int x[], int y)
{
        int i;
        long sum=0;
        for(i=0; i<y; i++)
                sum += x[i];
        return sum;
}
```

sumArray() 함수는 max()와 같은 방식으로 배열의 시작주소와 크기를 넘겨 받는다. 함수에서는 for문을 이용하여 y값 즉 배열요소의 개수만큼을 sum이라는 변수에 x[i]를 누적하여 더한 후 그 값인 sum을 반환한다.

마지막으로 배열의 시작주소와 끝주소를 포인터 변수로 넘겨받는 sumPointer() 함수에 대하여 살펴보자.

```
long sumPointer(int *start, int *end)
{
        long sum=0;
        while(start < end)
```

```
        {
                sum += *start;
                start++;
        }
        return sum;
}
```

sumPointer(no, no+SIZE)에 의해 호출되는 sumPointer() 함수는 인수로 no와 no+SIZE를 넘겨 받는다. 이 과정을 그림으로 살펴보면 다음과 같다.

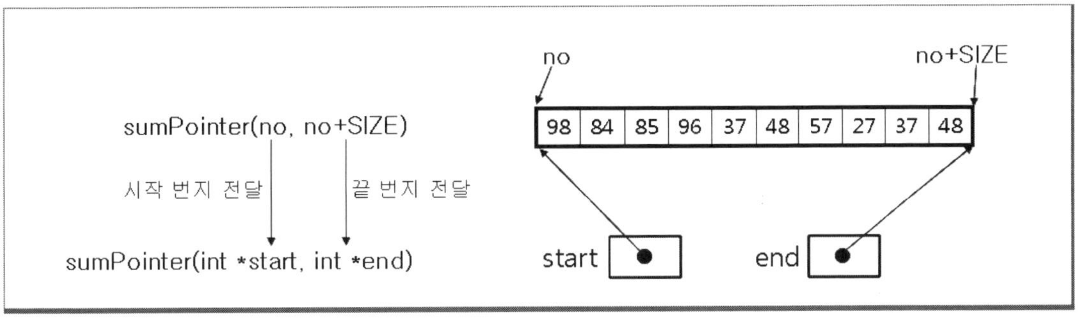

sumPointer() 함수의 매개변수 start는 no함수의 시작번지를 end는 마지막 요소의 다음 번지를 가리키게 된다. 따라서 sumPointer의 while문의 조건값인 start<end의 의미는 start 포인터가 마지막요소인 48이라는 값까지 더하고 그 이상이 되면 while문을 멈추라는 의미가 된다. 따라서, sum 변수는 start++에 하나의 요소씩 증가시켜 *start에 의해 가져오게 되는 값을 모두 더한 누적값을 가지게 되고 마지막으로 그 값을 반환하게 된다.

위의 다양한 함수들의 예에서 본 것과 같이 배열을 인수로 넘겨주는 방법은 다양하다는 것을 알 수 있었다. 프로그래머의 입장에서 이렇게 다양한 방법 중 가장 적합한 방법을 찾을 수 있도록 해야 한다.

연습문제

1. 다음의 내용을 읽고 맞으면 ○ 틀리면 ×로 답하시오.

   1) return명령어는 함수의 결과값을 돌려주기 위해 사용한다. ( )

   2) 값을 리턴하지 않는 함수의 앞에는 int를 붙여준다. ( )

   3) 함수의 프로토타입은 함수 호출 방법만 기술한 것이다.( )

2. 모듈화 프로그래밍의 장점에 대해 설명하시오.

3. 함수의 필요성에 대해 설명하시오.

4. Call by value와 Call by reference의 차이점에 대해 설명하시오.

5. 배열을 함수의 인수로 넘겨줄 때 반드시 넘겨주어야 할 값은 무엇인지 쓰고, 그 이유를 설명하시오.

6. 함수의 정의와 함수 선언을 구별하여 설명하시오.

7. EX_9_10의 프로그램을 수정하여 배열요소들의 평균값을 구하는 함수를 작성하고, 그 결과를 확인하시오.

8. 주어진 인수 m(m은 0이상의 정수)만큼 하이픈 "-"을 한 행에 출력하는 함수 line을 작성하라. 예를 들면 다음과 같은 문장을 수행하면

```
line(1); printf("\n");
line(2); printf("\n");
line(3); printf("\n");
```

다음과 같이 출력되어야 한다.

```
-
--
---
```

9. 위의 line함수를 참고하여 인수로 주어진 문자 ch를 m개만큼 출력하는 line_repeat를 작성하시오. 작성할 함수의 프로토타입은 다음과 같다.

```
line_repeat(char ch, int m);
```

10. 3자리 숫자 복권번호를 출력하는 프로그램을 작성하시오. 복권번호의 최소값은 100이고 최대값은 999이다. 프로그램을 실행하고 임의의 키를 누르면 그림과 같이 임의의 3자리 복권번호가 출력되도록 작성하시오.

```
복권추첨 시작!
아무키나 눌러주시면 번호가 출력됩니다.

백 십 일
 3  1  7
당첨번호를 확인하세요.
```

프로그램 Study

● **프로그램 개요 :** 연산자 수1 수2와 같이 입력한 값의 결과를 출력하는 프로그램을 작성한다.

● **프로그램 조건**

1) 프로그램은 계산 후 Q 또는 q를 누르기 전까지 계속된다.
2) 프로그램에서 가능한 연산은 +, -, *, /, %연산이다. 단, 나눗셈의 결과는 실수형이다.
3) 프로그램에서 수행하는 연산 5가지는 모두 함수로 구현되어야 한다.

● **순서도**

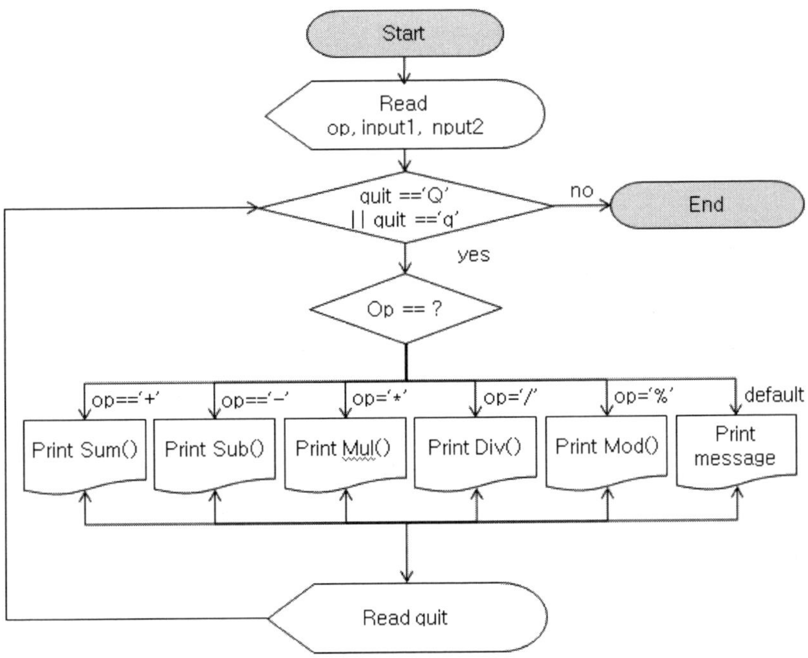

■ 프로그램

```
/* Case_Study_9 : 계산기 프로그램                    */
/*-----------------------------------------------*/
#include <stdio.h>
#include <conio.h>

int Sum( int x, int y);
int Sub( int x, int y);
int Mul( int x, int y);
int Mod( int x, int y);
double Div( int x, int y);

void main(){
        int input1, input2;
        char op, quit;
        //double dResult;

  do{
        printf(" 다음과 같이 계산할 항목들을 입력하시오.\n
                 ex) + 3 2\n");
        op = getche();
        scanf("%d", &input1);
        scanf("%d", &input2);

        switch(op){
                case '+': printf("%d %c %d = %d \n",input1, op,
                          input2, Sum(input1, input2));
                          break;
                case '-': printf("%d %c %d = %d \n",input1, op,
                          input2, Sub(input1, input2));
                          break;
                case '*': printf("%d %c %d = %d \n",input1, op,
                          input2, Mul(input1, input2));
                          break;
                case '/': printf("%d %c %d = %f \n",input1, op,
                          input2, Div(input1, input2));
                          break;
                case '%': printf("%d %c %d = %d \n",input1, op,
                          input2, Mod(input1, input2));
                          break;
                default : printf("에러: 입력한 수식이 틀렸음. 다시 입력하세
                          요.\n", op,input1, input2);
                          break;
        }
        printf("계속 하려면 아무키나 누르고, 프로그램을 끝내려면 Q/q를 누르세요
              \n");
        quit = getch();

  }while(!(quit == 'Q' || quit == 'q'));
}
```

```
int Sum( int x, int y)
{
        return x + y;
}
int Sub( int x, int y)
{
        return x - y;
}
int Mul( int x, int y)
{
        return x * y;
}
double Div( int x, int y)
{
        return (double)x / (double)y;
}
int Mod( int x, int y)
{
        return x % y;
}
```

프로그램 결과의 예

```
 다음과 같이 계산할 항목들을 입력하시오.
ex> + 3 2
+ 3 2
3 + 2 = 5
계속 하려면 아무키나 누르고, 프로그램을 끝내려면 Q/q를 누르세요
 다음과 같이 계산할 항목들을 입력하시오.
ex> + 3 2
- 3 2
3 - 2 = 1
계속 하려면 아무키나 누르고, 프로그램을 끝내려면 Q/q를 누르세요
 다음과 같이 계산할 항목들을 입력하시오.
ex> + 3 2
* 3 2
3 * 2 = 6
계속 하려면 아무키나 누르고, 프로그램을 끝내려면 Q/q를 누르세요
 다음과 같이 계산할 항목들을 입력하시오.
ex> + 3 2
/ 3 4
3 / 4 = 0.750000
계속 하려면 아무키나 누르고, 프로그램을 끝내려면 Q/q를 누르세요
 다음과 같이 계산할 항목들을 입력하시오.
ex> + 3 2
% 123 7
123 % 7 = 4
계속 하려면 아무키나 누르고, 프로그램을 끝내려면 Q/q를 누르세요
 다음과 같이 계산할 항목들을 입력하시오.
ex> + 3 2
& 2 3
에러: 입력한 수식이 올바르지 않습니다. 다시 입력하세요
계속 하려면 아무키나 누르고, 프로그램을 끝내려면 Q/q를 누르세요
Press any key to continue_
```

06~10 : 연산을 수행하는 함수들의 원형을 선언한다.
17 : do ~ while()문을 시작한다.
20~22 : 연산자와 피연산자1, 피연산자2를 입력받는다.
24 : switch()문에서 입력한 op를 입력한다.
25~27 : op=='+'이면 Sum()함수를 호출하여 덧셈의 결과를 추출하고, break;을 만나면 switch()문을 빠져나간다.
28~30 : op=='-'이면 Sub()함수를 호출하여 덧셈의 결과를 추출하고, break;을 만나면 switch()문을 빠져나간다.
31~33 : op=='*'이면 Mul()함수를 호출하여 덧셈의 결과를 추출하고, break;을 만나면 switch()문을 빠져나간다.
34~36 : op=='/'이면 Div()함수를 호출하여 덧셈의 결과를 추출하고, break;을 만나면 switch()문을 빠져나간다.
37~39 : op=='%'이면 Mod()함수를 호출하여 덧셈의 결과를 추출하고, break;을 만나면 switch()문을 빠져나간다.
40~42 : 위의 5가지 경우를 제외한 나머지 경우에 출력할 에러 메시지를 출력하고 break;을 만나면 switch()문을 빠져나간다.
44~46 : 프로그램의 키보드로부터 계속 실행 여부에 해당하는 값을 입력받아 quit 변수에 저장한다.
48 : quit의 값이 Q또는 q가 아니면 프로그램을 계속 실행한다.
50~53 : 두 개의 인수를 입력받아 덧셈의 결과를 반환하는 함수를 정의한다.
54~57 : 두 개의 인수를 입력받아 뺄셈의 결과를 반환하는 함수를 정의한다.
58~61 : 두 개의 인수를 입력받아 곱셈의 결과를 반환하는 함수를 정의한다.
62~65 : 두 개의 인수를 입력받아 나눗셈의 결과를 반환하는 함수를 정의한다. 이 때 나눗셈의 결과가 실수형이므로 반환형은 double로 지정한다.
66~69 : 두 개의 인수를 입력받아 나눗셈의 나머지의 결과를 반환하는 함수를 정의한다.

제 10 장

문자열과 파일 입출력

제10장

문자열과 파일 입출력

[단원목표]

- 문자열 관련 라이브러리 함수의 사용법을 이해한다.
- 파일처리의 기본 개념을 이해한다.
- 파일처리 함수들의 사용법을 이해한다.

10.1 프로그램 따라하기

다음은 포인터를 이용하여 문자를 출력하는 프로그램이다. 문자가 출력되는 다양한 방법을 아래의 프로그램을 통해 알아보자.

```
/* EX_10: 다양한 문자 출력 방법                 */
/*-------------------------------------------*/

#include <stdio.h>
#include <string.h>
void main()
{
        int i;
        char msg[]="I'm a freshman.";
        char *pmsg;

        pmsg=msg;

        for(i=0; i<strlen(msg); i++)
                printf("%c",msg[i]);
        printf("\n");

        for(i=0; i<strlen(msg); i++)
                printf("%c", *(pmsg+i));
        printf("\n");
```

```
21
22          printf("%s\n",msg);
23
24          printf("%s\n", pmsg);
25   }
```

◉ **프로그램 주무르기**

① 위 프로그램을 실행한 결과는? 프로그램을 보고 어떻게 그러한 결과가 나왔는지 생각해 보자.
② 12~16라인과 22번 라인의 결과를 비교하고 어떻게 하여 그런 결과가 나오는지 생각해 보자.
③ 12~16라인과 18~20 라인의 결과 값을 비교하고 pmsg와 msg의 관계에 대하여 생각해보자.
④ 19 라인의 *(pmsg+i)를 *(pmsg++)로 바꾸면 어떻게 되는지 그 결과를 생각해 보자.

10.2 문자열 처리 함수

C언어에서는 자주 사용되는 함수들을 미리 만들어 놓아 프로그래머가 별도로 만들지 않고도 사용할 수 있는 라이브러리 함수를 제공한다. 10.1에서의 문자열과 관련된 라이브러리 함수에 대해 알아보도록 하자.

문자(character) 라이브러리 함수

문자 관련 라이브러리 함수는 하나의 문자를 처리하는 함수들이다. 이 함수들은 사용자 입출력을 좀 더 세밀하게 제어할 수 있다.

다음은 문자 입출력 라이브러리 함수들에 대한 설명이다.

〈문자 입출력 함수〉

함수명	함수 설명
int getchar(void)	- 문자단위로 입력하는 함수 - 입력된 문자들은 버퍼에 저장됨 - Enter를 치면 버퍼에 입력을 끝내고, 한번에 한문자씩 버퍼에서 꺼냄 - 입력된 문자는 화면에 표시
int putchar(int c)	- 화면에 문자단위로 출력하는 함수 - 출력하고자 하는 문자를 버퍼에 출력하고 화면에도 표시함

int putc(int c)	- 버퍼형 출력으로 어떤 장치로도 출력가능 - '₩n' 으로 버퍼출력을 끝내며, 한번에 한자씩 버퍼에 출력함
int getch(void)	- 비버퍼형 입력함수로 한번에 한문자씩 입력받음 - 입력된 문자는 화면에 나타나지 않음
int putch(int c)	- 비버퍼형 화면출력으로, 한번에 한문자씩 화면에 출력
int getche(void)	- 버퍼형 입력함수로 한번에 한자씩 입력받음 - 입력받은 문자를 화면에 표시

다음은 버퍼형 입출력 함수의 활용 예이다.

```
/* EX_10_1: 버퍼형 문자입출력 함수              */
/*-------------------------------------------*/

#include <stdio.h>
#include <conio.h>
void main()
{
        char c;

        printf("문자를 입력하시오: ");

        c = getchar();
        putchar(c);
}
```

EX_10_1 프로그램에서 사용된 getchar()과 putchar()는 표준 입출력 함수로써 반드시 <stdio.h>를 include시켜한다. getchar()는 키보드로부터 한 개의 문자를 입력받는 것으로 [Enter]키가 눌려질 때까지 입력을 대기하고 있다가 [Enter]가 눌리면 버퍼로 입력된다.

〈EX_10_1의 결과화면〉

```
문자를 입력하시오: pretty
p
```

다음은 비버퍼형 입출력 함수의 활용 예이다.

```
/* EX_10_2: 비버퍼형 문자입출력 함수                  */
/*--------------------------------------------------*/
#include <stdio.h>
#include <conio.h>
void main()
{       char c;

        printf("문자를 입력하시오: ");

        c = getch();
        putchar(c);
}
```

EX_10_2 프로그램에서 사용된 getch()는 사용자가 키를 하나 누르자 마자 그 입력을 프로그램이 받아 들이고 화면에 표시하지는 않는다. 결과화면에서 보이는 a는 putchar()에 의해 표시된 것이다. getch()와 비슷한 함수로 하나의 문자를 입력받으면서 화면에 출력하는 getche()가 있다.

〈EX_10_2의 결과화면〉

```
문자를 입력하시오: a
```

문자열(string) 라이브러리 함수

다음은 문자열 입출력 라이브러리 함수들에 대한 설명이다.

기 능	형 식	설 명
문자열길이	int **strlen**(char*str)	인수로 문자열에 대한 주소를 입력받아 문자열의 끝을 나타내는 '₩0' 이전까지의 문자 개수를 반환
문자열복사	char ***strcpy** (char *str1, char str2)	문자열 str2의 내용을 문자열 str1에 복사
문자열결합	char ***strcat** (char *str1,char *str2)	문자열 str2를 문자열 str1 끝에 연결
문자열비교	int **strcmp** (char *str1,char *str2)	두 개의 문자열을 문자열의 처음부터 ASCII값으로 두 개의 문자가 다를 때 까지 비교하여 뺄셈 연산을 수행하여 str1==str2 → 0, str1〉str2 → 1, str1〈str2 → -1 을 리턴

문자열검색	char *strchr (char *str, int b)	문자열 str에서 찾고자 하는 문자 b의 주소값을 반환, 없으면 null 포인터를 반환
문자열(숫자)을 숫자로 변경 〈stdlib.h〉	int atoi(char *str) long atol(char *str) double atof(char *str)	+, -, 공백문자를 포함한 숫자로 구성된 문자열을 정수형(long 형, double형)으로 변경. 변환 불가능 시 0을 반환한다.

EX_10_3 프로그램은 문자열 처리함수의 활용 예를 보여주고 있다. 문자열 관련 함수를 사용하기 위해서는 <string.h>파일은 반드시 include시켜야 한다. EX_10_3 프로그램을 통해 문자열 함수가 어떤 경우에 사용되고 어떤 방식으로 문자열을 넘겨주는가에 대해 알아보도록 한다.

〈EX_10_3 프로그램〉

```
#include <stdio.h>
#include <string.h>
#include <stdlib.h>
void main()
{
        char str1[40], *loc;
        int len, ch;
        char *str2 = "hello";
        char *str3 = "my name is Gina";
        char *str4 = "-1.6";

        // strcpy( ) 예제
        strcpy(str1, str2);
        printf("strcpy() : ");
        puts(str1);
        // strlen( ) 예제
        len=strlen(str1);
        printf("strlen(hello) -> %d\n", len);
        // strcat( ) 예제
        strcat(str1, str3);
        printf("strcat(hello, my name is Gina) -> ");
        puts(str1);
        // strcmp( ) 예제
        printf("strcmp(hello, my name is Gina) -> %d\n",
                 strcmp(str1, str3));
```

```
26      // strchr( ) 예제
27      printf("Enter the characer to search for : ");
28      ch = getchar();
29      printf("Searched String=> %s\n",str1);
30      loc  = strchr(str1, ch);
31      if (loc == NULL )
32              printf("the character %c was not found \n", ch);
33      else
34      printf("the character %c was found at position %d\n",
35              ch, loc-str1+1);
36      // atoi( ) 예제
37      printf("atoi(-1.6) ->  %d\n", atoi(str4));
38  }
```

〈EX_10_3 프로그램의 결과〉

```
strcpy() : hello
strlen(hello) -> 5
strcat(hello, my name is Gina) -> hellomy name is Gina
strcmp(hello, my name is Gina) -> -1
Enter the characer to search for : a
Searched String=> hellomy name is Gina
the character a was found at position 10
atoi(-1.6) ->  -1
```

EX_10_3에서 사용된 문자열 관련함수에 대해 자세히 살펴보도록 하자.

```
12      // strcpy( ) 예제
13      strcpy(str1, str2);
14      printf("strcpy() : ");
15      puts(str1);
```

EX_10_3 프로그램의 13번 ~ 15번의 라인을 살펴보면 strcpy는 str2의 문자열을 str1에 그대로 복사하여 주는 함수이다. 이 때 주의할 점은 str1이 확보하고 있는 문자열의 길이가 str2의 길이보다 항상 크게 확보되어 있어야 한다. 따라서 str1의 문자열은 “hello”가 된다.

다음은 strlen()함수의 사용법에 대하여 알아보자.

```
16          // strlen( ) 예제
17          len=strlen(str1);
18          printf("strlen(hello) -> %d\n", len);
```

17번 라인에서 strlen(str1) 함수는 str1 문자열이 가지고 있는 문자열의 개수를 세어 그 결과값을 반환하며 그 결과값을 len이라는 변수가 반환받는다. 18번 라인에서는 문자열의 결과값인 len 값을 출력한다.

다음은 strcat()함수의 사용법에 대하여 알아보자

```
19          // strcat( ) 예제
20          strcat(str1, str3);
21          printf("strcat(hello, my name is Gina) -> ");
22          puts(str1);
```

strcat()함수는 문자열 str2를 문자열 str1 끝에 연결시켜주는 함수이다. 20번이 실행될 때 str1의 문자열은 "hello"이고 str3의 문자열은 “my name is Gina"이다. 따라서 "hello"의 바로 뒤에 "my name is Gina"가 바로 연결되므로 "hellomy name is Gina"와 같은 결과 값을 얻게 된다.

다음은 strcmp()함수에 대하여 알아보자.

```
23          // strcmp( ) 예제
24          printf("strcmp(hello, my name is Gina) -> %d\n",
25                  strcmp(str1, str3));
```

strcmp() 함수는 두 개의 문자열을 처음부터 비교하여 ASCII값으로 두 개의 문자가 다르면 뺄셈 연산을 수행한다. 24번 라인의 printf문에서 str1과 str3를 비교하면 각 문자열이 첫글자를 비교하게 되는데, str1의 ‘h’와 str2의 ‘m’을 비교하게 된다. ‘h’의 아스키 코드값 - ‘m’의 아스키 코드값은 0보다 작기 때문에 -1을 결과값으로 반환하게 된다.

다음은 strchr()함수에 대해 알아보자.

```
26          // strchr( ) 예제
27          printf("Enter the characer to search for : ");
28          ch = getchar();
29          printf("Searched String=> %s\n",str1);
30          loc  = strchr(str1, ch);
31          if (loc == NULL )
32                  printf("the character %c was not found \n", ch);
33          else
34          printf("the character %c was found at position %d\n",
35                  ch, loc-str1+1);
```

strchr()함수는 문자열에서 찾고자 하는 문자의 주소값을 반환하거나 없는 경우에는 null 포인터를 반환한다. 30번 라인에서 str1에 들어 있는 문자열은 "hellomy name is Gina"으로 결과화면의 6번째 줄에서 확인할 수 있다. 결과화면의 5번째 줄에서는 찾을 문자로 'a'를 입력하였다.

strchr()이 넘겨준 값은 우리가 찾는 문자 'a'의 메모리상의 주소이므로 34번 라인의 loc-str1+1과 같이 문자열상의 몇 번째 문자인가를 나타낼 수 있도록 하는 수식을 사용한다.

마지막으로 숫자로 된 문자열을 실제 숫자로 바꿔주는 atoi()함수에 대해 알아보자.

```
36          // atoi( ) 예제
37          printf("atoi(-1.6) ->  %d\n", atoi(str4));
```

atoi()함수는 +, -, 공백문자를 포함한 숫자로 구성된 문자열을 정수형으로 변경한다. 만일 변경이 불가능하면 0을 반환한다. 37번 라인에서는 str4가 가지는 문자열이 "-1.6"이기 때문에 그 중 정수로 변환이 가능한 부분만 변환되어 -1이라는 결과값을 가진다.

10.3 파일 입출력

파일의 기본 개념

파일이란 컴퓨터의 하드 디스크 같은 저장장치에 정보들을 저장하는 장소를 말하며 그 장소의 이름을 파일명이라고 한다.

일반적으로 파일은 텍스트 파일과 이진(binary) 파일로 나뉜다. 텍스트 파일은 인쇄가 가능한 텍스트와 같은 문자들로 구성된 파일로 EOF나 '\n'과 같은 특수문자에 의해 구분되는 문장들로 구성되어 있다. 반면에 이진파일은 인쇄가 불가능한 데이터들로 구성된 파일로 텍스트 파일과는 달리 파일의 처음부터 끝까지 데이터가 연결되어 있다. 이진파일에서 EOF나 '\n'과 같은 특수문자는 별다른 의미가 없다.

● 파일 처리순서

파일을 처리하는 순서는 다음과 같다. 파일을 처리하기 위해 제일 처음으로 해야할 일은 파일 포인터 선언하는 것이다. 선언된 파일 포인터에 fopen()함수를 이용하여 파일을 연다. 파일 포인터에 연결된 파일을 파일함수를 이용하여 처리한 후, fclose ()로 파일과 파일포인터의 연결을 끊는다.

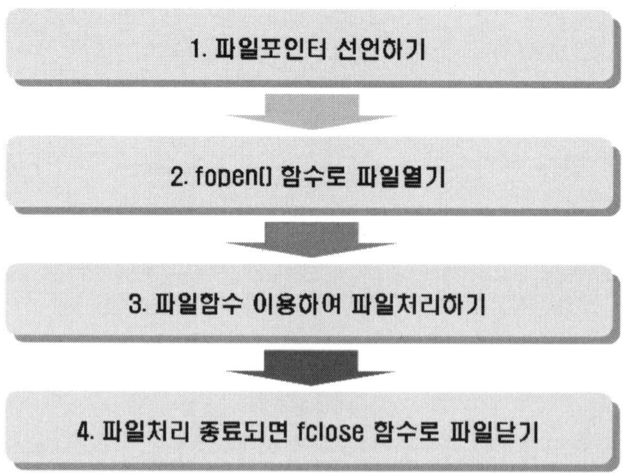

● 파일 처리방법

파일 포인터를 선언하는 방법을 알아보자.

파일 포인터는 취급하고자 하는 파일에 관한 정보를 보관하는 구조체인 FILE을 사용한다. 파일 포인터를 이용하여 파일열기, 파일접근(Read/Write), 파일닫기의 구현이 가능하다.

〈파일 포인터 선언방법〉

```
① FILE *파일포인터 변수;
② FILE *파일포인터 변수1, *파일포인터 변수2, … ;
```

한 개의 파일 포인터를 선언할 때는 ①번과 같이 선언하고, 여러 개의 파일 포인터를 선언할 때는 ②번과 같은 방법으로 선언한다.
파일포인터를 선언한 후에는 fopen()함수를 이용하여 파일을 연다.

〈파일 열기〉

```
파일 포인터 = fopen("파일명", "접근모드")
```

fopen()함수의 "파일명"은 디스크에 저장되거나 이미 저장되어 있는 파일명을 의미하고 접근모드(access mode)는 해당파일에 접근하는 방법을 명시하는 것이다.

다음은 순차파일과 임의 접근 파일의 접근 모드에 대한 설명이다.

◎ 순차파일의 접근모드

- r: read (해당 파일을 읽기 전용으로 오픈)
- w: write (해당 파일에 대한 변경이 가능한 상태로 오픈)
- a: append (내용 추가)
- t: text file (default 임)
- b: binary file (2진 모드)

◎ 임의접근파일에 추가된 모드

- r+ : 파일 갱신(읽기/쓰기)을 위해 개방
- w+ : 파일갱신을 병행 (파일이 있으면 내용이 지워짐)
- a+ : 파일 내용끝에 읽기/쓰기를 병행
- w+t : text mode
- a+t : text mode
- r+b : binary mode
- w+b : binary mode
- a+b : binary mode

fopen()을 사용하여 파일이 정상적으로 열리면 해당 파일 포인터가 반환되며 r모드에서 해당 파일이 없거나 손상되어 열기가 불가능한 경우에는 null값을 반환한다. w나 a 접근모드에서는 열기할 파일이 디스크에 없으면 해당파일명으로 파일을 생성시킨다. 하지만 w모드일 때 기존파일이 디스크에 있는 경우에는 기존의 자료가 지워지게 된다.

파일을 열고나면 fprintf(), fscanf(), fgets(), fputs()와 같은 파일처리 함수를 이용하여 파일을 처리한다. 파일처리가 모두 끝나고 나면 파일 포인터를 닫아준다. 열려있는 파일은 반드시 fclose() 함수를 이용하여 닫아주어야 한다.

〈파일 닫기〉

```
fclose (file_pointer);
```

fclose()함수의 인수로는 열려있는 파일포인터가 들어간다. fclose() 함수로 파일이 정상적으로 닫힌 경우에는 반환값으로 0을 반환하고 오류가 발생한 경우에는 -1의 값을 반환시킨다.

이제 본격적으로 파일 처리 프로그램을 살펴보도록 하자.

```
01  /*EX_10_4 : 파일처리 프로그램(w모드)            */
02  /*-------------------------------------------*/
03
04  #include <stdio.h>
05  void main( )
06  {  //파일포인터 선언
07     FILE *file1;
08     //파일 열기
09     file1 = fopen("test1.dat","w");
10     //파일 처리
11     fprintf (file1,"%s %ld %s\n",
12              "Jung, Young-Ae",730221,"575-3353") ;
13      fprintf (file1,"%s %ld %s\n",
14              "Lee, Young-Ae", 720102,"9809-2999") ;
15      //파일 닫기
16      fclose (file1);
17  }
```

EX_10_4 프로그램의 파일 처리부분의 fprintf()함수는 printf()함수와 사용법이 거의 같다. 다만 printf()는 화면상에 결과를 출력하는 반면 fprintf()는 파일로 결과값을 출력한다. EX_10_4 프로그램을 실행시키면 EX_10_4 파일이 들어있는 프로젝트 폴더에 우리가 지정한 파일이름인 "test1.dat"라는 파일로 우리가 11번~14번 라인에서 처리해 준 결과가 출력되어 있음을 확인할 수 있다. EX_10_4 프로그램 실행 후 생긴 파일을 메모장으로 열어본 결과이다.

우리가 처리한 그대로 "test1.dat"파일에 출력되어 있음을 확인할 수 있다. 존재하고 있는 파일을 열어 내용을 덧붙여 출력할 수 있는 a모드로 파일처리한 EX_10_5 프로그램을 살펴보자.

```
01    /*EX_10_5 : 파일처리 프로그램(a 모드)              */
02    /*---------------------------------------*/
03
04    #include<stdio.h>
05    void main( )
06    {
07       FILE *file ;
08
09       file=fopen ("test1.dat", "a") ;
10
11       fprintf (file, "%s %ld %s\n", "Lee, HaHa",
12                960103, "444-3342") ;
13       fprintf (file, "%s %ld %s\n", "Kim, Mong",
14                960104, "454-3677") ;
15
16       fclose(file) ;
17    }
```

EX_10_5 프로그램은 a모드로 파일을 처리하기 위하여 09번 라인에서 파일 접근 모드를 "a"로 지정하였다. 11번~14번 라인에서는 EX_10_4와 같은 fprintf()함수를 써서 파일로 데이터를 출력하는데 이 때 파일에 대한 접근모드가 추가모드이기 때문에 기존에 test1.dat파일이 가지고 있던 내용 다음에 그 내용이 추가된다. EX_10_5 프로그램이 실행된 결과는 다음과 같다.

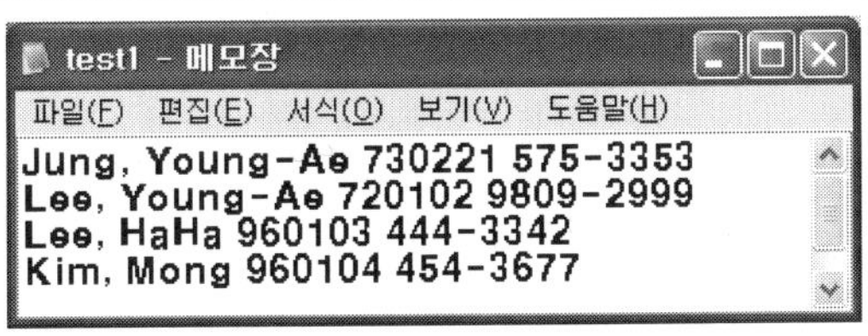

```
/*EX_10_6 : 이진 파일 처리 프로그램                    */
/*-------------------------------------------*/

#include <stdio.h>
void main( )
{
    FILE *file1;
    file1 = fopen("test2.dat", "wb");
    fprintf (file1, "%s %ld %s\n", "HaHa", 811002, "629-6430") ;
    fprintf (file1, "%s %ld %s\n", "Mong", 800102, "627-7896") ;
    fclose (file1);
}
```

EX_10_6 프로그램은 파일 생성 후 이진파일로 출력하는 프로그램으로 그 결과는 다음과 같다.

다음에서 fscanf()와 feof()를 이용하여 파일에서 문자열을 읽어오는 EX_10_7 프로그램을 살펴보자.

EX_10_7 프로그램을 살펴보기에 앞서 test1.dat의 내용은 아래와 같다.

```
01  /*EX_10_7 : 텍스트파일에서 자료 읽어오기        */
02  /*--------------------------------------*/
03  #include <stdio.h>
04  #include <conio.h>
05  void main( )
06  {
07     FILE *file1;
08     char name[15];
09     long no;
10     char tel_no[15];
11
12     file1=fopen("test1.dat", "r");
13     while(!feof(file1))
14     {
15          if (fscanf(file1, "%s %ld %11s",
16               name,&no,tel_no))
17          printf("* Name : %s * No : %ld * Tel
18                    :%s\n", name, no, tel_no);
19     }
20     fclose(file1);
21     getch();
22  }
```

EX_10_7 프로그램의 13번 라인은 feof()함수가 함수의 끝을 만날 때까지 처리할 수 있도록 하고 있다. 15번~16번 라인은 fscanf()함수가 정상적으로 처리된 경우에만 17번 ~18번 라인의 printf()함수를 실행할 수 있도록 해 놓고 있다. fscanf( )함수로 문자열을 읽을 때는 문자열이 공백이나 개행문자를 포함하면 문자열을 제대로 읽을 수 없기 때문에 필요없는 문자들은 모두 제거한 텍스트 파일을 사용해야 한다.

다음으로 fseek()함수를 사용하여 파일 포인터를 이동시킨 후 원하는 파일을 읽어오는 EX_10_8 프로그램에 대해 살펴보자.

fseek()함수는 다음과 같은 형식으로 사용할 수 있으며, 각 인수에 대한 설명은 다음과 같다.

```
int fseek ( 파일포인터, 건너뛸 바이트 수, 시작점 ) ;
```

◎ **시작점 : 세가지 종류**

- 0 - 파일의 시작위치 (SEEK_SET)
- 1 - 파일 내 현 위치 (SEEK_CUR)
- 2 - 파일의 마지막 위치 (SEEK_END)

◎ **건너뛸 바이트 수**

- 지정위치에서 해당 바이트 만큼 건너 뜀
- 시작점2인 경우 -값을 주면 파일의 끝에서 앞으로 이동함

EX_10_8 프로그램을 살펴보기에 앞서 test1.dat의 내용은 아래와 같다.

```
01  /*EX_10_8: 텍스트파일에서 자료읽어오기          */
02  /*--------------------------------------*/
03
04  #include <stdio.h>
05  #include <conio.h>
06  void main( )
07  {
08     FILE *inf;
09     char name[15];
10     inf= fopen("test1.dat", "rt");
11
12     fseek(inf, 30, 0);
13     fscanf(inf, "%15s", name);
14     printf ("%15s", name);
15     getch( );
16     fclose(inf);
17  }
```

EX_10_8 프로그램의 12번 라인의 fseek(inf, 30, 0)이 실행되면 파일의 포인터가 test1.dat파일의 30번째 문자로 이동하고 13번 라인에 의해 30번째 글자부터 15개만큼의 문자를 읽어 name[15]에 넣어준다. 그 후, 14번 라인에 의해 name에 들어있는 문자열을 출력하여 다음과 같은 결과 값을 출력한다.

연습문제

1. 파일처리과정을 4단계로 설명하시오.

2. 한 번에 일정한 크기의 데이터를 파일에서 읽어오는 함수는 (   )이고, 쓰는 함수는 (   )이다.

3. fseek() 함수는 파일의 위치 지정자를 임의로 지정할 수 있다. 사용되는 함수의 모드는 아래와 같이 3가지가 있다. 3가지 모드 값의 의미를 설명하시오.

   1) SEEK_SET   2) SEEK_CUR   3) SEEK_END

4. 다음 프로그램의 문제점을 지적하시오.

```
#include <stdio.h>
void main( ){
   FILE file1;
   *file1 = fopen("test2.dat", "wb");
    fprintf (*file1, "%s %ld %s₩n", "Mong", 800102, "627-7896") ;
    fclose (*file1);
}
```

5. 파일에 임의의 영문 데이터를 쓰고, 그 파일에서 영문 데이터를 읽어와 대문자는 소문자로 소문자는 대문자로 출력하는 프로그램을 작성하시오.

6. 파일의 내용에 행 번호를 붙여서 출력하는 프로그램을 작성하시오.

7. 다음의 표의 형식대로 파일 “phone.txt”에 저장하는 프로그램을 완성하시오.

이름	전화번호
탁재식	010-3321-7569
유이원	010-5523-6985
김제빈	010-4562-9874

8. 7번에서 생성한 파일 “phone.txt”를 읽고 문자단위로 출력하는 프로그램을 완성하시오.

```
#include <stdio.h>
#include <stdlib.h>
int main(void)
{
  char ch;
  FILE *fp;
  fp=fopen(                    );
  if(fp==NULL)
  {
     printf("파일을 여는데 오류가 발생했습니다.");
     exit(1);
  }
  while((ch=fgetc(fp)) !=                    );
  {
     printf("%c",                    );
  }
  fclose(fp);
  printf("\n");
  return 0;
}
```

프로그램 Study

● **프로그램 개요** : 문자열을 인수로 넘겨받아 거꾸로 출력하는 문자열함수를 작성하는 프로그램을 작성한다.

● **프로그램 조건**

1) 문자열을 포인터 변수를 이용하여 선언한다.
2) 함수의 인수로 문자열의 포인터 변수를 넘겨준다.
3) InverseString()함수는 거꾸로된 문자열을 반환한다.

● **순서도**

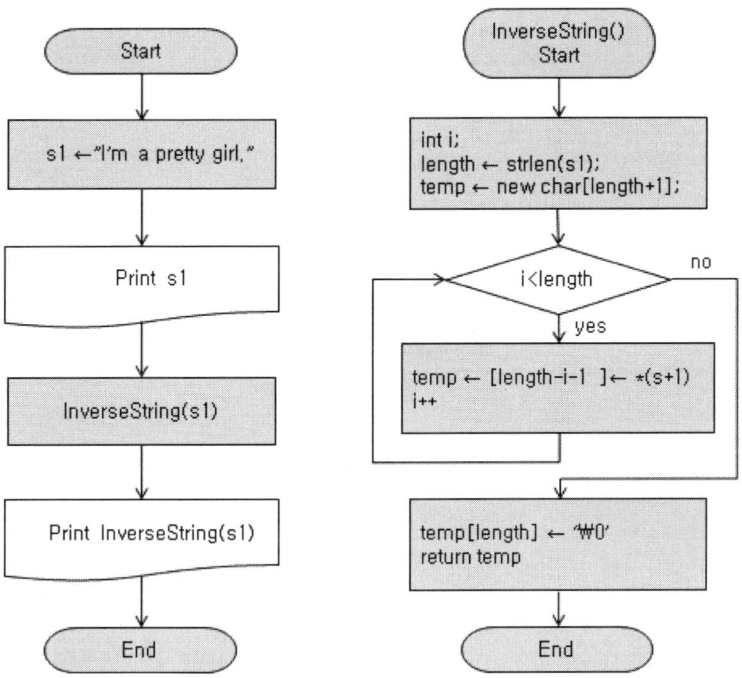

■ 프로그램

```
01    /*EX_10_ps : 문자열을 거꾸로 출력하는 문자열 함수          */
02    /*----------------------------------------------*/
03
04    #include <stdio.h>
05    #include <conio.h>
06    #include <string.h>
07    char* InverseString(char *s);
08
09    void main()
10    {
11            char *s1 = "I'm a pretty girl.";
12
13            printf("%s\n",s1);
14            printf("%s\n",InverseString(s1) );
15    }
16
17    char* InverseString(char *s)
18    {
19        int i;
20        int length = strlen(s);
21        char *temp = new char[length+1];
22
23        for(i=0; i<length; i++) {
24            temp[length-i-1] = *(s+i);
25        }
26        temp[length] = '\0';
27        return temp;
28    }
```

```
I'm a pretty girl.
.lrig ytterp a m'I
```

20 : strlen()함수를 이용하여 넘겨받은 문자열의 길이를 구하고 그 값을 length라는 변수에 넣어준다.

21 : new 명령어를 이용하여 char형의 자료를 length+1개 만큼 넣을 수 있는 메모리를 할당하고 그 시작 주소를 temp에 넘겨준다. 여기에서 메모리를 length+1개만큼 할당하는 이유는 strlen에 의해 구해진 문자열의 길이에는 null 문자를 포함하고 있지 않기 때문에 null문자의 공간 확보를 하기 위함이다.

23~25 : s가 가리키는 문자열에서 차례대로 가져온 문자들을 temp에 뒤에서부터 채워 넣어 결국 문자열을 거꾸로 옮기는 결과를 가져온다.

제 11 장

구조체

제11장

구조체

[단원목표]

- 구조체의 필요성, 구조체의 선언, 정의, 초기화 방법을 이해한다.
- 구조체 배열과 구조체 포인터의 사용법을 이해한다.
- 중첩 구조체와 자기 참조 구조체의 개념을 이해한다.

11.1 프로그램 따라하기

구조체(structure)란 관련이 있는 여러 가지 데이터형의 자료들을 하나의 그룹으로 묶어 하나의 변수처럼 사용할 수 있게 하는 방법이다. 구조체를 구성하는 각각의 데이터들은 구조체 변수 이름을 이용하여 집단적으로 관리하기 위하여 사용한다. 다른 프로그래밍 언어에서는 레코드(record)라고도 한다.

다음은 구조체를 이용하여 학생에 대한 자료를 처리하는 간단한 프로그램인 EX_11_1을 살펴보자.

```
/* EX_11_1 : 학생의 이름과 평균값을 다루는 구조체          */
/*-----------------------------------------------*/
#include<stdio.h>

struct Student
{
 char name[11];
 double average;
};

void main()
{
 struct Student firstStudent ={"이슬이", 0.0};
 firstStudent.average = 83.3;
```

```
15
16    printf( "1번 학생의");
17    printf( " 이름: %s\n\t  ",firstStudent.name);
18    printf( " 평균: %5.1f\n",firstStudent.average);
19  }
```

◉ **프로그램 주무르기**

① 위 프로그램을 실행한 결과는? 프로그램을 보고 왜 그러한 결과가 나왔는지 생각해 보자.

② 05~09번 라인의 코드를 보고 구조체를 정의하는 방법을 이해하자.

③ 13~14번, 17~18번 라인에 구조체의 멤버에 값을 넣어주고 그 값을 출력하는 방법에 대해 이해하자.

● 구조체의 선언과 정의

구조체(structure)는 관련된 여러 가지의 데이터 형을 하나의 그룹으로 묶어 마치 하나의 변수처럼 다룰 수 있게 하는 것이다. 다음은 학생의 기본 정보를 나타내기 위한 정보를 구조체로 만든 것이다.

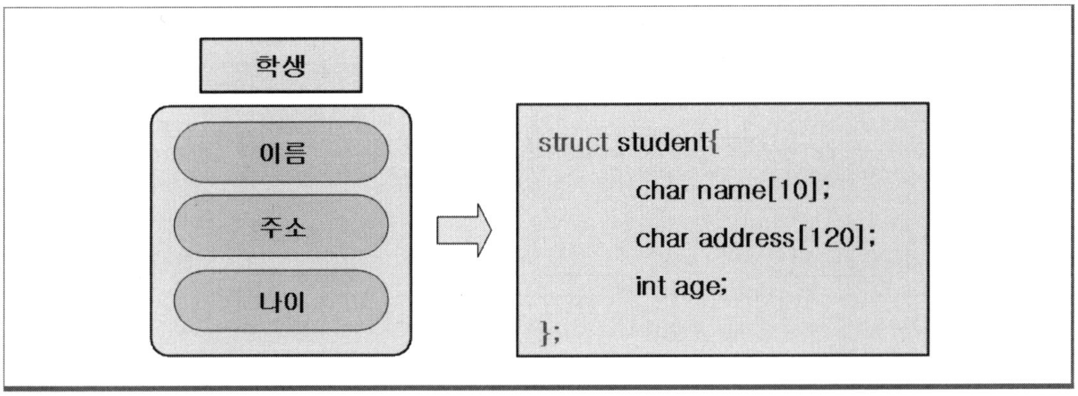

배열은 같은 자료형 여러 개를 묶어 조작하기 쉽게 한 자료형이라면 구조체는 서로 다른 자료형을 하나의 변수처럼 사용할 수 있게 한 것이다.

학생을 구조체로 표현하는 멤버들로 이름, 주소, 나이를 추출하였다. 그리고, 각 멤버들에게 알맞은 자료의 형태로 name과 address는 문자열 처리를 위한 문자형 배열로, age는 숫자처리를 위한 정수형으로 선언하였다.

```
05    struct Student
06    {
07     char name[11];
08     double average;
09    };
```

EX_11_1 프로그램의 05번~09번 라인은 학생의 이름과 평균성적을 저장하기 위하여 구조체 템플릿을 정의한 것이다.

구조체 템플릿을 정의하는 방법은 아래와 같은 구조로 선언한다.

```
struct  tag-name {
      member-name1;
      member- name2;
      member- name3;
} variable-name;
```

구조체의 맴버(member) 혹은 필드(field)

반드시 ;(세미콜론)을 붙임

구조체는 다음과 같은 형태로 템플릿 선언을 하고 구조체의 변수선언을 따로 한다.

```
struct book{
        char title[100];
        char author[10];
        int date[8];
};
```

⇨ 구조체 템플릿 선언

```
struct book bookstore;
```

⇨ 구조체 변수의 선언

또 다른 방법으로는 템플릿의 선언과 동시에 구조체 변수를 선언하는 방법이 아래와 같은 방법이 있다. struct 선언은 반드시 세미콜론(;)으로 끝나야 한다.

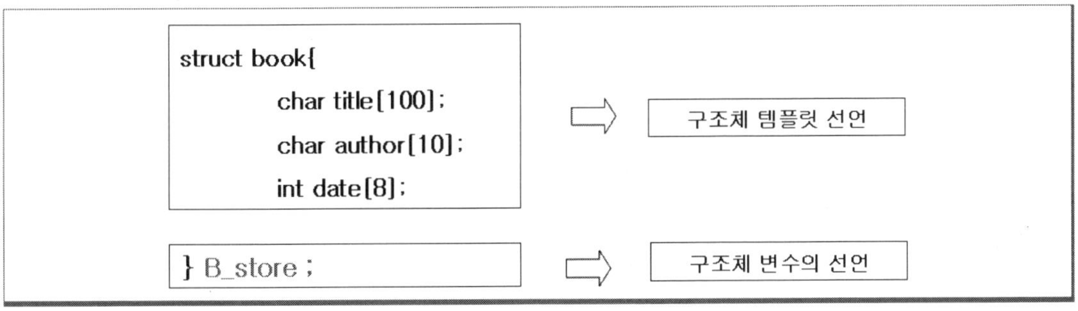

구조체의 초기화

구조체를 초기화하는 방법은 배열을 선언할 때 초기화하는 방법과 비슷하다. 다만 구조체는 각 멤버들의 자료형이 다르다는 차이점을 가진다. 구조체 템플릿의 멤버 순서와 데이터형에 따라 초기값을 할당하며 각 초기값은 콤마로 분리한다.

```
struct 구조체이름 = {초기화 목록};
```

EX_11_1에서 구조체 변수가 선언된 부분은 13번 라인이다. 구조체 변수의 이름은 firstStudent로 선언되었고, 아래와 같이 초기화 되었다. 구조체의 구조와 초기화하는 방법을 살펴보자.

```
13   struct Student firstStudent ={"이슬이", 0.0};
```

13번 라인과 같이 선언된 구조체 변수 firstStudent의 멤버인 name과 average는 {}안의 초기화 목록의 순서에 따라 차례대로 멤버에 할당된다. 따라서 구조체 변수의 멤버들의 자료형에 주의하여 초기화 목록을 작성해야 한다.

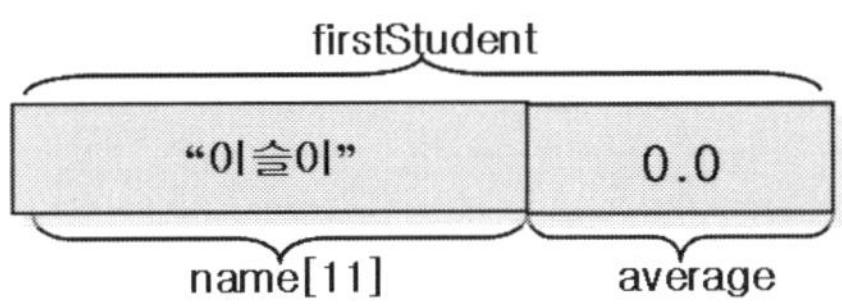

구조체를 초기화할 때에는 주의할 점이 있다. 우선 구조체 템플릿을 작성할 때 선언문의 멤버에 초기화를 할 수 없다. 구조체 템플릿의 멤버들은 구조체 변수로 선언된 후 . (dot) 연산자를 이용하여 초기화가 가능하다. 두 번째로 구조체의 멤버들과 다른 자료형으로 초기화를 할 경우에는 형변환이 이루어진 자료로 초기화된다. 세 번째로 초기화를 하지 않은 경우에는 일반 변수와 마찬가지로 알수 없는 값으로 채워져 있다. 마지막으로 구조체의 멤버의 수보다 초기화 목록의 수가 작은 경우에는 각 자료형의 기본 값 즉 0으로 초기화된다.

● 구조체 구성요소로의 접근

다음으로 구조체 변수의 멤버에 접근하는 방법을 알아보자. 구조체의 멤버에 접근하기 위해 구조체 변수의 이름과 점(dot)에 이어서 그 멤버의 이름을 주어야 하며 그 형식은 다음과 같다.

```
구조체변수이름.멤버이름
```

```
14    firstStudent.average = 83.3;
```

EX_11_1의 14번 라인은 firstStudent의 멤버에 접근하기 위해 . 를 사용하여 average에 83.3이라는 값을 할당하여 다음과 같이 average의 값을 할당받은 메모리의 값이 설정된다.

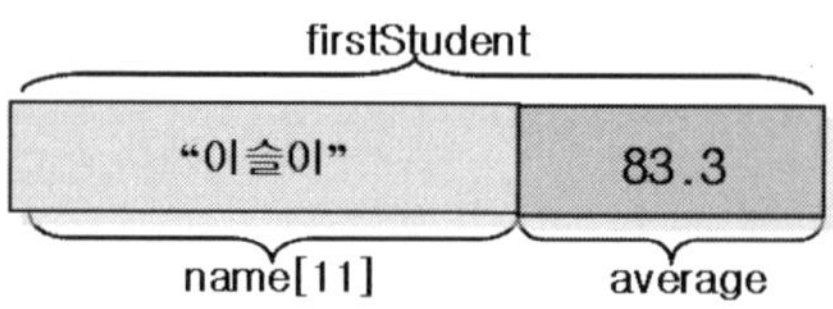

위와 같이 구조체 멤버들의 초기화와 값의 할당이 끝난 후에는 EX_11_1의 17번~18번 라인의 코드와 같이 멤버들의 값을 출력할 수 있다. 출력할 때는 구조체의 멤버의 자료형에 맞추어 printf()함수의 치환문자를 사용하면 된다. 구조체안의 값을 참조하여 출력할 때도 .연산자를 사용하며 17번 라인은 name이 문자형 배열이므로 %s로 average는 실수이므로 %f로 출력한다.

```
17    printf( " 이름: %s\n\t  ",firstStudent.name);
18    printf( " 평균: %5.1f\n",firstStudent.average);
```

이제까지 구조체의 템플릿 작성, 구조체의 선언, 구조체 멤버로의 접근 등에 관해 알아보았다. 구조체 템플릿의 형태로 선언된 구조체 변수끼리의 할당연산이 가능한가를 알아보도록 하자.

```
01  /* EX_11_2 : 구조체 변수의 할당                      */
02  /*-----------------------------------------------*/
03  #include <stdio.h>
04  struct Student
05  {
06          char name[11];
07          double average;
08  };
09  void main()
10  {
11          struct Student firstStudent ={"이슬이", 83.3};
12          struct Student secondStudent;
13          secondStudent = firstStudent;
14          printf( "1번 학생의 이름: %s, 평균: %5.1f\n",
15                  firstStudent.name,firstStudent.average);
16          printf( "2번 학생의 이름: %s, 평균: %5.1f\n",
17                  secondStudent.name,secondStudent.average);
18  }
```

EX_11_2 프로그램은 11번과 12번 라인에서 각각 구조체 변수인 firstStudent와 secondStudent를 선언한다. 11번과 12번 라인이 실행된 후 구조체 변수들을 살펴보면 다음과 같다.

firstStudent는 초기화에 의해 값이 할당되어 있고 secondStudent는 선언만 한 상태이므로 아직 초기화되지 않아 어떤 값이 들어있는지 모른다. 이젠 EX_11_2의 13번 라인의 구조체로 선언된 변수에 대한 할당연산에 대해 알아보자.

```
13          secondStudent = firstStudent;
```

13번 라인의 코드가 실행되고 난 후에는 각 구조체들의 멤버들은 다음과 같은 값을 가지게 된다.

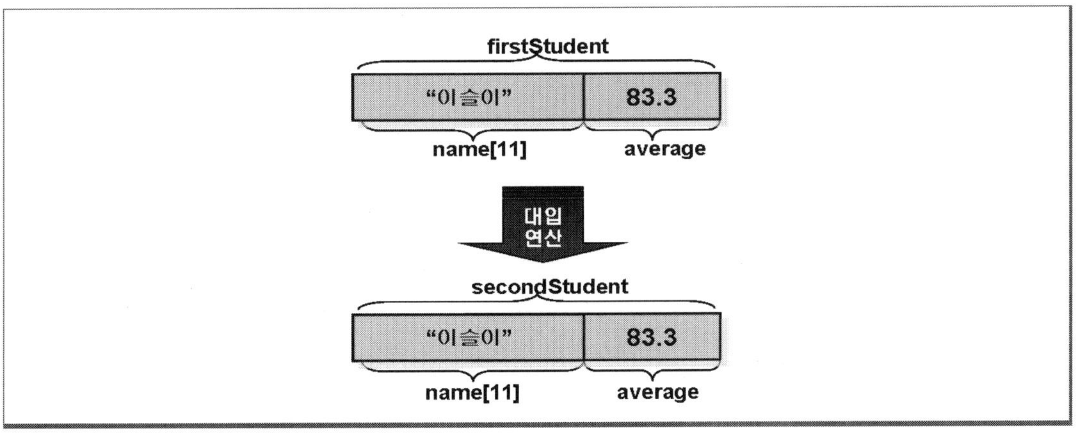

13번 라인의 코드와 같이 구조체 변수끼리의 할당연산은 구조체변수가 가지고 있는 모든 멤버들의 값을 그대로 복사하여 넣어준다. 따라서, 구조체 변수안의 모든 멤버들의 값을 다른 구조체 변수에 할당하고 싶을 때에는 그대로 할당연산을 수행하면 된다.

11.2 구조체 배열

EX_11_1이나 EX_11_2의 프로그램처럼 하나의 구조체 변수를 선언하여 사용하는 경우도 있지만, 동일한 구조를 가지는 여러 개의 구조체를 처리하기 위해서는 구조체 배열을 사용한다. 기본형으로 배열을 선언하여 사용하듯이 구조체로 배열을 선언한 후 사용할 수 있다.

구조체 배열의 선언방식과 초기화 방식은 다음과 같다.

〈구조체 배열 선언〉

```
struct 구조체이름 배열명[개수];
```

〈구조체 배열 초기화〉

```
struct 구조체이름 배열명[개수] =
                    { {값1, 값2, 값3., …}, …};
```

다음은 구조체 배열의 선언 예이다.

```
struct book{
        char title[150];
        char author[50];
        int date;
};
struct book Book_list[10] ;
```

위에서 선언된 구조체 배열 Book_list는 다음과 같은 구조를 가진다.

위와 같은 구조를 가질 때 구조체 배열의 각 요소들이 가지는 멤버들에 접근하기 위해서는 일반 구조체 변수와 같은 형식으로 .를 이용한다.

	title	author	date
Book_list[0]	Book_list[0].title	Book_list[0].author	Book_list[0].date
Book_list[1]	Book_list[1].title	B_store[1].author	Book_list[1].date
Book_list[2]	Book_list[2].title	Book_list[2].author	Book_list[2].date
...		...	
Book_list[9]	Book_list[9].title	Book_list[9].author	Book_list[9].date

이제 실제 프로그램에서 구조체 배열의 용도를 살펴보도록 하자.

```
/* EX_11_3 : 구조체 변수 배열을 사용한 학생성적처리          */
/*--------------------------------------------------*/
#include <stdio.h>
struct Student
{
        int id;
        char name[11];
        int koreanScore;
        int englishScore;
        int mathScore;
};

void main(){
        struct Student haksang[3]=
                        {{1,"Sunnie",100,90,89},
                        {2,"Maria",89,56,40},
                        {3,"Julie",80,90,70}};
        int total, HaksangSu;
```

```
19          double average;
20          HaksangSu = sizeof(haksang)/sizeof(haksang[0]);
21          for(int i=0; i< HaksangSu; i++)
22          {
23                  total = haksang[i].koreanScore
24                      + haksang[i].englishScore
25                        + haksang[i].mathScore;
26                  average = (double)total/3;
27                  printf("%2d, %7s, %3d, %3d, %3d\n" ,
28                          haksang[i].id, haksang[i].name,
29                          haksang[i].koreanScore,
30                          haksang[i].englishScore,
31                          haksang[i].mathScore);
32                  printf("\t 총점 : %3d  평균 : %5.1f\n",
33                      total, average);
34          }
35  }
```

EX_11_3의 프로그램은 구조체 배열을 이용하여 학생들의 성적을 처리한 프로그램이다. 04번 ~ 11번라인은 구조체를 템플릿을 작성하고 있다. 구조체의 멤버들은 학번을 저장하기 위한 id, 이름 저장을 위한 name, 국어, 영어, 수학 성적을 저장하기 위한 koreanScore, englishScore, mathScore가 있다.

14~17번 라인에서는 3개의 요소를 가지는 구조체 배열 haksang을 선언하고 바로 초기화하고 있다. 18번 라인의 total은 총점을 위한 변수이고, HaksangSu는 학생의 수를 저장하기 위한 변수이다. 19번 라인의 average는 국어, 영어, 수학 점수의 평균값을 저장하기 위한 변수이다.

다음과 같이 20번 라인은 학생 수를 구하기 위하여 구조체 배열 전체의 크기를 구조체 요소 하나의 크기로 나누었다.

```
20   HaksangSu = sizeof(haksang)/sizeof(haksang[0]);
```

21번 ~ 33번 라인에서는 for을 이용하여 haksang[i]요소가 가진 멤버들의 값에 접근하여 계산하고 그 결과값을 출력한다.

11.3 중첩 구조체(nested structure)

중첩된 구조체란 하나의 구조체 안에 또 다른 구조체를 포함하고 있는 것을 말한다. EX_11_4 프로그램은 중첩 구조체를 이용하여 학생들의 중간고사와 기말고사 성적을 처리하고 있다. 중첩 구조체는 어떻게 선언하며 어떻게 사용하는지 살펴보도록 하자.

```
01  /* EX_11_4 : 중첩 구조체를 이용한 프로그램              */
02  /*---------------------------------------------*/
03  #include <stdio.h>
04  struct Score
05  {
06          int korean, english, total;
07  };
08  struct Student
09  {
10          char name[11];
11          struct Score Midterm;
12          struct Score Final;
13          double average;
14  };
15
16  void main()
17  {
18          struct Student s1 = {"이슬이",80,85,0,95,55,0,0};
19          printf("이름 : %s\n", s1.name);
20          printf("중간고사 | 국어 : %3d   영어 : %3d\n",
21                  s1.Midterm.korean, s1.Midterm.english);
22          printf("기말고사 | 국어 : %3d   영어 : %3d\n",
23                  s1.Final.korean, s1.Final.english);
24          s1.Midterm.total = s1.Midterm.korean
25                          + s1.Midterm.english;
26          s1.Final.total = s1.Final.korean
27                        + s1.Final.english;
28          s1.average=(s1.Midterm.total+s1.Final.total)/4.0;
29          printf("평균 : %5.1f\n", s1.average);
30  }
```

EX_11_4의 04번~07번 라인에서 정의하고 있는 Score 구조체는 학생의 중간고사와 기말고사의 성적을 나타내기 위한 구조체로 선언되어 있다. Score구조체는 중간 또는 기말고사의 국어 성적과 영어 성적, 총점을 저장하기 위한 멤버들로 구성되어 있다.

앞에서 설명한 Score 구조체를 포함하고 있는 Student 구조체는 학생의 이름, 국어, 영어, 총점으로 구성된 중간고사 성적과 기말고사 성적, 평균값을 저장하기 위한 멤버들로 구성되어 있다.

```
18    struct Student s1 = {"이슬이",80,85,0,95,55,0,0};
```

위의 18번라인은 구조체 Student 구조체로 선언된 s1을 초기화하는 코드이다. 18번 라인의 코드에 의해 초기화된 상태는 다음과 같다.

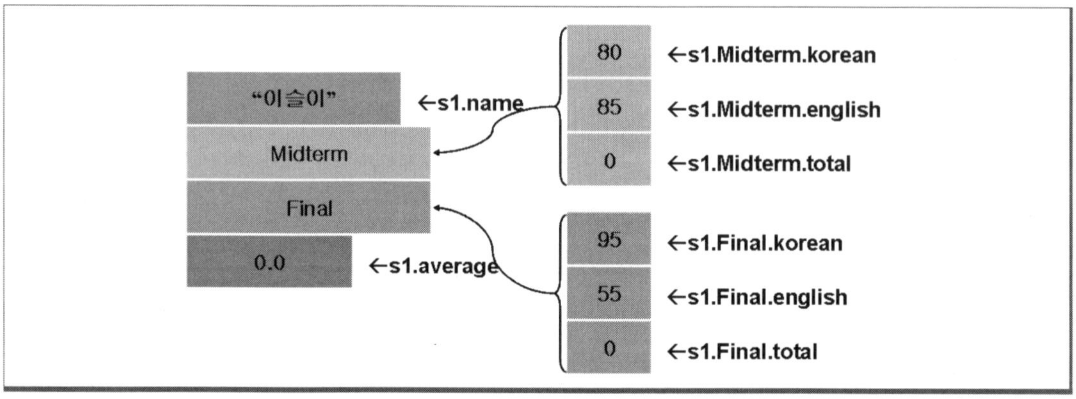

위의 그림에서와 같이 Midterm과 Final은 중첩된 구조체로 Score의 멤버에 접근하게 된다. 구조체의 구조체안에 있는 멤버를 접근하기 위해서는 .를 두 번 사용한다.
19번~23번 라인은 초기화 된 값들을 그대로 출력하는 부분이고, 24번~29번 라인까지는 s1.Midterm.total, s1.Final.total, s1.average를 계산하여 할당하고 그 값을 출력하게 된다.

11.4 구조체 포인터 변수

일반 변수와 같이 구조체 변수도 포인터 변수를 이용한 처리가 가능하다. 구조체의 포인터 변수는 구조체 변수의 시작주소를 담아둘 목적으로 사용된다.
구조체 포인터 변수의 선언 방식은 다음과 같다.

〈구조체 포인터 변수의 선언방식〉

```
struct 구조체이름 * 변수명;
```

다음은 구조체 포인터 변수를 이용하여 구조체 포인터 변수가 가리키고 있는 곳의 값에 접근하는 방법이다. 구조체 포인터 변수를 이용하여 멤버에 접근하기 위해서는 ->를 사용한다.

〈구조체 포인터 변수를 이용한 멤버 접근 방법〉

```
구조체주소변수->멤버변수
```

다음은 구조체 포인터 변수를 이용하여 구조체 포인터 변수가 가리키고 있는 구조체 변수의 멤버에 접근하는 방법이 포함된 프로그램이다.

```
01  /* EX_11_5 : *연산자를 이용한 구조체 멤버 접근          */
02  /*----------------------------------------------*/
03  #include <stdio.h>
04  struct Man
05  {
06          int year;
07          double height;
08  };
09
10  void main()
11  {
12          struct Man Kim;
13          struct Man *gp;
14
15          printf( "Kim의 번지 : %#p\n", &Kim);
16          printf( "struct Man의 크기 : %d\n",
17                  sizeof(struct Man));
18          gp=&Kim;
19          (*gp).year = 1983; (*gp).height = 180.7;
20          printf( "김씨의 생년 : %d, 키: %5.1f\n",Kim.year,
21                  Kim.height);
22  }
```

EX_11_5 프로그램의 04번~08번 라인은 생년과 키를 멤버로 가진 Man 구조체 템플릿이다. main()함수의 12번~13번 라인에서 선언된 구조체 변수 Kim은 일반적인 구조체 변수이고 gp 는 구조체 포인터 변수이다.

EX_11_5의 18번 라인을 살펴보도록 하자.

```
18   gp=&Kim;
```

18번 라인에서 구조체 포인터 변수 gp는 Kim이라는 구조체의 시작주소를 가리키게 된다.

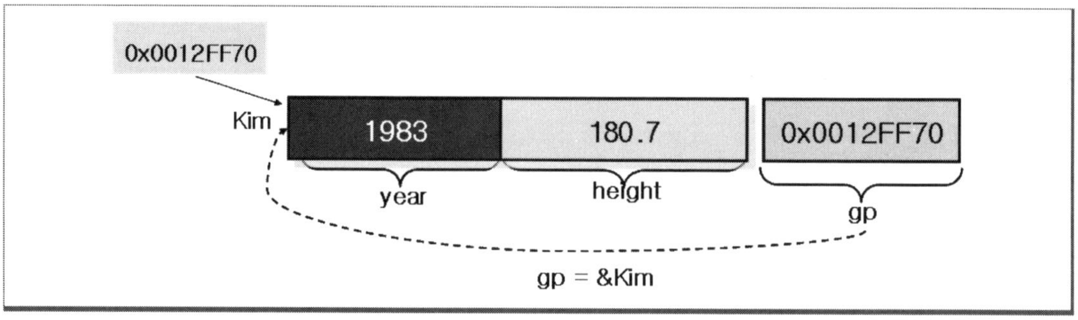

구조체 포인터 변수 gp가 Kim을 가리키게 됨으로써 구조체 변수 Kim의 멤버에 대한 접근은 Kim.year, Kim.height로 가능하고, (*gp).year, (*gp).height로도 가능하게 된다. C언어에서는 구조체 변수를 이용한 멤버의 접근에 (*구조체 포인터 변수).멤버와 같이 사용될 수 있는 연산자로 ->를 제공한다. 따라서 (*구조체 포인터 변수).멤버를 구조체 포인터 변수 ->멤버로 간단하게 표기하여 사용하는 것이 가능하다.

EX_11_5의 프로그램을 ->를 사용하여 멤버에 접근할 수 있도록 프로그램을 수정하면 EX_11_6과 같이 변경할 수 있다. EX_11_6 프로그램의 19번 라인에서 ->를 사용하여 구조체의 멤버에 접근할 수 있다.

```
01  /* EX_11_6: ->연산자를 이용한 구조체 멤버 접근          */
02  /*---------------------------------------------*/
03
04  #include <stdio.h>
05  struct Man
06  {
07          int year;
08          double height;
09  };
10  void main()
11  {
12          struct Man Kim;
13          struct Man *gp;
14
15          printf( "Kim의 번지 : %#p\n", &Kim);
16          printf( "struct Man의 크기 : %d\n", sizeof(struct Man));
17
18          gp=&Kim;
19          gp->year = 1983; gp->height = 180.7;
```

```
        printf( "김씨의 생년 : %d, 키: %5.1f\n",Kim.year,
        Kim.height);
}
```

구조체 포인터 변수는 구조체를 다른 함수에서 참조하기 쉽게 하고 linked list 와 같은 특수한 데이터의 표현을 가능하게 한다. 다음의 프로그램은 구조체를 인수로 전달하는 프로그램이다.

```
01  /* EX_11_7: ->연산자를 이용한 구조체 멤버 접근          */
02  /*----------------------------------------------*/
03  
04  #include <stdio.h>
05  struct Man
06  {
07          int year;
08          double height;
09  };
10  void Display(struct Man g)
11  {
12          printf("%d년생의 키 : %5.1f\n",  g.year, g.height);
13  }
14  void Setting( struct Man *gp)
15  {
16          gp->year = 1980;
17          gp->height = 183.3;
18  }
19  void main()
20  {
21          struct Man Kim;
22          Setting(&Kim);
23          Display(Kim);
24  }
```

EX_11_7의 프로그램의 10번~13번 라인까지는 구조체 변수의 값을 Call by value 방식으로 넘겨 받아 그대로 출력하는 함수이다. Display()함수는 구조체 변수의 값 자체를 변경하지 않기 때문에 구조체 변수 g에 main()함수의 Kim의 값을 그대로 복사하여 처리하여도 아무런 문제없이 출력할 수 있다.

그러나 Setting()함수에서는 Call by reference 방식으로 main()함수의 구조체 변수 Kim의 주소값을 gp에게 넘겨준다. 따라서 Setting()함수의 gp는 main()함수의 Kim의 시작번지를 가리키게 된다. Setting()함수의 16번, 17번 라인의 코드는 결국 gp가 가리키는 main()함수의 Kim의 멤버인

year와 height의 값을 변경시켜 준다.

만일 Setting()함수에서 Call by value 방식에 의해서 값을 넘겨받아 처리를 하였다면 Setting()함수의 지역변수에 값을 넣어주고 Setting()함수의 제어권이 main()으로 넘어오는 시점에서 구조체 변수의 값이 사라지므로 main()함수의 Kim을 출력하는 Display()함수는 초기화되지 않은 쓰레기 값을 출력하게 될 것이다. 다른 함수에서 구조체의 값을 직접 제어하고 싶을 때에도 구조체 포인터 변수를 이용한 Call by Reference 방식을 사용하도록 한다.

연습문제

1. 다음의 설명을 읽고 알맞은 자료형을 (　)안에 쓰시오.

1) 서로 다른 형태의 변수들을 하나로 묶어 놓은 것 (　　　)

2) 같은 자료형의 변수들을 하나로 묶어 사용하는 것 (　　　)

2. 다음의 구조체를 사용하여 구조체 배열을 선언하면 세 번째 학생의 점수는 어떻게 표현해야 하는지 쓰시오.

```
struct student{
  char name[10];
  int jumsu;
};
struct strudent s[5];
```

3. 주소를 관리하기 위한 구조체를 선언하시오.

1) 구조체 이름: address

2) 구조체 멤버: name, email, cellphone, homephone, officephone, zipcode

4. 1번 문제에서 만든 구조체로 man1이라는 구조체 변수를 선언하여 각 멤버의 값을 초기화 한 뒤, 모든 멤버의 값을 출력하도록 하는 프로그램을 작성하시오.

5. 2번문제에서 구조체 변수의 멤버들의 값을 초기화 하는 부분과 출력하는 부분을 함수로 만드시오.

6. 3번 문제의 멤버들의 값을 초기화하는 함수의 코드를 모든 멤버들의 값을 키보드로 입력 받을 수 있도록 변경하시오.

7. 4번 문제까지 완성된 코드를 수정하여 5명의 데이터를 처리할 수 있도록 구조체 배열을 사용한 프로그램으로 변경하시오.

8. 다음 구조체 변수의 person의 크기는 몇 byte인가?

```
struct data
{
  char name[10];
  long income;
  double saving;
} person;
```

① 20 ② 22 ③ 24 ④ 30

9. 다음의 구조체형 man 다음에 사용할 수 없는 문장을 모두 고르시오.

```
struct man
{
  char *name;
  int age;;
};
struct man d, *pt;
pt=&d;
```

① strcpy((*pt).name, "Jung");

② strcpy(pt->name, "Jung");

③ scanf("%s", pt.name);

④ scanf("%s", pt->name);

10. 다음 중 잘못된 설명을 모두 고르시오.

① 구조체 변수로 포인터는 사용할 수 있다.

② 한 기억장소에 서로 다른 데이터형을 사용할 수 있도록 하는 것이 구조체이다.

③ 구조체 안에 다른 구조체를 정의할 수 없다.

④ 함수의 결과로 구조체를 반환하는 경우에는 함수의 데이터형을 구조체형의 정의한다.

프로그램 Study

● **프로그램 개요** : 구조체의 멤버에 자신과 같은 구조체를 가리킬 수 있는 포인터 변수를 넣어 자신과 같은 구조체를 연결시킬 수 있도록 하는 프로그램 작성

● **프로그램 조건**

1) 구조체 안에 자신의 구조체형으로 선언된 포인터 변수를 포함해야 한다.
2) malloc()를 이용하여 실행시간(run-time)동안에 메모리를 할당한다.
3) 자신을 참조할 수 있는 구조체 포인터 변수를 이용하여 프로그램 실행 중 생성된 구조체에 접근한다.

● **순서도**

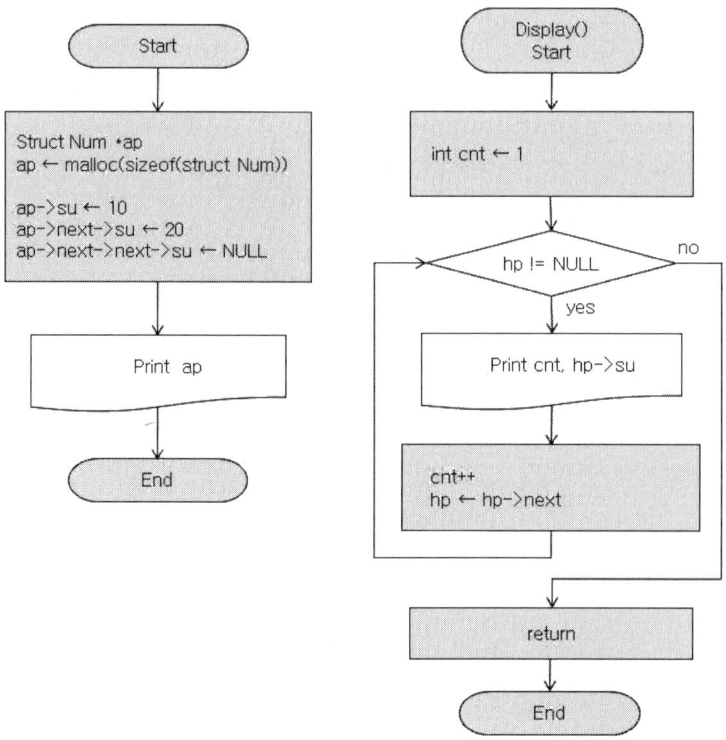

프로그램

```
/*EX_11_ps: 자기참조 구조체 만들어 보기            */
/*--------------------------------------------------*/
#include <stdio.h>
#include <stdlib.h>
#define Alloc (struct Num *)malloc(sizeof(struct Num))
struct Num
{
        int su;
        struct Num *next;
};
void Display(struct Num *hp)
{
        int cnt = 1;
        while(hp != NULL)
        {
                printf("%d번째 값은 %d\n", cnt, hp->su);
                cnt++;  hp=hp->next;
        }
        return;
}
void main()
{
        struct Num *ap;
        ap=Alloc; //4바이트 구조체 공간을 동적으로 확보
        ap->su=10;
        ap->next = Alloc;
        ap->next->su = 20;
        ap->next->next=NULL;
        Display(ap);
}
```

프로그램 결과의 예

```
1번째 값은 10
2번째 값은 20
```

05 : malloc()함수는 메모리 상에 인수로 넘겨주는 크기의 바이트만큼을 메모리에 할당한다. malloc() 함수 앞에 (struct Num *)와 같이 형변환이 되었기 때문에 24번과 26번 라인과 같이 Alloc의 결과를 struct Num의 구조체 포인터 변수로 넘겨받을 수 있게 된다.

06~10 : Num 구조체를 선언한다. 구조체안의 멤버로 자신과 같은 구조체형의 포인터변수를 포함한다. 이 포인터 변수를 이용하여 이후 Alloc에 의해 동적으로 할당되는 메모리에 대한 제어가 가능하다.

11~20 : 메모리에 동적으로 할당된 구조체 변수의 시작포인터를 넘겨 동적으로 할당된 구조체 변수의 내용을 조작할 수 있도록 한다.

21~30 : main()함수에서 생성된 구조체 변수들 중 23번에서 처음으로 선언된 구조체 포인터 변수 ap를 넘겨받아 출력하는 함수이다. 14번 라인에서 구조체의 멤버인 포인터 변수가 NULL값을 가질 때까지 체크하며 값을 출력한다. 자기 참조 구조체를 이용하여 구조체들을 연결하는 것을 연결된 리스트(linked list)라 하하며 일반적으로 마지막으로 생성된 구조체의 포인터 변수는 가리킬 곳이 없게 되므로 NULL문자를 넣어 연결된 리스트의 마지막임을 알려준다.

부 록

A1. ANSI ASCII 코드 테이블

A2. 주요 C 라이브러리 함수 요약

A3. 무료 통합 개발 환경

Dev-C++ 요약

A1. ANSI ASCII 코드 테이블

출력이 되지 않는 문자		
10진수	16진수	문자 (CODE)
0	0	NULL
1	1	START OF HEADING (SOH)
2	2	START OF TEXT (STX)
3	3	END OF TEXT (ETX)
4	4	END OF TRANSMISSION (EOT)
5	5	END OF QUERY (ENQ)
6	6	ACKNOWLEDGE (ACK)
7	7	BEEP (BEL)
8	8	BACKSPACE (BS)
9	9	HORIZONTAL TAB (HT)
10	A	LINE FEED (LF)
11	B	VERTICAL TAB (VT)
12	C	FF (FORM FEED)
13	D	CR (CARRIAGE RETURN)
14	E	SO (SHIFT OUT)
15	F	SI (SHIFT IN)
16	10	DATA LINK ESCAPE (DLE)
17	11	DEVICE CONTROL 1 (DC1)
18	12	DEVICE CONTROL 2 (DC2)
19	13	DEVICE CONTROL 3 (DC3)
20	14	DEVICE CONTROL 4 (DC4)
21	15	NEGATIVE ACKNOWLEDGEMENT (NAK)
22	16	SYNCHRONIZE (SYN)
23	17	END OF TRANSMISSION BLOCK (ETB)
24	18	CANCEL (CAN)
25	19	END OF MEDIUM (EM)
26	1A	SUBSTITUTE (SUB)
27	1B	ESCAPE (ESC)
28	1C	FILE SEPARATOR (FS) RIGHT ARROW
29	1D	GROUP SEPARATOR (GS) LEFT ARROW
30	1E	RECORD SEPARATOR (RS) UP ARROW
31	1F	UNIT SEPARATOR (US) DOWN ARROW

출력이 되는 문자								
10진수	16진수	문자	10진수	16진수	문자	10진수	16진수	문자
32	0x20	〈SPACE〉	64	0x40	@	96	0x60	
33	0x21	!	65	0x41	A	97	0x61	a
34	0x22	"	66	0x42	B	98	0x62	b
35	0x23	#	67	0x43	C	99	0x63	c
36	0x24	$	68	0x44	D	100	0x64	d
37	0x25	%	69	0x45	E	101	0x65	e
38	0x26	&	70	0x46	F	102	0x66	f
39	0x27	'	71	0x47	G	103	0x67	g
40	0x28	(	72	0x48	H	104	0x68	h
41	0x29	)	73	0x49	I	105	0x69	i
42	0x2A	*	74	0x4A	J	106	0x6A	j
43	0x2B	+	75	0x4B	K	107	0x6B	k
44	0x2C	,	76	0x4C	L	108	0x6C	l
45	0x2D	-	77	0x4D	M	109	0x6D	m
46	0x2E	.	78	0x4E	N	110	0x6E	n
47	0x2F	/	79	0x4F	O	111	0x6F	o
48	0x30	0	80	0x50	P	112	0x70	p
49	0x31	1	81	0x51	Q	113	0x71	q
50	0x32	2	82	0x52	R	114	0x72	r
51	0x33	3	83	0x53	S	115	0x73	s
52	0x34	4	84	0x54	T	116	0x74	t
53	0x35	5	85	0x55	U	117	0x75	u
54	0x36	6	86	0x56	V	118	0x76	v
55	0x37	7	87	0x57	W	119	0x77	w
56	0x38	8	88	0x58	X	120	0x78	x
57	0x39	9	89	0x59	Y	121	0x79	y
58	0x3A	:	90	0x5A	Z	122	0x7A	z
59	0x3B	;	91	0x5B	[	123	0x7B	{
60	0x3C	〈	92	0x5C	₩	124	0x7C	|
61	0x3D	=	93	0x5D	]	125	0x7D	}
62	0x3E	〉	94	0x5E	^	126	0x7E	~
63	0x3F	?	95	0x5F	_	127	0x7F	〈DEL〉

```
#include <stdio.h>

main()
{
     char c = 'A';
     printf("%c \n", c);          // 문자 A를 출력
     printf("%d \n", c);          // 문자 A의 ASCII 코드 값 65 출력

     //  32~127 사이의 아스키코드를 출력
     for (c=32; c>=0 && c<=127; c++)
     {
        printf("%d : %c \n", c, c);
     }
}
```

A2. 주요 C 라이브러리 함수 요약

C 언어에서는 프로그래머들이 자주 사용하는 기능들을 함수(function) 형태로 제공하고 있으며 서로 연관된 함수들을 헤더파일(header file) 형태로 묶어서 제공하고 있다. 어떤 함수를 프로그램에서 이용하기 위해서는 그 함수가 속한 헤더 파일을 #include 문에 선언해 주어야 한다. 본 절에서는 주요 헤더파일 및 사용방법에 대해 설명한다.

헤더파일명	설명
stdio.h	입출력에 관련된 함수들을 제공한다.
string.h	문자열의 처리에 관련된 함수들을 제공한다.
math.h	수학 연산과 관련된 함수들을 제공한다.
time.h	날짜, 시간과 관련된 함수들을 제공한다.
stdlib.h	메모리 조작에 관련된 함수들을 제공한다.

stdio.h

입출력에 관련된 함수들을 제공한다.

함수명	fclose
형 식	int fclose(FILE *file_pointer)
설 명	파일을 닫는 함수, 정상적으로 수행되면 0을 에러가 발생되면 EOF을 반환한다.

```
#include <stdio.h>

main()
{
  int i;
  FILE *fptr;
  fptr=fopen("myfile.txt", "r");

  for (i=1;i<=10; i++)
     printf(" %c \n", fgetc(fptr));
  fclose(fptr);
}
```

함수명	feof
형 식	int feof(FILE *file_pointer)
설 명	파일의 끝을 검사하는 함수, 지정된 파일이 EOF이면 0이외의 값을 반환한다.

```
#include <stdio.h>

main()
{
  int c;
  FILE *fptr;
  fptr=fopen("myfile.txt", "r");

  while (feof(fptr) == 0)
  {
    c=fgetc(fptr);
   printf(" %c \n", c)
   }
  fclose(fptr);
}
```

함수명	ferror
형 식	int ferror(FILE *file_pointer)
설 명	파일의 입출력 동안 에러가 발생되었는지를 검사하는 함수, 에러가 있으면 0이외의 값을 반환한다.

```
#include <stdio.h>

main()
{
  int c, flag;
  FILE *fptr;
  fptr=fopen("myfile.txt", "r");
  flag = ferror(fptr);                    // 에러 발생 여부 확인
  printf("상태 : %d \n", flag);

   while (feof(fptr) == 0)
  {
    c=fgetc(fptr);
     printf(" %c \n", c);
   }

  fclose(fptr);
}
```

함수명	fflush
형 식	int fflush(FILE *file_pointer)
설 명	버퍼의 내용을 파일에 쓰는 함수, 정상적으로 수행이 끝나면 0을 반환하고 그 이외에는 EOF를 반환한다.

```
#include <stdio.h>

main()
{
  char msg[] = "I am a boy";
  FILE *fptr;
  fptr = fopen("myfile.txt", "w");
  fwrite(msg,strlen(msg),1,fptr);
  fflush(fptr);

  fclose(fptr);
}
```

함수명	fgetc
형 식	int fgetc(FILE *file_pointer)
설 명	stream으로부터 한 문자를 가져오는 함수, 에러 발생이나 파일의 끝인 경우에는 EOF를 반환한다.

```
#include <stdio.h>

main()
{
  int i;
  FILE *fptr;
  fptr=fopen("myfile.txt", "r");

  for (i=1;i<=10; i++)
     printf(" %c \n", fgetc(fptr));
  fclose(fptr);
}
```

함수명	fgetpos
형 식	int fgetpos(FILE *file_pointer, fpos_t current_pos)
설 명	stream에서 현재 위치를 가져오는 함수

```
#include <stdio.h>

main()
{
  char msg[] = "I am a boy";
  FILE *fptr;
  fpos_t aim;

  fptr = fopen("myfile.txt", "w");

  fwrite(msg,strlen(msg),1,fptr);
  fgetpos(fptr,&aim); //위치추적
  printf("Current Aim Location:%ld\n",aim);

  fclose(fptr);
}
```

함수명	fgets
형 식	char *fgets(char *string, int maxchar, FILE *file_pointer)
설 명	파일에서 문자열을 읽는 함수, 읽어들이는 단위는 EOF나 ₩n을 만나거나 n-1개의 문자 길이 만큼이다. 실패한 경우 NULL을 반환한다.

```
#include <stdio.h>

main()
{

  char buffer[10];
  FILE *fptr;

  fptr=fopen("myfile.txt", "r");

  fgets(buffer,10,fptr);

  printf("The data from txt file:%s\n",buffer);

  fclose(fptr);
}
```

함수명	fopen
형 식	FILE *fopen(char *filename, char *access_mode)
설 명	파일을 열기 위한 함수, 에러가 발생되면 NULL을 반환한다.

```
#include <stdio.h>

main()
{
  int i;
  FILE *fptr;
  fptr=fopen("myfile.txt", "r"); // 읽기 모드로 파일 오픈

  for (i=1;i<=10; i++)
     printf(" %c \n", fgetc(fptr));
  fclose(fptr);
}
```

함수명	fprintf
형 식	int fprintf(FILE *file_pointer, char *format_string, args)
설 명	파일에 주어진 형식으로 데이터를 쓰기 위한 함수, 정상적으로 수행이 되면 출력한 문자의 수를 반환한다. 만약 에러가 발생되면 EOF를 반환한다.

```
#include <stdio.h>

main()
{

  char msg[] = "good life";
  FILE *fptr;

  fptr=fopen("myfile.txt", "w");
  fprintf(fptr,msg);

  fclose(fptr);
}
```

함수명	fputc
형 식	int fputc(int c, FILE *file_pointer)
설 명	문자를 stream에 쓰기 위한 함수, 정상적으로 수행이 되면 출력한 문자의 수를 반환한다. 에러가 발생되면 EOF를 반환한다.

```
#include <stdio.h>

main()
{

  char msg[] = "good life";
  char buffer='!';
  FILE *fptr;

  fptr=fopen("myfile.txt", "w");
  fprintf(fptr,msg);
  fputc(buffer,fptr);

  fclose(fptr);
}
```

함수명	fputchar
형 식	int fputchar(int c)
설 명	문자를 stdout에 쓰기 위한 함수

```
#include <stdio.h>

main()
{

  char msg[] = "good life";

  fputchar(msg[1]);
  printf("\n");
}
```

함수명	fputs
형 식	int fputs(char *string, FILE *file_pointer)
설 명	문자열을 stream에 쓰기 위한 함수, 에러가 발생되면 EOF를 반환한다.

```
#include <stdio.h>

main()
{

  char msg[] = "good life";

  fputs(msg,stdout);
  printf("\n");

}
```

함수명	fread
형 식	size_t fread(char *buffer, size_t size, size_t count, FILE *file_pointer)
설 명	stream으로부터 unformatted data를 buffer에 쓰기 위한 함수, 읽어들인 블록의 수를 반환한다.

```
#include <stdio.h>

main()
{
  char msg[] = "good life";
  char buffer[10]="";
  FILE *fptr,*fptw;

  fptw=fopen("myfile.txt", "w");
  fwrite(msg,sizeof(msg),1,fptw);
  fclose(fptw);

  fptr=fopen("myfile.txt", "r");
  fread(buffer,sizeof(buffer),1,fptr);
  printf("Pick up word : %s\n",buffer);
  fclose(fptr);
}
```

함수명	fscanf
형 식	int fscaf(FILE *file_pointer, char *format string, args)
설 명	stream으로부터 formatted input을 읽기 위한 함수, stream파일에서 형식대로 읽혀진 데이터 수를 반환한다.

```
#include <stdio.h>

main()
{

  char msg[] = "good life";
  char buffer[10]="";
  FILE *fptr,*fptw;

  fptw=fopen("myfile.txt", "w");
  fwrite(msg,sizeof(msg),1,fptw);
  fclose(fptw);

  fptr=fopen("myfile.txt", "r");
  fscanf(fptr,"%s",buffer);
  printf("Pick up word : %s\n",buffer);

  fclose(fptr);

}
```

함수명	fseek
형 식	int fseek(FILE *file_pointer, long offset, int origin)
설 명	파일의 현재 위치에서 새로운 위치로 변경하는 함수, 정상적으로 수행했을 경우 0을 반환한다.

```
#include <stdio.h>

main()
{
  char msg[] = "good life";
  char buffer1[10]="";
  char buffer2[10]="";
  FILE *fptr,*fptw;
  fptw=fopen("myfile.txt", "w");
  fwrite(msg,sizeof(msg),1,fptw);
  fclose(fptw);

  fptr=fopen("myfile.txt", "r");
  fscanf(fptr,"%s",buffer1);
  printf("Pick up word : %s\n",buffer1);

  fseek(fptr,0,SEEK_SET); //처음 위치로
  fscanf(fptr,"%s",buffer2);
  printf("Pick up word : %s\n",buffer2);
  fclose(fptr);
}
```

함수명	fwrite
형 식	size_t fwrite(char *buffer, size_t size, size_t count, FILE *file_pointer)
설 명	버퍼에 있는 unformatted data를 stream에 쓰기 위한 함수

```
#include <stdio.h>

main()
{
  char msg[] = "good life";
  FILE *fptw;

  fptw=fopen("myfile.txt", "w");
  fwrite(msg,sizeof(msg),1,fptw);
  fclose(fptw);
}
```

함수명	getc
형 식	int getc(FILE *file_pointer)
설 명	문자를 stream으로부터 읽기 위한 함수

```
#include <stdio.h>

main()
{
  char msg;

  printf("hit anykey: ");
  msg=getc(stdin);
  printf("key char: %c\n",msg);

}
```

함수명	getchar
형 식	int getchar(void)
설 명	stdin(화면)으로부터 문자를 읽기 위한 함수

```
#include <stdio.h>

main()
{
  char msg;

  printf("hit anykey: ");
  msg=getchar();
  printf("key char: %c\n",msg);

}
```

함수명	gets
형 식	char *gets(char *buffer)
설 명	stdin(화면)으로부터 라인을 버퍼로 읽는 함수

```
#include <stdio.h>
#include <string.h>
main()
{
        char s1[200];
        printf("문자열을 입력하세요\n");
        gets(s1);
        printf("%s\n", s1);
}
```

함수명	printf
형 식	int printf(int c, FILE *file_pointer)
설 명	formatted output을 stdout에 쓰는 함수

```
#include <stdio.h>
main()
{
  printf("feel so good \n");
}
```

함수명	putc
형 식	int putc(int c, FILE *file_pointer)
설 명	문자를 steam에 쓰기 위한 함수

```
#include <stdio.h>
main()
{
        char msg ='a';
        putc(msg,stdout);
        printf("\n");
}
```

함수명	putchar
형 식	int putchar(int c)
설 명	문자를 stdout(화면)에 쓰기 위한 함수

```
#include <stdio.h>
main()
{
        char msg ='a';
        putchar(msg);
        printf("\n");
}
```

함수명	puts
형 식	int puts(char *string)
설 명	문자열을 stdout(화면)에 쓰기 위한 함수

```
#include <stdio.h>
main()
{
        char msg[10] ="nice guy";
        puts(msg);
}
```

함수명	scanf
형 식	int scanf(char *format_string, args)
설 명	stdin(화면)으로부터 formatted input을 읽는 함수

```
#include <stdio.h>
main()
{
        char msg[10] ="";
        printf("input:");
        scanf("%s",msg);
        fflush(stdin);
        printf("%s\n",msg);
}
```

함수명	sprintf
형 식	int sprintf(char *string, char *format_string, args)
설 명	formatted output을 문자열로 쓰는 함수

```
#include <stdio.h>

main()
{
        char msg[10] ="";
        int n;

        printf("input number:");
        scanf("%d",&n);
        sprintf(msg,"lucky %d",n);
        printf("%s\n",msg);

}
```

함수명	sscanf
형 식	int sscanf(char *buffer, char *format_string, args)
설 명	문자열로부터 formatted input을 읽는 함수

```
#include <stdio.h>

main()
{
        char msg[] = "lucky 7";
        int n;
        char buffer[5] = "";

        sscanf(msg,"%s %d",buffer,&n);

        printf("buffer : %s\n",buffer);
        printf("n : %d\n",n);
        printf("msg : %s\n",msg);

}
```

string.h

문자열에 관련된 함수들을 제공한다.

함수명	strcat
형 식	int strcat(char *string1, char *string2)
설 명	두 문자열을 결합하여 하나의 문자열로 만드는 함수

```
#include <stdio.h>
#include <string.h>

main()
{
        char msg[] = "lucky";
        printf("%s\n",msg);
        strcat(msg," 7");
        printf("%s\n",msg);
}
```

함수명	strcmp
형 식	int strcmp(char *string1, char *string2)
설 명	문자열을 알파벳 순서로 비교하는 함수, 두 문자열이 같으면 0을 반환한다. 만약 같지 않으면 다음과 같은 값을 반환한다. string1 〈 string2 이면 음수 값을 반환 string1 〉 string2 이면 양수 값을 반환

```
#include <stdio.h>
#include <string.h>
main()
{
        char msg[] = "lucky";
        printf("%d\n",strcmp(msg,"7"));
        printf("%d\n",strcmp(msg,"lucky7"));
        printf("%d\n",strcmp(msg,msg));
}
```

함수명	strcpy
형 식	char *strcpy(char *string1, char *string2)
설 명	문자열 string2를 string1으로 복사하는 함수

```
#include <stdio.h>
#include <string.h>

main()
{
        char msg[6] = "lucky";
        char buffer[6] = "";

        strcpy(buffer,msg);
        printf("%s\n",buffer);
        printf("%s\n",msg);

}
```

함수명	strlen
형 식	int strlen(char *string)
설 명	문자열의 길이를 구하는 함수 이때 NULL문자는 제외하고 길이를 구한다.

```
#include <stdio.h>
#include <string.h>

main()
{
        char msg[] = "lucky";

        printf("size : %d\n",strlen(msg));

}
```

함수명	strncat
형 식	char *strncat(char *string1, char *string2, size_t n)
설 명	string2의 문자를 string1 끝에 붙이는 함수

```
#include <stdio.h>
#include <string.h>

main()
{
        char msg[10] = "lucky";

        strncat(msg,"boy!",1);
        printf("%s\n",msg);

        strncat(msg,"boy!",3);
        printf("%s\n",msg);

}
```

함수명	strncmp
형 식	int strncmp(char *string1, char *string2, size_t n)
설 명	두 문자열의 처음 n개의 문자를 비교하는 함수

```
#include <stdio.h>
#include <string.h>
main()
{
        char msg[] = "lucky";
        printf("%d\n",strncmp(msg,"lich",1));
        printf("%d\n",strncmp(msg,"lich",2));
}
```

함수명	strncpy
형 식	char *strncpy(char *string1, char *string2, size_t n)
설 명	string2의 처음 n개의 문자를 string1에 복사하는 함수

```
#include <stdio.h>
#include <string.h>
main()
{
        char msg[] = "lucky";
        strncpy(msg,"soul",2);
        printf("%s\n",msg);
}
```

math.h

수학 연산과 관련된 함수들을 제공한다.

함수명	abs
형 식	int abs(int n)
설 명	정수의 절대값을 구하는 함수

```
#include <stdio.h>
#include <math.h>

main()
{
        printf("%d\n",abs(-4));
}
```

함수명	acos
형 식	double acos(double x)
설 명	x의 arc cosine을 계산하는 함수

```
#include <stdio.h>
#include <math.h>

main()
{
        printf("acos(0.4)=%f\n",acos(0.4));

}
```

함수명	asin
형 식	double asin(double x)
설 명	x의 arc sine을 계산하는 함수

```
#include <stdio.h>
#include <math.h>

main()
{
        printf("asin(0.4)=%f\n",asin(0.4));
}
```

함수명	atan
형 식	double atan(double x)
설 명	x의 arc tangent를 계산하는 함수

```
#include <stdio.h>
#include <math.h>

main()
{
        printf("atan(0.4)=%f\n",atan(0.4));

}
```

함수명	ceil
형 식	double ceil(double x)
설 명	x를 초과하는 가장 작은 integral 값을 구하는 함수

```
#include <stdio.h>
#include <math.h>

main()
{
        printf("ceil(5.4)=%f\n",ceil(5.4)); //올림
}
```

함수명	cos
형 식	double cos(double x)
설 명	cosine을 계산하는 함수

```
#include <stdio.h>
#include <math.h>

#define PI 3.141592
#define degree(x) ((x) * PI/180.0)

main()
{
      printf("cosine (%d) = %f\n",90,cos(degree(90)));
}
```

함수명	exp
형 식	double exp(double x)
설 명	x의 지수승(exponential)을 계산하는 함수

```
#include <stdio.h>
#include <math.h>

main()
{
       printf("%f\n",exp(2));

}
```

함수명	fmod
형 식	double fmod(double x, double y)
설 명	x/y의 나머지를 반환하는 함수

```
#include <stdio.h>
#include <math.h>

main()
{
        printf("%f\n",fmod(4.4,2.2));
        printf("%f\n",fmod(4.4,2.0));

}
```

함수명	log
형 식	double log(double x)
설 명	log(x)를 계산하는 함수

```
#include <stdio.h>
#include <math.h>

main()
{
        printf("%f\n",log(1.0));

}
```

함수명	log10
형 식	double log10(double x)
설 명	base 10인 x의 log을 구하는 함수

```
#include <stdio.h>
#include <math.h>
main()
{
        printf("%f\n",log10(1.0));
}
```

함수명	pow
형 식	double pow(double x, double y)
설 명	x의 y승을 구하는 함수

```
#include <stdio.h>
#include <math.h>

main()
{
        printf("%.1f\n",pow(2.0,2.0));

}
```

함수명	sin
형 식	double sin(double x)
설 명	sine을 계산하는 함수

```
#include <stdio.h>
#include <math.h>

#define PI 3.141592
#define degree(x) ((x) * PI/180.0)

main()
{
      printf("sine (%d) = %f\n",45,sin(degree(45)));

}
```

함수명	sqrt
형 식	double sqrt(double x)
설 명	x의 양의 제곱근을 계산하는 함수

```
#include <stdio.h>
#include <math.h>

main()
{
       printf("%f\n",sqrt(4));
       printf("%f\n",sqrt(2));

}
```

함수명	tan
형 식	double tan(double x)
설 명	x의 tangent를 계산하는 함수

```
#include <stdio.h>
#include <math.h>

#define PI 3.141592
#define degree(x) ((x) * PI/180.0)

main()
{
      printf("tangent (%d) = %f\n",45,tan(degree(45)));
}
```

time.h

날짜, 시간 관련된 함수들을 제공한다.

함수명	asctime
형 식	char *asctime(struct tm *th)
설 명	구조체의 시간을 문자열로 반환한다.

```
#include <stdio.h>
#include <time.h>

main()
{
	struct tm  *gms;
	char *stm;
	time_t curtime, gmt;
	double diff;

	time(&curtime);
	gms = gmtime(&curtime);
	stm = asctime(gms);
	printf("gmtime = %s", stm);
}
```

함수명	ctime
형 식	char *ctime(time_t *time)
설 명	이진 시간을 문자열로 바꾸는 함수

```
#include <stdio.h>
#include <time.h>

main()
{
	struct tm *mytime;
	char *stm;
	time_t curtime;
	time(&curtime);
	mytime = localtime(&curtime);
	stm = ctime(&curtime);
	printf("curtime = %s", stm);
}
```

함수명	difftime
형 식	double difftime(time_t time1, time_t time2)
설 명	두 시간 사이의 차를 초단위로 계산하는 함수

```
#include <stdio.h>
#include <time.h>

main()
{
      struct tm *mytime, *gms;
      char *stm;
      time_t curtime, gmt;
      double diff;

      time(&curtime);
      mytime = localtime(&curtime);
      stm = ctime(&curtime);
      printf("curtime = %s", stm);
      gms = gmtime(&curtime);
      stm = asctime(gms);
      gmt = mktime(gms);
      printf("gmtime = %s", stm);
      diff = difftime(curtime, gmt);
      printf("difference=%5.2f sec\n", diff);
}
```

함수명	gmtime
형 식	struct_tm *gmtime(time_t *time)
설 명	Greenwich Meam Time(GMT)을 tm structuregudtlr으로 가져오는 함수

```
#include <stdio.h>
#include <time.h>

main()
{
      struct tm  *gms;
      char *stm;
      time_t curtime, gmt;
      double diff;

      time(&curtime);
      gms = gmtime(&curtime);
      stm = asctime(gms);
      gmt = mktime(gms);
      printf("gmtime = %s", stm);
}
```

함수명	localtime
형 식	struct tm *localtime(time_t *time)
설 명	local time을 tm structure형식으로 가져오는 함수

```
#include <stdio.h>
#include <time.h>
main()
{
	struct tm *mytime;
	char *stm;
	time_t curtime;

	time(&curtime);
	mytime = localtime(&curtime);
	stm = ctime(&curtime);
	printf("curtime = %s", stm);
}
```

함수명	time
형 식	time_t time(time_t *timeptr)
설 명	GMT 1970년부터 경과된 현재 시간을 가져오는 함수

```
#include <stdio.h>
#include <time.h>

main()
{
	struct tm *mytime;
	char *stm;
	time_t curtime;

	time(&curtime);
	mytime = localtime(&curtime);
	stm = ctime(&curtime);
	printf("curtime = %s", stm);
}
```

stdlib.h

메모리 조작에 관련된 함수들을 제공한다.

※ MS Visual Studio를 이용하는 경우 random함수와 randomize함수는 stdlib.h에 정의되어 있지 않다. 사용하려면 다음과 같은 추가 작업이 필요하다.

① C:₩Program Files₩Microsoft Visual Studio₩VC98₩Include폴더로 이동

② stdlib.h 파일 열기

③ #define randomize() srand((unsigned) time(NULL))

#define random(num) (rand()%(num))

두줄의 define 구문 붙여넣기 후 저장

※ randomize함수의 경우 시간을 seed값으로 사용하므로 time.h 인클루드 필수

함수명	rand
형 식	int rand(void)
설 명	0에서 32사이의 random 정수를 구하는 함수

```
#include <stdio.h>
#include <stdlib.h>

main()
{
        int i;
        for(i=0;i<5;i++)
        printf("%d\n",rand()); //rand max 0x7fff

}
```

함수명	random
형 식	int random(int max_num)
설 명	0에서 max_num)사이의 random 정수를 구하는 함수

```
#include <stdio.h>
#include <stdlib.h>

main()
{
        int i;
        for(i=0;i<5;i++)
        printf("%d\n",random(10));

}
```

함수명	randomize
형 식	void randomize(void)
설 명	random 수를 발생시키기 위해 seed를 지정하는 함수

```
#include <stdio.h>
#include <stdlib.h>
#include <time.h> //미기재시 warning
main()
{
        randomize(); //현재시간을 resource로 난수화 시작점 준비
        printf("%d\n",random(10));
}
```

함수명	div
형 식	div_t div(int number, int denom)
설 명	div_t의 형식은 다음과 같다. type struct{ int quot; int rem; } div_t;

```
#include <stdio.h>
#include <stdlib.h>
main()
{
        div_t output;
        output = div(8,2);
        printf("8/2= quot(%d) , rem(%d)\n",output.quot,output.rem);
}
```

함수명	calloc
형 식	void *calloc(size_t num_elem, size_t elem_size)
설 명	배열을 할당하고 모든 원소를 0으로 초기화하는 함수

함수명	free
형 식	void free(void *mem_address)
설 명	할당된 메모리 블록을 되돌려 주는 함수

```
#include <stdio.h>
#include <stdlib.h>
#include <time.h>
main()
{

        int* n;
        int i;
        n=(int*)calloc(5,sizeof(int));

        randomize();
        for(i=0;i<5;i++)
        {
                n[i]=random(10);
                printf("%d\n",n[i]);
        }

        free(n);

}
```

함수명	malloc
형 식	void *malloc(size_t num_bytes)
설 명	메모리 블록을 할당하는 함수

```
#include <stdio.h>
#include <stdlib.h>
#include <time.h>

main()
{
        int* n;
        int i;
        n=(int*)malloc(sizeof(int)*5);

        randomize();

        for(i=0;i<5;i++)
        {
                n[i]=random(10);
                printf("%d\n",n[i]);
        }

        free(n);

}
```

함수명	realloc
형 식	void *realloc(size_t num_bytes)
설 명	메모리 블록을 재 할당하는 함수

```
#include <stdio.h>
#include <stdlib.h>
#include <time.h>
main()
{
        int* n;
        int i;

        n=(int*)malloc(sizeof(int)*3);
        randomize();
        for(i=0;i<3;i++)
        {
                n[i]=random(10);
                printf("%d\n",n[i]);
        }
        printf("\n");
        n=(int*)realloc(n,sizeof(int)*5); //재할당
        for(i=0;i<5;i++)
        {
                n[i]=random(10);
                printf("%d\n",n[i]);
        }
        free(n);
}
```

A3. 무료 통합 개발환경 Dev-C++

Dev-C++는 무료로 구해서 이용할 수 있는 통합 개발환경(IDE)이다. Dev-C++ 는 다음의 사이트에서 다운로드할 수 있다. (본 교재에서는 Dev-C++ 4.9.9.2 released 버전을 사용하였다)

http://www.bloodshed.net/dev/devcpp.html
http://sourceforge.net/projects/dev-cpp/

■ Dev-C++를 설치하는 방법

01 다운로드 사이트에서 devcpp-4.9.9.2_setup.exe 파일을 다운 받아 적당한 폴더에 저장한 후 클릭한다. 또는 교재에 포한된 CD-ROM 의 devcpp 폴더 밑에 있는 devcpp-4.9.9.2_setup.exe 파일을 클릭한다. 다음과 같은 화면이 나오면 [확인] 버튼을 클릭한다.

02 언어를 선택하는 화면에서 "Korean" 을 선택하고 [OK] 버튼을 클릭한다.

03 사용권 계약에 대한 화면에서 [동의함] 버튼을 클릭한다.

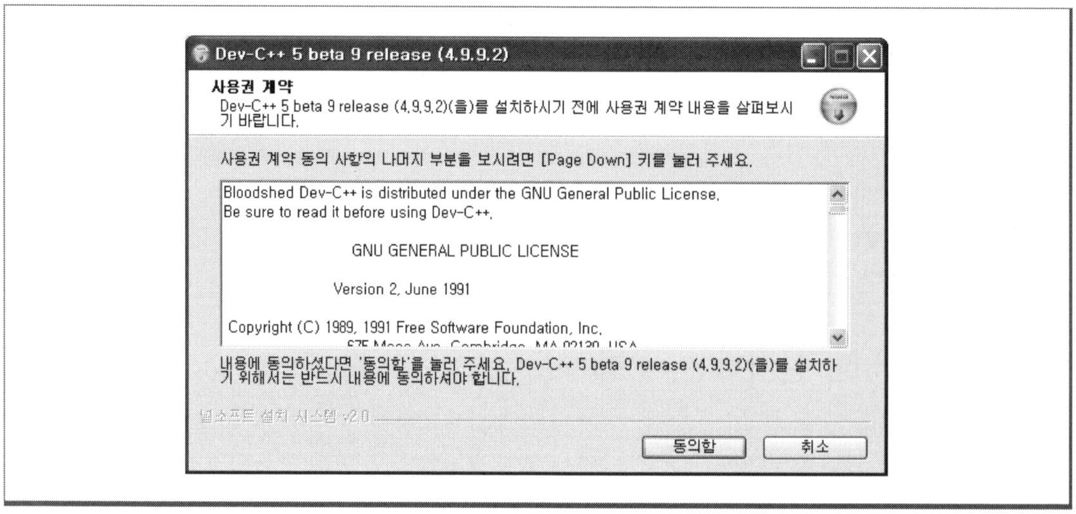

04 구성요소 선택에서 설치 형태를 "Full" 로 하고 [다음] 버튼을 클릭한다.

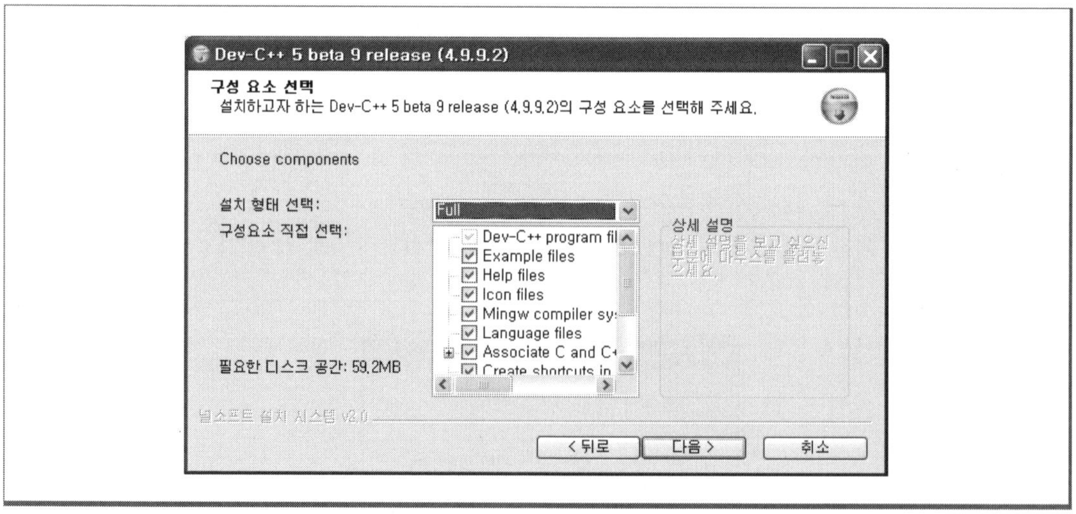

05 프로그램을 설치할 폴더를 선택한다. 설치 폴더는 기본적으로 C:₩Dev-Cpp 로 되어 있는데 [찾아보기] 버튼을 클릭하여 폴더를 변경할 수 있다. 단 C:₩Program Files 와 같이 폴더명에 공백이 포함된 경우 설치가 진행이 되지 않을 수 있다. [설치] 버튼을 클릭하여 설치를 시작한다.

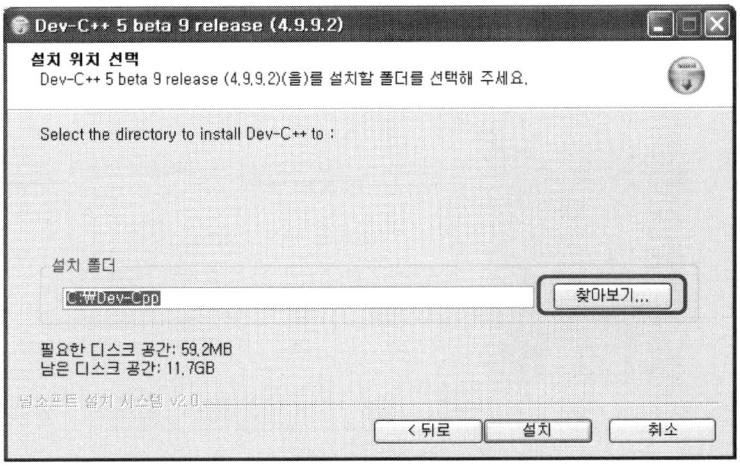

06 프로그램이 설치 되는 동안 잠시 기다린다.

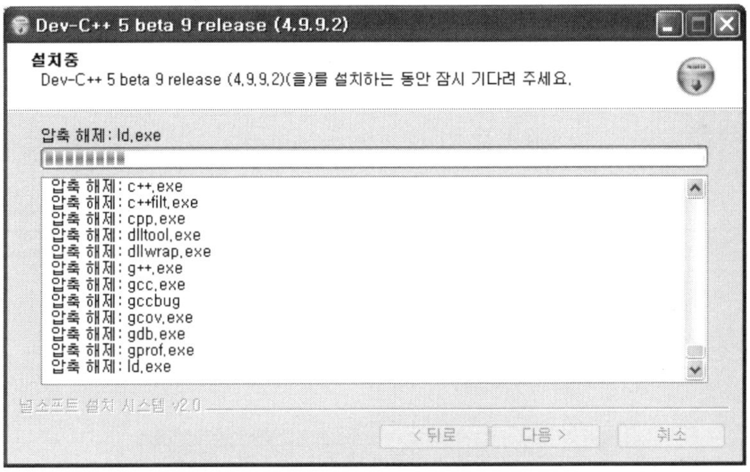

07 Dev-C++를 모든 사용자들이 이용할 수 있도록 할 것인지를 물어 보는데 [예(Y)]를 클릭한다.

08 Dev-C++ 설치가 완료되면 [마침] 버튼을 클릭한다.

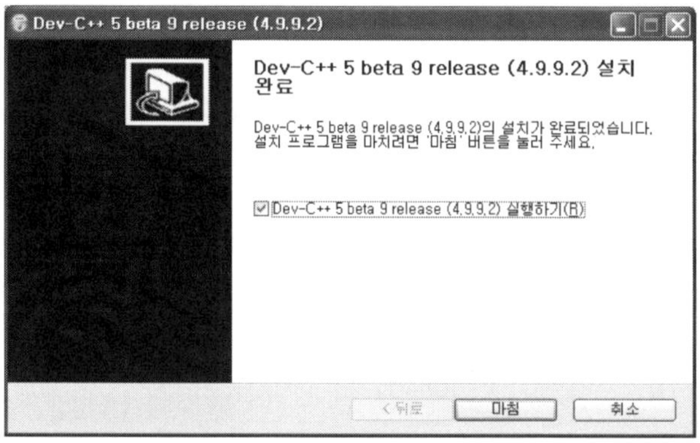

09 설치한 버전은 아직 베타 버전이기 때문에 사용상 주의사항을 알려주는 화면이다. 설치한 버전에는 버그가 있을수도 있다는 것과 Dev-C++ 메뉴에서 [도구]→[프로그램 업데이트] 로 가면 최신 프로그램으로 업데이트 할 수 있음을 알려주고 있다. [확인] 버튼을 클릭한다.

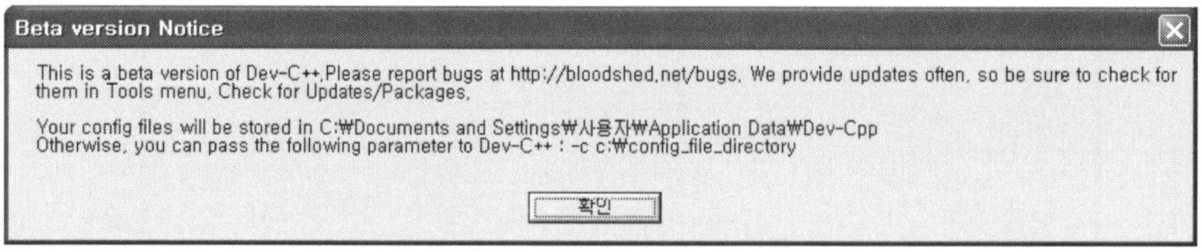

10 사용할 언어를 선택하는 화면에서 다음과 같이 Korean[한국어]를 선택하고 [Next] 버튼을 클릭한다.

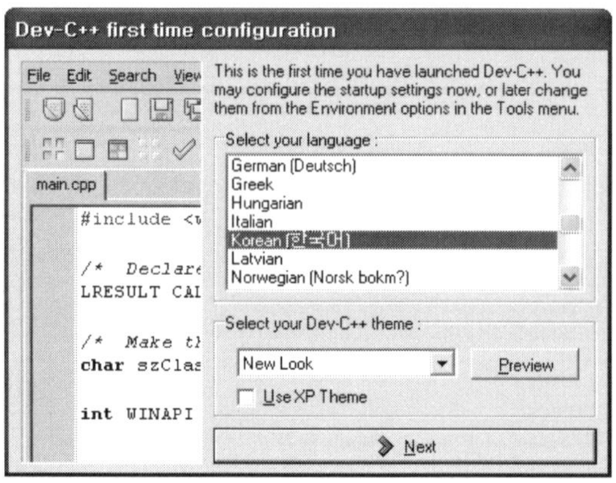

11 Dev-C++에서 프로그래밍의 편리성을 위해 제공하는 여러 가지 기능들을 사용할 것인지를 묻는 화면이다. 'Yes. I want to use this feature' 를 선택하고 [Next] 버튼을 클릭한다.

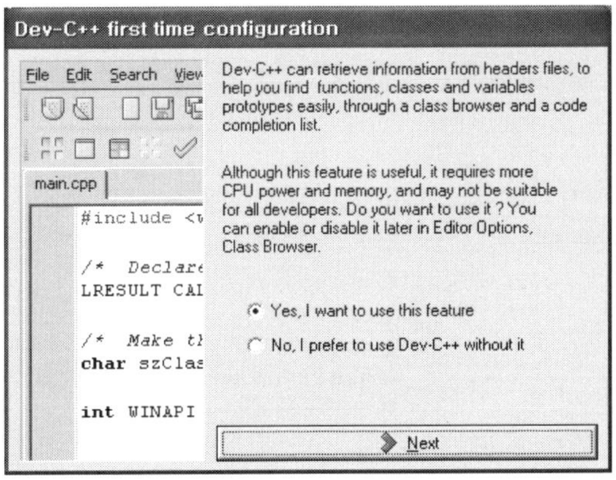

12 Dev-C++에서 제공하는 코드 완성기능을 사용할지를 묻는 화면이다. 프로그래밍에 유용한 기능이므로 'Yes, create the cache now' 를 선택하고 [Next] 버튼을 클릭한다.

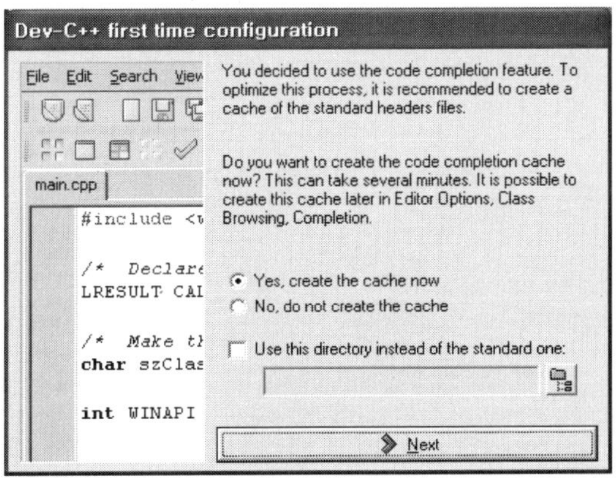

13 12번 단계에서 선택한 코드 완성기능을 위해 필요한 파일들을 설치하는 화면이다. 약간의 시간이 소요된다.

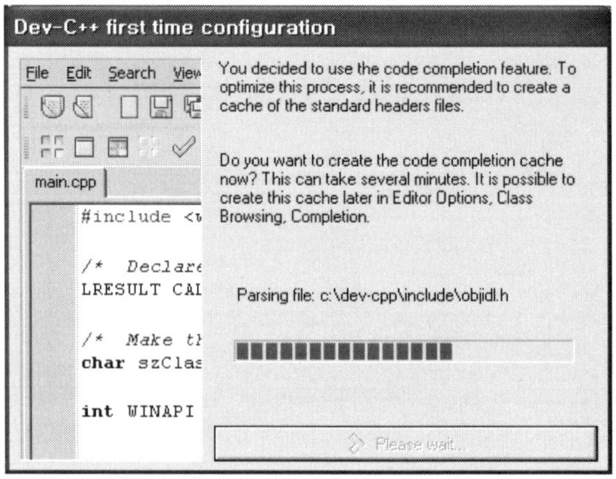

14 이제 Dev-C++ 설정 작업이 완료되었다. [OK] 버튼을 클릭한다.

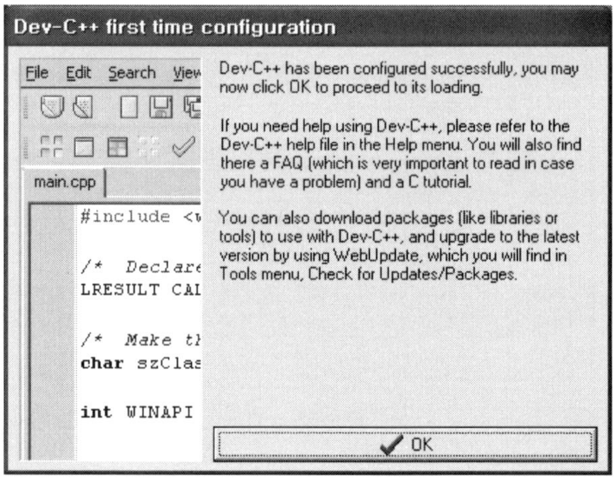

다음은 Dev-C++ 의 초기 화면이다.

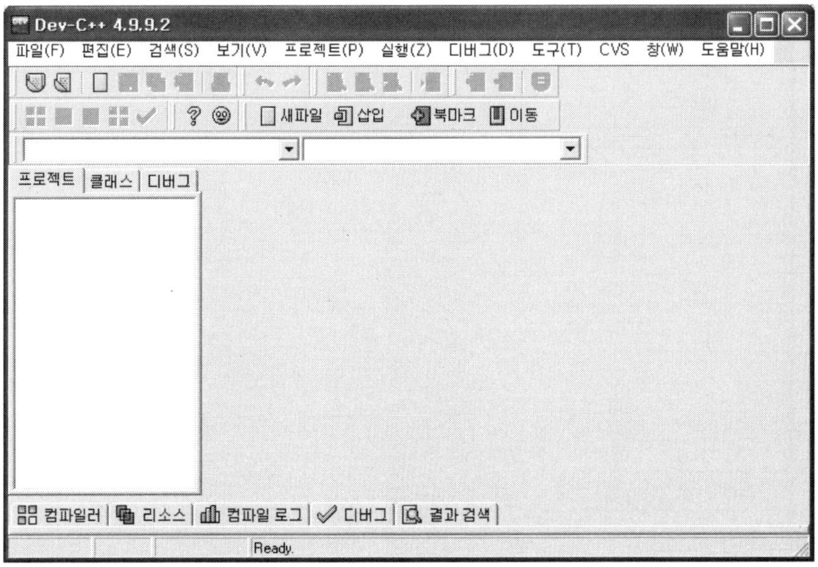

■ Dev-C++를 이용한 C 프로그램 작성

C 프로그래밍을 위해서 통합개발 환경 소프트웨어인 Dev-C++를 설치 했으므로 이제 2장의 예제 프로그램을 통해 Dev-C++의 프로그램의 편집, 컴파일, 실행 기능을 이용하는 방법을 알아보도록 한다.

```
#include <stdio.h>

void main(int argc, char *argv[])
{
     int i=0 ;
     while(i<10) {
        printf("안녕하세요 \n");
        i = i+1;
     }
}
```

Dev-C++를 이용해서 프로그램을 작성하고 실행해 보자.

01 Dev-C++을 실행한다.

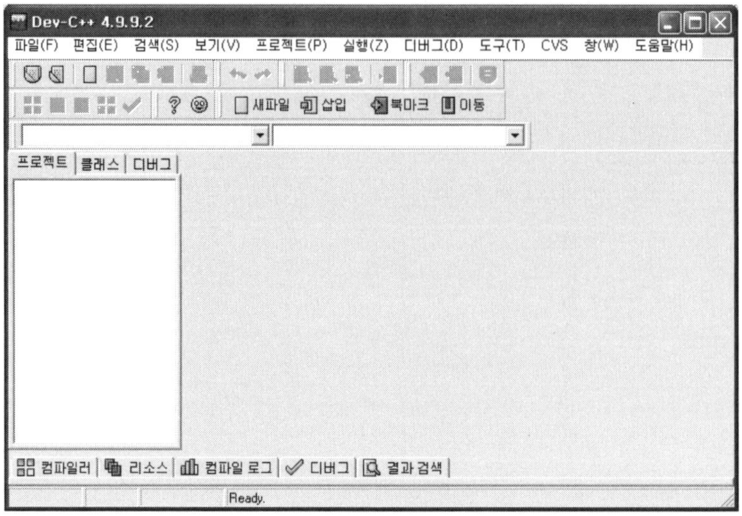

02 메인 메뉴에서 [파일]→[새로만들기]→[프로젝트]를 선택한다.

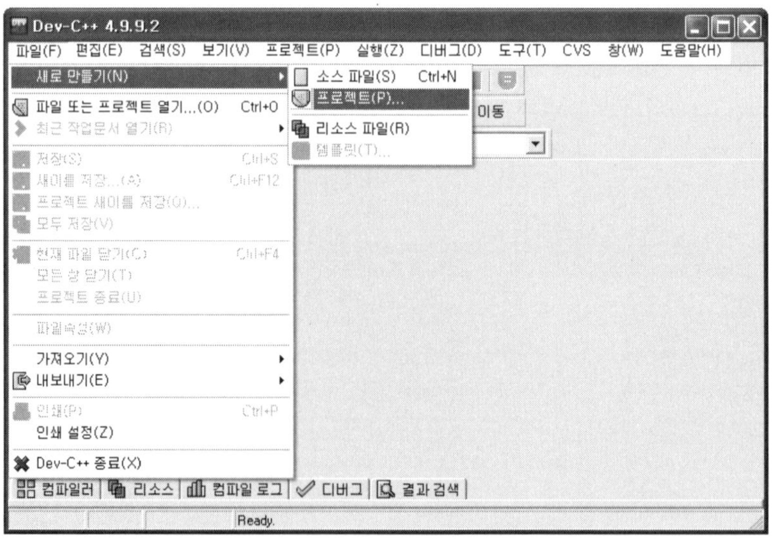

03 프로젝트 생성 화면에서 다음과 같이 'Console Application' 을 선택하고 프로젝트명을 입력한다. 사용언어는 'C' 로 하고 '기본언어 설정' 을 체크한다. [확인] 버튼을 클릭한다. (위 화면에서 프로젝트명은 사용자가 임의로 정하여 입력할 수 있다)

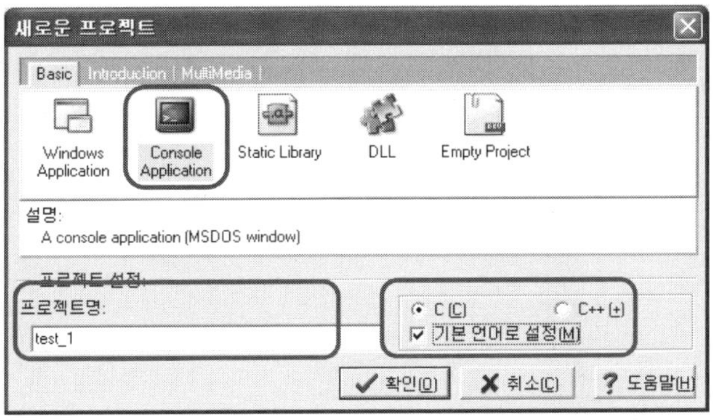

04 프로젝트를 그냥 저장해도 되지만 새로운 폴더를 만들어서 그 밑에 저장하도록 한다.

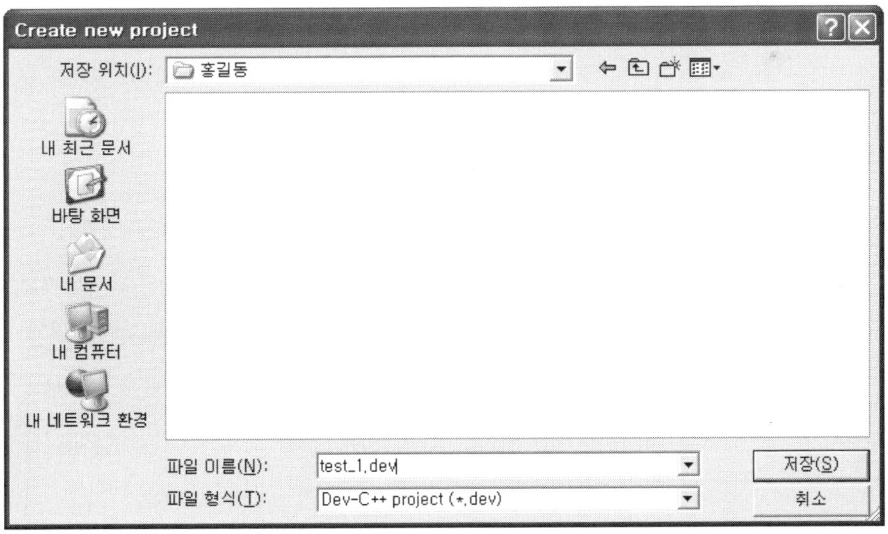

05 프로젝트를 생성하여 저장하면 다음과 같이 main.c 라는 프로그램이 따라서 생성된다.

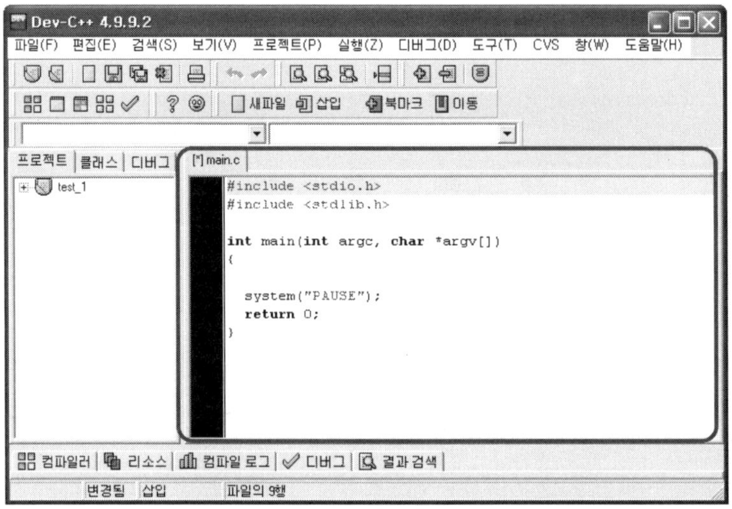

06 프로그램의 이름은 프로젝트 이름과 동일하게 하는 것이 나중에 관리하기 편하므로 main.c 를 test_1.c 로 이름을 바꾸어 저장한다.

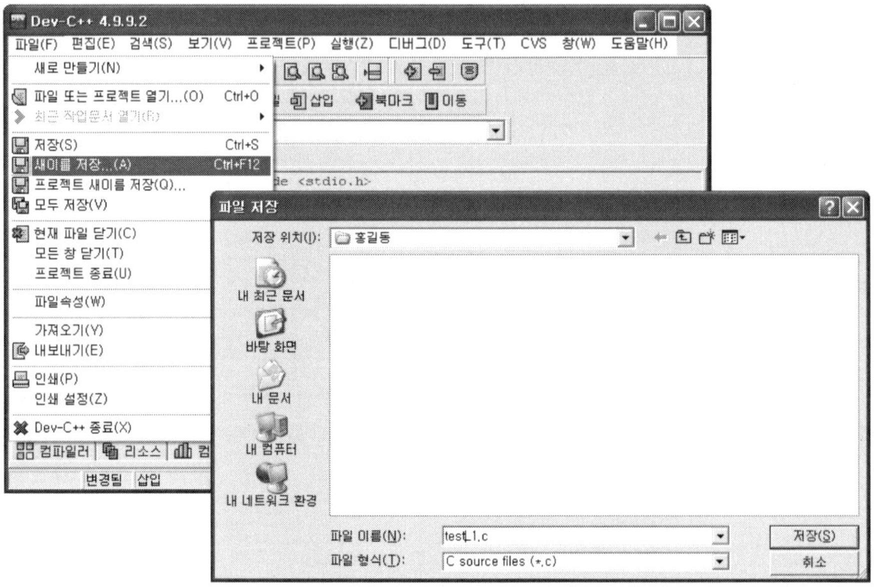

07 다음과 같이 예제 프로그램을 입력한다.

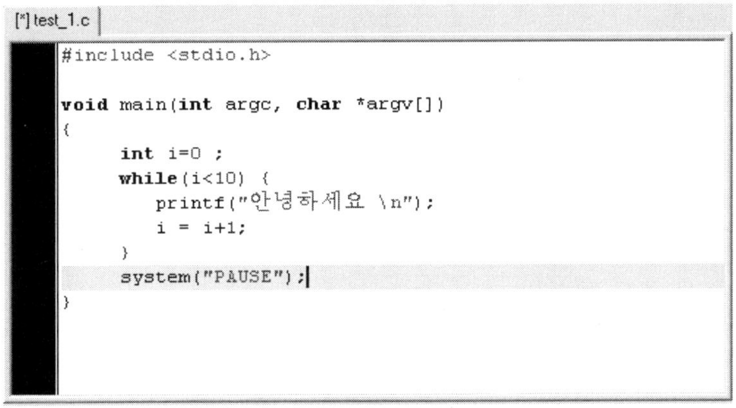

Note.

① 위 프로그램에서 '\' 는 키보드 자판에서 ₩ 이다.

② 위 프로그램에서 system("PAUSE") 는 없던 부분이다. 이 명령문의 역할은 프로그램의 실행 결과가 도스창에 출력된 뒤 "계속하려면 아무 키나 누르십시오..." 라는 문장을 보여주고 사용자로부터 입력을 기다리는 상태를 만드는 역할을 한다. 만일 이 명령문을 사용하지 않으면 프로그램의 실행 결과를 보여준 뒤 바로 창이 닫히기 때문에 사용자는 실행 결과를 확인하기 어렵다. 따라서 모든 프로그램의 마지막에는 system("PAUSE") 명령문을 넣도록 한다. (교재의 예제 프로그램에서는 생략한다.)

08 프로그램의 입력이 끝나면 다음은 컴파일 단계이다. 메인 메뉴에서 [실행]→[컴파일]을 클릭한다.

또는 키보드에서 〈Ctrl〉+〈F9〉를 누른다.

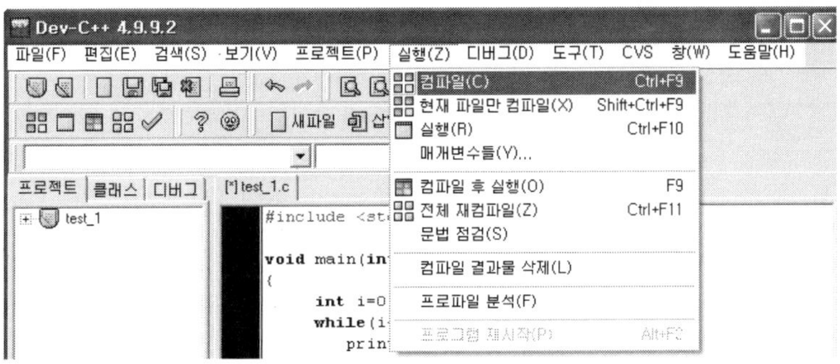

09 컴파일 결과가 화면 하단에 표시 된다. 에러가 있는 경우에는 [Error] 표시가 있으므로 에러 부분을 수정한다. (에러가 없어야만 실행파일이 만들어지고 프로그램을 실행할 수 있다.)

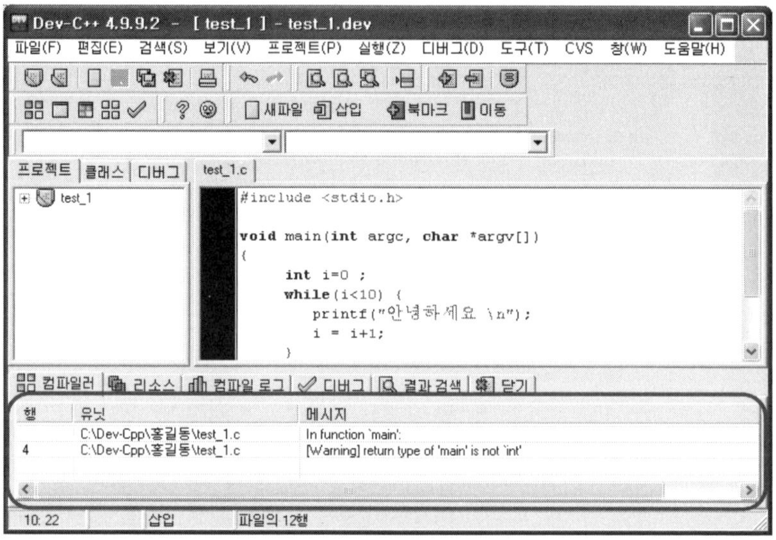

10 프로그램을 실행한다. 메인 메뉴에서 [실행]→[실행(R)]을 클릭한다. 또는 키보드에서 ⟨Ctrl⟩+⟨F10⟩를 누른다.

11 프로그램에 이상이 없으면 다음과 같이 도스창에 실행결과가 출력 된다. 아무키나 누르면 도스창이 닫힌다. (앞에서 설명한 바와 같이 system("PAUSE") 명령문이 있기 때문에 프로그램이 실행된 후 도스창이 닫히지 않고 대기 하는 것이다. 프로그램 뒤에 이 명령문을 넣는 것을 잊지 말도록 하자.)

Note. 컴파일과 실행을 한번에 하려면 키보드에서 〈F9〉를 누른다.

프로젝트를 저장한 폴더에 가보면 여러 가지 파일이 생성된 것을 볼 수 있다. 여기서 test_1.exe가 실행 파일인데, 탐색기상에서 이 파일을 클릭하면 프로그램이 실행되는 것을 확인할 수 있다.

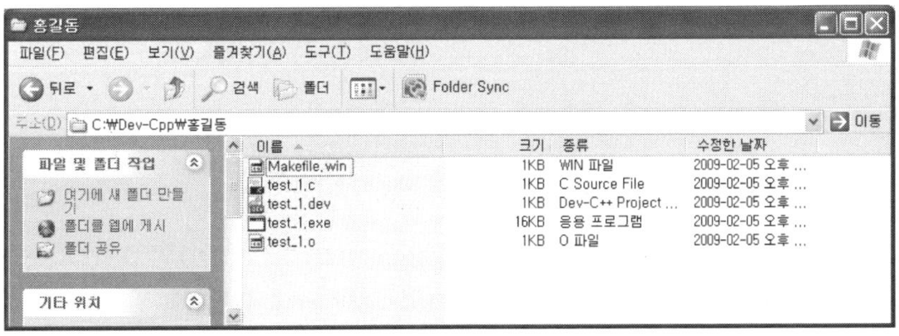

찾아보기

저자 약력

오세종

- ◉ 서강대학교 컴퓨터학과 졸업 (공학박사)
- ◉ 대우정보시스템 근무
- ◉ 미국 George Mason University 방문 연구원
- ◉ 현재 단국대학교 대학원 나노바이오의과학과 교수

강현선

- ◉ 단국대학교 전자계산학과 졸업 (공학박사)
- ◉ 단국대학교 인재개발원 강의전임강사
- ◉ 단국대학교 정보기술연구소 연구원
- ◉ 현재 남서울대학교 교양과정부 전임강사

정영애

- ◉ 단국대학교 전자계산학과 졸업 (공학박사)
- ◉ 미래산업(주) 부설연구소 소프트웨어 개발팀 연구원
- ◉ 단국대학교 컴퓨터과학과 초빙교수
- ◉ 현재 선문대학교 IT교육학부 조교수

도서출판 그린

C로 배우는
기초 프로그래밍

인 지

초판발행	2010년 2월 15일
수정판발행	2011년 2월 21일
저 자	오 세 종, 강 현 선, 정 영 애
발 행 인	윤 덕 우
발 행 처	도서출판 **그린**
출판등록	제8-161호(1995. 5. 3.)
주 소	서울시 서대문구 연희동 219-20 (우)120-828
전 화	02)333-2574, 2575
Fax	02)333-2561
E-mail	greenpress@greenpress.co.kr
Homepage	http://www.greenpress.co.kr

정가 : 15,000원

ISBN : 978-89-5727-134-6